JN334455

寄せ場

日本寄せ場学会年報

NO.24

寄せ場――それは日本の下層社会である。
そこでは人間が無慈悲に奪われる。
だからこそ人間への激しい希求がある。熾烈な闘いがある。
いま――寄せ場研究は、寄せ場の現実に切り込み、これを再構成し、
そして寄せ場に投げ返さなければならない。

寄せ場

2011.5 NO.24

●目次

AD=廣瀬郁　Design=天野誠　本文カット=河口聖

巻頭言

金子 マーティン

三月一一日の一四時、寄せ場学会の編集委員会が某大学の七階で始まった。四六分後、揺れを感じ、書架から本が落下し、次に本棚そのものが倒れた。廊下へ避難した編集委員たちは壁などに掴りながら約二分間の強い揺れに耐えた。振動がとりあえず治まってから、階段を下りて屋外へ出た。携帯電話も交通網も不通、真夜中まで東京都内を彷徨った。

大震災も巨大津波も人力では予告も阻止もできない天災である。だが、その天災の結果生じた原子力発電所の事故は人災である。放射能流出というその人災への関係機関の対応に驚くばかりである。その事故は原子力の「平和利用」を推進してきた地震国日本の問題であると同時に、全人類の問題でもある。放射線は国境で止まってくれない。「世界が福島原発事故に注目している」と驚く日本のマスコミ関係者の偏狭な視野に開いた口が塞がらない。東京電力が謝罪を表明する相手も「日本国民」、「全世界の人々」でない。断りもなしに核汚染水を海に垂れ流して全世界に迷惑をかけておきながら、病的な鎖国心理である。

一九八六年四月に旧ソ連で起きたチェルノブイリ原発事故のような事故は「技術立国」日本で発生しない、日本の原発は「安全」だというおごりが、事態の深刻さを認識することを妨げ、根拠を欠いた「楽観主義」が福島原発事故の収拾を遅らせている。「唯一の被爆国」日本は「世界の海洋を汚染した国家」として、人類史に名を残すことになるだろう。

ヨーロッパ諸国やアメリカ合衆国のサイトは、福島第一原発事故が国際原子力事象評価のレベル6や7に相当すると発表していた。だが、日本の経済産業省原子力安全・保安院はレベル5を主張しつづけた。ところが、そのような「おとぎ話」を国際世論は信用してくれないことに気づいたのか、内閣府原子力安全委員会が突然レベル7に引き上げた。原子力安全委員会の委員でもある京都大学原子炉実験所長の教授は、「三月二三日の時点で、放射量がレベル7に該当する可能性が高いと分かっていた」、だが原子力安全・保安院に暫定評価の見直しを勧告しなかったと告白した。日本政府の要人が繰り返す「国民の安全が第一」がいかに欺瞞に満ちた戯言であるかが満天下に曝された。高濃度の放射線の放出があるのにも関わらず、「直ちに健康への被害はありません」を大本営発表のように繰り返す経済産業省原子力安全・保安院と内閣官房長官。どこまで無責任なのかとただ唖然とする。

「放射線汚染列島」ニッポンの農民・漁民・酪農民を筆頭に多くの東日本居住民の生活は原発事故によって破壊された。そのような事態にいたっても、「脱原発」を表明できずにいる日本政府の事なかれ主義。日本国住民の「生命の安全」を云々するのなら、ほかの選択肢はない。政府にとって住民の「生命の安全」は二の次なのかも知れない。だが、「安価で環境にやさしい安全な電力」と宣伝されてきた原子力発電が、環境破壊と健康破壊に直結するだけではなく、結果的にとてつもなく高価であることにも気づくべきだろう。これから凋んでいく日本経済の観点からしても、原発や再処理工場は直ちに停止すべきである。

私たちはこの世に存在すべきではなかった——オーストリア・スィンティ三女性の生活史 一九二三年〜二〇一〇年

ルードウィク・ラーハ（金子マーティン訳）

かつてオーストリアはヨーロッパの中心部に位置する巨大な多民族国家でした。しかし、第一次世界大戦の敗北によりハプスブルク帝国は崩壊し、オーストリアは北海道とほぼ同じ面積の小国になりました。そのような大変動があった直後の一九二三年、ローザ・ケルンデルバッハが生まれました。

日本でも二〇〇九年八月に金子マーティン訳、凱風社発行で刊行された『私たちはこの世に存在すべきではなかった』は先駆的な読み物です。なぜなら、オーストリアの少数民族、スィンティの当事者である三人の女性がその書物のなかで自分史を赤裸々に公表したからです。同じ家族の三世代の女性、祖母と母と娘、それぞれが一九二三年、四六年と七八年に生まれた女性たちが、ほぼ一〇〇年にわたる迫害と差別について訴えています。しかし彼女たちは同時に五〇〇年以上もまえにアジアからヨーロッパへ移住した少数者集団スィンティの日々の生活、そのしきたりや習慣、そして文化についても報告しています。

フランスのサルコジ大統領が大量のロマをその出身国のルーマニアやブルガリアへ強制送還すると決定した二〇一〇年七月のころから、ロマの人権問題がEU圏内で大きな社会問題として論議されています。ルーマニアもブルガリアも二〇〇七年からEUに加盟しています。EU市民にはEU圏内で自由に移動する権利、また移動先で定住する権利も認められているのですが、フランス政府の対応はそれに明らかに違反しています。そのため、フランス政府は欧州委員会から厳しく批判されました。ロマもEU市民であるのに、ほかの市民と同等の権利が認められず、不平等な扱いを受けつづけていることが、またもやあらわになりました。エストニア人、デンマーク人、キプロス人、フィンランド人、ラトヴィア人、リトアニア人、ルクセンブルク人、アイルランド人、マルタ人、スロヴェニア人、これら一〇民族の人口は、EU圏内で暮すロマ人口の半分にも満たないのです。

スィンティをも含むロマの起源と、スィンティとロマという区分についてかいつまんで説明しましょう。ヨーロッパの中世後期にあたる一五世紀初頭から一八世紀にかけて、おそらくインド北西部を原郷とする民族による二つの波がヨーロッパ社会へ押し寄せました。最初に到着したのがスィンティで、主に中央ヨーロッパを生活の場に選びました。それにやや遅れてロマの諸集団が移住してきました。スィンティの言語とロマ諸集団の言語はかなりの違いもあるのですが、どちらもそのルーツはインドのサンスクリット語にあります。

スィンティやロマの自由な移動を保証する保護状、つまり現在の旅券のような証明書を神聖ローマ帝国の皇帝などが発給しますが、一五世紀末になるとそれら保護状の無効が帝国議会によって決定されます。その結果、現在のオーストリアに相当する地域でもスィンティやロマが厳しい迫害を被るようになります。一五二九年秋、ウィーンは三週間ほどオスマン帝国軍に包囲されましたが、その翌年に開催された帝国議会でロマに「トルコ軍のスパイ」という嫌疑がかけられます。あるいは御法度の魔術を使うとか、その人口が多過ぎるとか、さまざまな口実を設けて帝国議会はスィンティやロマの法的保護を剥奪しました。つまり、スィンティやロマを殺しても罪がとがめられない「斬り捨て御免」の時代に突入したということです。あちらこちらでロマの殺戮が繰り返されました。私の自宅から南方へ二キロぐらいのところでも、一六五八年に数百人の「ジプシー」の大量虐殺がありました。殺されなかったのは唯一子どもたち、そしてそれらの子どもは労働力として地元の農家に引き取られました。

ローザ・ケルンデルバッハが生まれた一九二三年当時、

スィンティやロマの大量虐殺の時代はとうに終わったかのように見えました。一八六〇年代からスィンティやロマはむしろ制度化した官僚主義的な差別にさらされるようになりました。さまざまな法律や法令が活用され、スィンティやロマの生存そのものが困難になったのです。二〇世紀初頭、「ジプシー」と目された数千人の人々の履歴も掲載する『ジプシー総鑑』を警察当局が発行し、各地方警察はスィンティやロマを追い払うことに躍起になります。スィンティやロマの犯す犯罪が主として微罪であるのにもかかわらずです。農家からニワトリを失敬するとか、営業許可書なしで行商をするとか、平時に軍服を着用したなどの類です。

ローザ・ケルンデルバッハが生まれた当時、オーストリアのスィンティはどのような生活をおくっていたのでしょうか?

ナチス時代におけるスィンティやロマの大量虐殺と、敗戦後も数十年にわたってつづいたその史実に対する徹底した無関心の結果、一九三九年から四五年まで続行した第二次大戦以前の時代にスィンティがどのような生活をしていたのか、どのような文化を持っていたのか、その記憶はほぼ完全に失われました。大半のスィンティは三月から一〇月にかけて家馬車で移動生活したでしょうが、多くのスィンティはさまざまな地方自治体の郷里権を有しており、その自治体の住民として借家や持ち家を所有していました。子どもたちを冬季のあいだだけでも通学させたスィンティ家族も多かったでしょう。家馬車での移動生活に終止符を打ち、定職について定住する同化したスィンティまで居ました。

拡大家族集団だったケルンデルバッハ家の構成員もさまざまな職業についていました。マリア・テレーズィア女帝のころ、つまり一八世紀のころから、大きな森林を所有したある貴族のために役馬を提供した家族もあれば、蹄鉄づくりを専門に手掛けた家族もありました。ケルンデルバッハ家構成員の多くが郷里権を有していた地域、アッハ村の農民たちは、ケルンデルバッハ家から買った馬が耐久力と元気のいいかしこい最高の農耕馬であることを知っていました。

ケルンデルバッハ家には音楽家もいました。村の祭事があるときなど、伝統的なオーストリアの民族音楽も奏でれば、「ジプシー音楽」の調べも演奏しました。ケルンデルバッハ家構成員の七〇人ほどが郷里権を有していたアッハ村の墓地に一九三八年二月二八日に死去した音楽家ローベルト・ケルンデルバッハの墓があります。そのローベルト・ケルンデルバッハはナチス・ドイツがオーストリアを占領する二週間前に死にました。

ケルンデルバッハ家の人々の一部は行商人としても生計を立てていました。農村では手に入りにくい生地を主に行商しました。ローザ・ケルンデルバッハは行商にたずさわる家系で産まれました。ローザには姉妹が八人、弟が一人、ローザ自身も含めれば合計一〇人の子どもがその家族にいました。第一次大戦中、父親や数名の伯父たちはオーストリア・ハンガリー二重帝国軍の兵士として従軍しました。軍服を着た親族の写真をローザは何枚も見せてくれました。

ヨーロッパ諸国には数百年間もつづくスィンティやロマに対するすさまじい偏見が渦巻いています。そのような偏見の多くは、スィンティやロマの考え方と多数派社会で通用する考え方の違いに根差しています。たとえば、スィンティの理解では原野の動植物、あるいは河川や湖水の魚は人間共有の財産であり、誰もがそれを自由に利用できます。しかし、ヨーロッパ人の理解では、その原野・河川・湖水も私的所有の対象です。この対立する観点はいたるところで衝突を引き起こしました。そして、スィンティやロマはたとえば密猟者・密漁者として逮捕され処罰されました。最終的にはだれも見向きしないような小動物、ハリネズミのような動物の狩猟のみがスィンティやロマに許されました。

ヨーロッパ人の大半はスィンティやロマと実際に接した経験もありませんが、「ジプシー」と聞くと、たいていの人が最初に連想するのは「ニワトリ泥棒」です。ヨーロッパに到着して以来、現在までスィンティやロマがかっぱらったニワトリの数と、ヨーロッパ人に殺されたスィンティやロマの数を対比すれば、それはあまりにも悪趣味なことになるでしょうから遠慮しておきます。

スィンティやロマに対するもう一つの根強い偏見は、「子どもを盗む」という嫌疑です。それに関連する話をローザ・ケルンデルバッハが紹介しています。一九三〇年代初頭の世界大恐慌の時代、ケルンデルバッハ家が街道を移動中、ある村で無一文の浮浪者の家族に出会います。その浮浪者家族には男の赤ちゃんがいましたが、「育てることができませんので、この赤ん坊を引き取ってください」と、シラミがたかった赤子をケルンデルバッハ家に差し出します。それを目撃した人が警察に通報、警官がやってきました。ケルンデルバッハ家がその子どもの郷里権をその村で申請し、養育費などを村から請求するのでないか、それだけがその警官の心配事だったのです。当時、児童手当、老齢年金や健康保険の制度はまだ整備されていませんでしたが、郷里権を有する人の救貧義務などは、郷里権を付与した自治体が負うことになっていました。

このときケルンデルバッハ家が引き取った男の子は、ケルンデルバッハ家の人々とともにサルツブルクの「ジプシー収容所」に拘禁され、最終的にアウシュウィッツ・ビルケナウの「ジプシー収容所」で殺されました。そもそもスィンティ社会は多産ですので、他人の「子どもを盗む」必要性など毛頭ありません。スィンティが子どもを溺愛することも知れ渡っていました。そのため、経済的理由から自分の子どもが育てられないような家族、あるいは望まない子どもが産まれてしまった未婚の女性などが、自分の子どもをスィンティに託しました。あるいは秘密裏に出産した未婚の女性が、自分の乳児は「ジプシー」に連れ去られたと嘘をつくこともあり、「子どもを盗むジプシー」の噂が社会に流布しました。

ユダヤ人と同じく、ナチスはスィンティやロマも「人間以下の存在」「劣等人種」と把握しました。ユダヤ人の大量虐殺ほど組織的に遂行されなかったとしても、最低五〇万人のスィンティやロマがナチス体制下で殺されました。ユダヤ人のように他国へ亡命するだけの財力もコネも、スィンティやロマにはありませんでした。また、多くのスィンティやロマは最終段階にいたるまで、まさか自分たちが殲滅の対象になるとは考えていなかったようです。

ローザ・ケルンデルバッハの産まれたオーストリアの州は、アードルフ・ヒットラーが誕生したのと同じ州です。その州はナチス時代に上部ドナウと呼ばれました。ヒットラー生誕の地だったその上部ドナウでは、「ジプシー問題」の解決が徹底的に遂行され、ほとんどのスィンティやロマが犠牲になりました。その地域にいたスィンティやロマの九〇パーセントほどが殺されました。

ケルンデルバッハ家の成人男性はすでに一九三八年中

に逮捕されます。その後、女性と子どもたちだけで家馬車でサルツブルク方面へ逃れます。そして、そこで一九四〇年に逮捕されます。家馬車をはじめとする所有物もすべて没収されます。

サルツブルクの「ジプシー収容所」が正式に発足するまでのあいだ、サルツブルクの競馬場に一時的な「ジプシー収容所」が設置されましたが、馬一匹用だった厩に、捕えられたスィンティやロマは一五人ずつ閉じ込められました。

そして、幼児を除く子どもたちと女性たちは強制労働に投入されます。たとえば、早朝から夕闇までアウトバーンの建設工事などに。亡くなる一年前の二〇〇四年に公表されたローザ・ケルンデルバッハの記憶、その証言のすべてを文献資料で裏づけることは困難です。そのため、証言の信憑性を疑問視した人々も少なくありませんでした。それまでまったく知られていなかった史実について、ローザは証言しました。サルツブルクの「ジプシー収容所」内にスィンティ女性が先生役を務め、子どもたちを教育した学校があったと。少なからぬ人々がその証言を疑いました。ところがどうでしょう。その学校での授業風景を写した写真が二〇〇九年に発見されたのです。

ローザ・ケルンデルバッハの八人いた姉妹のうち、最年少の妹がサルツブルクの「ジプシー収容所」内で亡くなります。結局、ナチス時代を生き延びた姉妹は一人もいませんでした。サルツブルクの「ジプシー収容所」からさほど遠くない村で作曲家のウォルフガング・アマデウス・モーツァルトが産まれています。当時、一六歳だったローザ・ケルンデルバッハのその後の人生も、あるオペラ作品によって翻弄されます。

七年前に一〇一歳の高齢で死んだレニ・リーフェンシュタールは、ナチス時代のもっとも有名な映画監督です。たとえば、一九三六年にベルリンで開催されたオリンピック夏季大会のドキュメンタリー映画が彼女の代表的作品として有名です。前衛的であると同時にあまりにも感情的な作品なので、賛否両論の物議をかもした映画です。スペインのプレネー山地が舞台の、オイゲン・ダルベールという名の作曲家の歌劇、『低地』の映画化をリーフェンシュタールは一九四〇年から開始します。ところが、第二次大戦中だったため、スペインでの撮影はできませんでした。そこで、サルツブルクに近いドイツ南部のアルプスが撮影現場になります。スペイン人役のエキストラとして選ばれたのが、サルツブルクの「ジプシー収容所」に拘禁されていたスィンティやロマたちです。七〇人以上のスィンティやロマが映画の端役という強制労働に投入されましたが、ローザ・ケルンデルバッハもそのなかの一人でした。エキストラに抜擢されたスィンティやロマはある山地農民の家畜小屋で宿泊し、その農家で食事も提供されましたが、その生活は「ジプシー収容所」での生活と比べれば、休暇のようなものだったと、ローザは語りました。六〇年以上も前にローザが体験したことなのですが、デザートにプディングが出るときもあったと記憶していました。エキストラとして働いてスィンティやロマにも、出演料が支払われるという約束でしたが、実際は一銭も受け取っていません。完全な無賃労働、つまり強制労働でした。

ある日、「それがどこだかわからないけど、この収容所からもうじきほかの場所へ移されるらしい」という内容の手紙を、ローザは母親から受け取ります。撮影の休憩中にローザは逃亡を決意、七〇キロほど離れたサルツブルクまで裸足で逃げることにしました。しかし、逃げたその翌日に捕まってしまい、サルツブルクの刑務所へ連行されます。娘が撮影現場から逃亡したので、母親も刑務所に勾留されていました。

『私たちはこの世に存在すべきではなかった』から引用します（六七～六八ページ）。

サルツブルク刑務所に到着すると、母はすでに独房に座っていました。私が撮影現場から逃げたので、身代わりに投獄されたのです。ナチス親衛隊の女性隊員を引き連れてリーフェンシュタール本人が私たちの独房に現れ、逃亡を悔やむよう強要しようとしました。土下座をして謝罪しろというのです。自尊心もあり、まだ大人になりきっていなかった私は、若気の至りで土下座を拒否しました。「それならこいつは強制収容所行きだ」と、大声で怒鳴ったリーフェンシュタールの恐ろしい顔を永遠に忘れることはできません。母はレニ・リーフェンシュタールの前でひざまずき、寛大な処置を請いましたが、すでにあとの祭りでした。サルツブルク刑務所の独房で会ったのが母との最後の別れになりました。きょうだいも最愛の母も祖母もみんなアウシュウィッツへ連行されたのです。どんなにむごい運命が待ち構えているか――それを予感できたなら、そして謝罪すれば助かるのなら――、リーフェンシュタールの汚れた靴にだって接吻したでしょう。

映画『低地』の端役になったスィンティやロマが撮影終了後に強制収容所へ連れ戻され、最終的に殺されたなどと主張しようものなら、リーフェンシュタールはそう主張した人物を名誉棄損で訴えるという手段に打って出ます。ごく最近、サルツブルクの歴史家ゲルト・ケルシュバウマーは、生き残った元エキストラたちの主張を史料的に裏づけました。つまり、映画『低地』に端役として登場したスィンティやロマのほとんど全員が、アウシュヴィッツ強制収容所で毒ガスで殺されたという史実を。

映画『低地』のプレミアがあったのは一九五三年です。そして『私たちはこの世に存在すべきではなかった』の原書が出版され、オーバー・エスターライヒ州の州都、リンツの市役所でその本の出版記念会があった二〇〇四年秋、新聞や雑誌に映画『低地』のＤＶＤ版の宣伝が載り、その映画が賛美されました。もちろん、エキストラとしてその映画に登場したスィンティやロマの運命には一言も触れずに。ローザ・ケルンデルバッハにとって、その映画はアルバムのようなものです。たいていの場合、写真などが一枚も残っていない、自分が若かったころの友人や知り合いたちのアルバムです。

アウシュヴィッツの「ジプシー収容所」、あるいはポーランド・ウッジのユダヤ人ゲットー内に設置された「ジプシー収容所」で、ローザ・ケルンデルバッハの親族ほとんど全員が殺害されました。ローザ自身と姉のユリアーネ、それに伯母の一人は、北部ドイツに設置された女性専用のラーヴェンスブリュック強制収容所に拘禁されました。ローザはそこで強制労働、空腹、殴打、真冬の早朝から夕方一六時まで直立不動の姿勢で起立させられ、ひいては零下の気温の屋外で冷水を放水されるなど残忍極まりない処罰も受けました。

再び『私たちはこの世に存在すべきではなかった』から引用をしましょう（七四〜七六ページ）。

イモ一個とかニンジン一本のかっぱらいのような些細なことでも、すぐに懲罰棟に閉じ込められます。懲罰棟で自分の足を完全にダメにしてしまいました。いちばん長いときで三週間も懲罰棟にいれられていたことがあります。冬季だったら、それより長い拘留を生き延びることは不可能でしょう。靴もなく、制服もなく、裸体に近い姿。着ているものといえば、薄手のシュミーズ一枚。三日に一度、食べ物が与えられます。コンクリート壁の狭い懲罰棟のなかは真っ暗闇、壁から水が滴っています。昼間は錠で壁に固定された折りたたみベッドが使えず、背もたれのない硬い椅子一脚だけ。ドアにはのぞき穴。食べ終わった食器は、真っ暗のなかでまっすぐに並べなければなりません。少しでも曲がっていようものなら、食事が三日間お預けです。一日中、素足で硬い椅子に座っているだけの生活。歩行範囲は二歩だけです。二歩歩いてまた座り直し、手足が暖まるまで擦る。そして、孤独のなかで空想に耽る。自由の身であったころのことを思い出し、両親や兄弟姉妹は今どうしているのだろうとか、そのような想いが頭から離れません。夜になると女看守がベッドの錠を解除し、使える状態にします。安物のぺらぺらの毛布が渡され、ようやく横になることが許されるのです。

　やっとのことで懲罰房から釈放されたとき、手足の指も乳首も凍傷にかかっていました。長いこと真っ暗なところに閉じ込められていたので目が暗闇に慣れてしまい、明るい場所へ出てもまったく見えません。盲人同様の状態です。マウズィの愛称で呼ばれた姉のユリアーネは、私たち姉妹のなかで服従をもっとも毛嫌いしたので、しょっちゅう懲罰房に閉じ込められていました。

　予定されていた自分の休みが取れなかったとか、何か別の理由で、女看守の機嫌が斜めだったことがあります。夏のある日、私は自分のエプロンを洗濯し、窓枠に干しました。夜勤の女看守がやってきたとき、「誰がこんなところにエプロンを干したのだ？」と問いただしました。そのとき、「私です」というべきかどうか迷いました。名乗らなければ、ブロック（＝棟）全体の囚われている女性が起こされ、みんな自分のエプロンを女看守に見せなければなりません。そうすれば、エプロンのない私が犯人だとすぐばれてしまいます。部屋に入ってきた女看守は、そこで犬を放しました。その犬は私に飛びかかり、体じゅうに噛みつきました。おまけに女看守もムチで私を滅多打ち。カポ（＝看守を手伝う被拘禁者）の二人のスィンティ女性が私の命乞いをしなかったなら、その犬に噛み殺されたことでしょう。その二人のカポとは、尊敬するリーゼル（故人）とリンダ（故人）です。

　そのとき伯母に、傷の手当てで病棟へは絶対に行くなと、注意されました。病棟へ行けばフェノール注射か何かで殺されると。噛み傷は自分の尿で洗いなさいといわれました。その通りにしたら傷は次第に治っていきましたが、激痛だけは長いあいだ残りました。そのときの傷は今も体じゅうにあります。犬に噛まれ、女看守にムチで叩かれたその日が、私の人生のなかでも最悪の日でした。

　ある日、収容所の上級管理者が詰めている棟へ連れていかれ、不妊手術の希望者はいないかと問われました。不妊手術を受けた者はすぐに釈放すると。私は考え込みました。将来、子どもが産まれようと産まれまいと、とにかく今はここから出るのが先決なんじゃないかと。でも、伯母や年配の婦人たちに説得され、不妊手術は思い止まります。不妊手術に承諾したとしても釈放される確証があるわけでもなく、不妊手術を受けなくてもいつかはここから自由になる日が来るかも知れない。そのとき、子どもを産みたいと思うかも知れない。結局、姉や伯母がいる収容所に私も残る決心をします。不妊手術を受けて釈放された人など、実際はただの一人もいませんでした。

　結局、伯母も姉のユリアーネも収容所内で死亡しました。終戦直前、強制収容所が連合軍に解放される直前、ナチス親衛隊員と被拘禁者の逃避行がはじまります。そのとき、すきを見てローザは六人のスィンティ女性とともに逃亡します。ソ連軍が到着するまで森のなかに隠れていました。強制収容所の元被拘禁者として彼女たちはソ連兵を何も恐れることがありません。赤軍兵士たちはドイツ国防軍の食糧品を奪いましたが、それを食べるまえ、必ずローザたちに毒見をさせたそうです。でも、当時の生活は楽園のようだったと、ローザは語りました。

　オーストリアへの帰路についたスィンティの女性たちは、ベルリン近郊のザックセンハウゼン強制収容所から解放されたスィンティ男性の一団に途中で遭遇します。やせ細ったローザはその一団のなかにいた同じくやせ細った将来の伴侶、アルトゥル・シュネーベルガーと知り合います。オーストリアの国境を越えたとき、七人のスィンティ女性は喜びのあまり地面に接吻したそうです。

　スィンティ女性たちは生まれ故郷のオーストリアをこよなく愛していたのですが、その国が彼女たちの愛に報いることはまったくありませんでした。オーストリアで生まれ、強制収容所へ連行されるまでずっとオーストリアで暮しつづけたローザは、ナチス時代にオーストリア国籍を剥奪されました。一九九一年になるまでオーストリア政府はその国籍を返却しませんでした。ナチス強制収容所から生還した多くの元被拘禁者は無国籍者のままこの世を去ったのです。

　第二次大戦後、オーストリア経済は未曽有の好景気を体験します。アメリカのマーシャル・プランの恩恵を受けてアメリカ製品が市場にあふれ、同時にソ連の影響力が抑え込まれます。すでに戦時中、連合国側は戦後オーストリアに「ナチスの最初の被害国」という地位をあたえる合意に達していました。その考え方にも一理あります。オーストリアはナチス・ドイツの傘下に入るべきか、独立国でありつづけるべきかという、オーストリア政府が一九三八年三月初旬に計画していた国民投票は実施できませんでした。それが実施されるまえにナチス・ドイツが武力侵略してきたからです。抵抗を試みたところで勝ち目はまったくなかったので、ドイツ国防軍に抵抗しないようにとの命令がオーストリア軍にくだされました。その意味でオーストリアは確かに「ナチスの被害国」だったといえるでしょう。

しかし他方、極悪非道な戦犯の多くがオーストリア生まれだったことも忘れるべきではありません。ヒットラーももともとはオーストリア人でしたが、彼は第一次大戦後からずっとドイツに居住し、ドイツの首相としてオーストリア併合を宣告するためにウィーンへ帰還します。たとえば、国家保安本部長官のエルンスト・カルテンブルンナー、あるいはナチス親衛隊中佐でユダヤ人やロマを強制収容所へ送り込む際に中心的役割を果たしたアドルフ・アイヒマン、また一九三八年三月のドイツ・オーストリア合邦に際してオーストリア首相として中心的な役割を果たしたアルトゥル・サイス＝インクヴァルトなどは「生粋」のオーストリア人でした。くわえるに、ドイツ国防軍がオーストリアへ進駐した一九三八年三月一二日直後から、オーストリア国民の多くはユダヤ系同胞を辱めることに喜びを感じ、たとえば歯ブラシで路上を清掃させたりしました。

終戦を迎えると、オーストリア国民は多くは過去を忘却の領域に追いやります。なにしろ「ナチスの最初の被害国」なのですから戦争責任など負うはずはありません。多くのオーストリア国民はそう信じて疑いませんでした。ナチス時代に追放されたユダヤ系亡命者たちの帰還は望まれませんでしたし、ほとんど全滅させられてしまった「ジプシー」に対しては、敗戦後も間断なく差別と迫害がつづきました。そのため、スィンティやロマが行商をする許可書を申請しても、それが受理される可能性はまったくありませんでした。

敗戦から三年以上がたった一九四八年九月、「ジプシー弊害について」と題する訓令をオーストリア内務省が各州の公安警察局に発します。同情をひくため「ジプシー」は自分たちが強制収容所の囚われ人だったと偽ることが度々ある、オーストリア国籍のない「ジプシー」は速やかに国外追放にすべきだと、その訓令は指示しました。

ローザ・ケルンデルバッハの例が示すとおり、敗戦後のオーストリア政府は生還したスィンティやロマに対して、オーストリア国籍の再発給を拒否したのみならず、ナチス被害者としての承認さえ拒みました。強制収容所へ連行された被害者たちはもろもろの証明書類を失っていましたが、役所の官吏はそれをいいことに、もともとオーストリア人だったことを認めようとしませんでした。

再独立を遂げたオーストリア国家にとって最も恥ずべきことは、重い精神的外傷を被り、たいていは慢性的疾患に悩む強制収容所からの生還者に対して、援助の手を差し伸べようとしなかったことだけではありません。そのことによって元ナチス被害者に極貧生活を強い、法律違反を犯さねば生活できないような状態に放置したことです。

スィンティはたいてい教会での結婚式しか挙げませんが、国家はそれを正式な結婚と認めませんでした。ローザ・ケルンデルバッハとアルトゥル・シュネーベルガーの結婚もそうです。この夫婦は二人とも強制収容所で肺病を患いました。生まれたときから肺結核という重荷を背負って、長女のローザ・ギッタが一九四六年に誕生します。彼女の少女期はその病魔に苦しめられ、それ以降も芳しくない健康状態に悩まされています。

戦前は多くの農村自治体がかなりのスィンティ人口を抱えていましたが、強制収容所から生還したスィンティたちは、たいてい同じ地域へ戻りませんでした。ナチス体制下に多くの家族員が殺され、かつての拡大家族集団が解体してしまったスィンティたちは、むしろ匿名で生活できる都会を優先しました。

多くのスィンティ家族にとって、行商が伝統的な収入源になっていましたが、第二大戦後のオーストリアでは行商そのものが完全に違法行為になります。行商以外、生活の術がなかったケルンデルバッハ・シュネーベルガー夫妻は、絶えず罰金を払わされました。「うす汚いガイジン」やら「売女」などの悪態を吐く心ない警官もいましたが、スィンティが置かれている苦しい状態を理解し、両目をつむって見逃してくれるような警官もいました。ケルンデルバッハ・シュネーベルガー夫妻は有効な旅券を持っていませんでした。ところが、それでも行商人としてイタリアやフランスのみならず、スカンディナヴィア半島にまで足を伸ばしていました。

『私たちはこの世に存在すべきではなかった』に登場する二人目の女性が、ローザ・ギッタ・マーテルです。過酷な体験をしたのにもかかわらず、父親のアルトゥル・シュネーベルガーは非常に寛大で、心の広い開明的な人だったと彼女は記しています。引用しましょう（一〇七ページ）。


八歳くらいだったころ、父と連れ立って町へ行ったことがあります。そのとき、顔一面がひげ面の男に出くわしました。そのひげはまったく手入れされておらず、気持ち悪くなった私は、「汚いひげの人いるよ、タタ（＝お父さん、サンスクリット語の父はタータ）」といいました。「だからなんなんだい、自分の顔にどんなひげを生やそうと、その人の勝手だよ」と答えた父に、またひとつ学んだのです。


青ざめた顔色で痩せ細った病気がちの引っ込み思案の女の子だったギッタは、幼いころからさまざまな体験をします。小学校へ入学すると、同級生たちが祖父母や叔父・伯母などの話をしていることに気づきます。自分には祖父母や叔父・伯母がなぜいないのだろうと不思議に思います。「なぜ」と両親に聞き、祖父母や兄弟姉妹の全員が殺されたことをはじめて知らされます。それだけではありません。戦前、父親が結婚しており、二人の子どもがいたことも聞かされます。しかし、父親の先妻も二人の子どももナチスによって殺されました。

なぜそうなったのかギッタは両親に問いますが、「当時の権力者たちがわれわれスィンティを毛嫌いしたからだ」という回答以外、両親に名答は浮かびませんでした。子どもにとってその答えは衝撃的でした。それ以来、子どものギッタは強制収容所の話や殺された親族の話をするよう両親にねだるようになりました。成人してからギッタは母親と娘のニコルといっしょに、ケルンデルバッハ家の家族史を調べました。その結果、三〇〇人近くいた親族のうち、ナチス時代を生き延びたのはわずか三人、つまり一パーセントのみだったことが判明します。

リンツ市ドナウ川沿いにあったケルンデルバッハ・シュネーベルガー夫妻が二台のキャンピングカーを停めていた広場の回りに、難民が暮らすバラック群がありました。敗戦と同時に東ヨーロッパ諸国から逃亡しなければならなかったドイツ系住民の多くは、オーストリアへ逃れてきたのです。難民の暮らすバラック群の人々は貧しかったけど、それでも人間としての温かさと連帯感があったと、ギッタはその体験記に記しています。

敗戦から間もない当時、人々はまだ物々交換をしていました。ケルンデルバッハ・シュネーベルガー夫妻は生地を農民に売り、その見返りに食料品を得ていました。そして、その食品をバラック群で暮す人々と分け合いました。ギッタの父親はよく魚釣りもしましたが、釣れた魚も近くで暮す難民たちと分け合いました。それは当然のことなのです。スィンティの理解では野生の動植物とか魚類は一人占めすべきものではなく、みんなで分け合うべきものだからです。

多くの構成員がナチスの犠牲となったため、敗戦後のケルンデルバッハ家はとても縮小しており、「ジプシー」というその出身故の烙印も押されていましたが、それでも自分たちの文化を保存することに全力を注ぎました。ローザ・ケルンデルバッハと結婚したアルトゥル・シュネーベルガーは、ドイツ出身のスィンティ男性でしたが、スィンティの文化を守るため、ドイツにいるアルトゥル・シュネーベルガーの親戚との交流を密にしました。

ローザ・ケルンデルバッハはナチス体制下以前のスィンティ文化を体験的に周知している数少ない生き証人でしたが、いくつかのスィンティの文化的特徴についてその体験談で触れています。その頂点にあるのは何といってもとても強い親族のきずなです。つぎに老齢者に対する敬意、そしてともに祝いともに音楽を奏でることでしょう。死んだ親族に対してはとりわけ深い敬意が表され、死人は絶対に侮辱されてはならないという掟があります。どこかの村の墓地にスィンティが埋葬されている場合、たとえジャガイモ一個でもその村の農作物を盗むことは絶対に許されません。スィンティ語で多数派住民のことをガジと言いますが、スィンティが盗みをはたらいたためにガジたちがスィンティの悪口を言えば、それによって墓地に葬られているスィンティの名誉まで傷つけられてしまうと考えたからです。

何百年も国家の司法による迫害を被りつづけたスィンティは、スィンティ社会で何らかの問題が生じた場合、それを自ら処理する司法制度を最近まで保持していました。スィンティ語でラカバスカロと呼ばれる、スィンティ社会の老齢の裁判官がウィーンに住んでいました。その裁判官がくだした判決には絶対的な拘束力があり、それに従わない者はスィンティ社会から追放されます。追放がスィンティ社会の最高刑です。

公に使われるドイツ語の名前以外、スィンティにはスィンティ独自のスィンティ名、愛称もあります。たとえば、ローザ・ケルンデルバッハのスィンティ名はマンタでした。スィンティ社会の内部ではむしろこのスィンティ名が通用します。このスィンティ名の使用には、敵対的な多数派社会、とりわけ国家権力に対する一つの抵抗手段という機能も含まれています。

スィンティ文化について文章化された史料は、二〇世紀末期まで皆無に近い状態でした。スィンティの伝統はもっぱら口述で伝承されました。たいていは夜、みんなで会食しながら一緒に音楽を奏でているときなどに。ギッタの記憶のなかでもそのような瞬間が、もっとも幸せを感じたときだったと記されています。一九四八年にカールという名のギッタの弟が産まれますが、キッタとカールが通学するようになると、行商できる時期は学校が休みの七月から九月に限定されます。それ以外の時期、両親はリンツ市内やその近辺で行商しました。

とても感受性の強い女の子に育ったギッタは、自分を取り巻く社会をよく観察しました。幼いときから不平等なこと、あるいは他者が被っている苦難に敏感に反応しました。ケルンデルバッハ・シュネーベルガー夫妻が二台のキャンピングカーを停めていた広場の近くに屠場がありました。ほふられる運命のウシを二人の男がムチで滅多打ちにしている現場を目撃した当時八歳のギッタは、公衆電話機から警察の緊急番号に通報します。パトカーでやってきた警察官にウシを叩いた男たちのところへ連れていかれますが、二人の男はギッタの話を全面否定、子どもの妄想だととぼけます。屠場から聞こえてくる動物の甲高い悲壮な鳴き声、それがギッタの聴覚に強烈に残る記憶です。

出生時から肺病を患っていたため、ギッタは食べ物の好き嫌いがはげしい、やせた不健康な女の子でした。それにもかかわらず、学校の成績は優秀でした。読書が何よりも好きなギッタには、絵を描く才能もあり、キャンピングカー停留地の横を流れるドナウ川を行き来する船を眺めるのが大好きでした。川岸に座り込み、よく空想にふけりました。ドナウ川の流れに沿って、黒海まで旅するような空想を。

自分の身に降りかかった出来事が間違いなく差別、あるいは明確な人種主義だったような場合も、それらの好ましくない体験の原因は自分自身の落ち度にあるとギッタは考えました。戦後のオーストリアでは行商のための営業許可書そのものの発給が停止されましたが、「営業許可書なしでの行商」という廉（かど）で父親が逮捕されたとき、それは地方紙に報道されました。七月に中学校を卒業する予定だった三カ月前の四月、ギッタは突然校長室へ呼び出されます。自分の子どもを「ジプシー」の犯罪者の娘と同じ教室に通わせたくないと、数名の保護者から苦情があったと聞かされます。ギッタは退学処分を受けたわけではありませんが、卒業まで残り三カ月の段階で通学を禁止されます。好成績の卒業証明書を校長がギッタに手渡しますが、それは何の慰めにもなりません。

この件は父親が負うべき責任を娘に転嫁するという完全に時代錯誤の連帯責任の問題なのですが、それでもギッタはそれを個人的敗北として受け止め、涙を流しながら自分の学用品をまとめて、学校を去りました。通学した体験が一日もないギッタの母親ローザは、娘の通学禁止をあまり重く受け止めず、もう学校へ通わなくてもいいのだから喜びなさいとギッタを慰めようとしました。

ところが、ギッタ自身は高校入学を希望していました。一六歳になったギッタは美術学校のグラフィック科の入学試験に合格、しばらくのあいだ美術学校へ通うようになります。しかし、家事と思春期の弟たちの面倒を見るため、通学を止めるよう両親がせがみます。その両親の願いをギッタは受け入れます。ギッタにはもう一人の弟、異母の弟もいました。その弟の母親もスィンティ女性でしたが、長期間の強制収容所拘留の後遺症で二八歳の若さで死にます。

両親の関係がいつも円満だったわけではありません。そもそもスィンティの社会は父権制、つまり家父長である男の権力が絶対的な社会です。そのため、支配的立場にある男性ではなく、弱い立場にある三人の女性をあえて自著の中心に据えました。ギッタの父親は立派な体格の自信に満ちた世渡り上手な美男子でした。しかし、数カ月ごとに繰り返される深酒、それに浮気をすることもありました。子どもたちにとっては良い父親でしたが、ローザと別居した時期もあります。白血病を患った父親は最終的にまたローザのところへ戻り、晩年の二人は仲良く暮らしました。

ギッタ自身も一七歳で不幸な結婚をして、二人の息子を産みます。成人したその二人の息子は親戚を訪ねようとドイツを訪れました。遮断機の故障した踏切りを二人が自動車で渡ろうとしたとき、特急列車と衝突、悲惨な死を遂げます。二度目の結婚はガジョ、つまりスィンティ男性でない多数派オーストリア人の男性との結婚でしたが、その結婚でギッタはようやく幸せも見つけます。その結婚で一九七八年に生まれたのがニコル、『私たちはこの世に存在すべきではなかった』に登場する三人目の女性です。

どこかで窃盗事件などがあると、最初に嫌疑をかけられるのが「ジプシー」です。そのため、無罪だったケルンデルバッハ家の人々もたびたび刑務所に拘留されました。身長一六〇センチ、体重四五キロほどのきゃしゃなギッタも、面通しのため窃盗にあったある被害女性のまえに立たされたことがあります。その女性は「こいつが犯人だ」と即座に証言、ギッタは刑務所に拘留されます。しかし、数日後に証人の女性は証言を取り消し、無罪のギッタは釈放されます。ギッタは一〇日間の拘留に対して賠償を求めて提訴、しかし裁判所はその訴えを棄却。証人の女性は容疑者ギッタの報復を恐れて、証言を取り下げたのだと。当時のギッタはきゃしゃな若い女性でしたが、その報復を恐れて証言を取り下げたなど、とうてい信じられる話ではありません。

その後、ギッタは行商をつづけることに将来性はないと、その仕事を完全に断念、コックとしての職業訓練を受けます。しばらくコックとして働きますが、立ちっぱなしの仕事であるために身体をこわし、保険会社の外交員に転職、支店長にまで出世します。その間、老母の戦後補償とオーストリア国籍再取得のため、一六年間も闘いつづけます。オーストリア大統領にまで嘆願した結果、母親ローザのオーストリア国籍は一九九一年にようやく返還されました。しかし、ローザが六八年間使いつづけた姓ケルンデルバッハをウィンターに改名するよう、オーストリア政府が強要したのです。ほとんどのスィンティがそうしたように、ローザの両親も教会での結婚式のみを挙げたのですが、それを正式な結婚として認めることはできないので、母親の姓を名乗らなければならないと政府は決定しました。ローザの息子カールとその家族も改名させられました。そのようにしてナチス体制以前に数百人もの家族員を数えたオーストリアのあるスィンティ家族の姓が消滅させられました。その姓を名乗った最後の生き残りがローザだったのです。

ギッタ・マーテルの粘り強い闘いは予期せぬ成果をもたらしたので、戦後補償の支給やオーストリア国籍の返還を希望する多くのスィンティが彼女に助けを求めるようになります。そのようにして、一九九八年春に「ケタニ協会」が創設され、その委員長にギッタ・マーテルが選ばれます。「ケタニ」とはスィンティ語で「協力して」という意味です。上部オーストリア州に居住するスィンティたちがはじめて結集し、奪われた人権を取り戻す闘いを開始したのです。当初はさまざまな困難にも直面しましたが、「ケタニ協会」はすでに多くの成果も勝ち取っています。

差別などの社会的な問題に対処するのみならず、文化的な問題にも取り組んでいます。映画の制作、音楽会や朗読会の開催、あるいはスィンティのサッカー・ティーム「ケタニ・キッカーズ」まで結成しました。少数民族スィンティについての啓発活動や、良心的な研究者の協力のもと、二〇世紀におけるスィンティの迫害史に関する史料収集にも取り組んでいます。『上部オーストリア州のジプシー――一九世紀と二〇世紀におけるこの少数民族に対する政策』という三六〇ページほどの研究書が、二〇一〇年九月に州政府から発行されました。スィンティの迫害史に関連する記念碑も全国あちらこちらに建てられ、それまで知られていなかった何百人もの犠牲者の運命が史料的に明らかにされました。

学校の敷居をまたいだこともないため文字をまったく読み書きできない女性の孫、またギッタの娘であるニコルは高校卒業試験、つまり大学入学試験に合格し、リンツ大学で法学を数学期受講しました。「ケタニ協会」の現在の委員長はそのニコルです。社会的に軽蔑される対象の「ジプシー」に属することを表明するのを躊躇した時期もありました。バスに乗って遠足へ行った小学校四年生のとき、「あなたの目はアーモンドの形をしているのね」と担任の女性教諭にいわれます。それに対して、「先祖がインドの出身なので」とだけ答えます。大学生のころ、レストランのウエートレスのアルバイトをしたとき、雇用主のまえでスィンティ宣言をしました。そのとき、うさんくさそうに横目で見られたそうです。ある日、レジのお金が不足しました。同僚たちに「あなたの出身じゃ仕方のないことね」といわれます。スィンティ宣言をすると嫌疑の対象になることをニコルはさとります。

小学校へ入学するまえ、祖父母、両親、兄弟やほかの親戚との移動生活をニコルは体験しましたが、その時代がとても楽しかったと追憶しています。ニコルは移動生活を体験した最後のスィンティ世代に属します。ニコルの世代に属する若いスィンティたちは、岐路に立たされています。多数派社会に同化すべきか、それとも先祖から伝承された文化を守りつづけるべきかという岐路です。若いスィンティたちはさまざまの職業についており、ニコルのように伴侶と子どもとともに賃貸アパートで暮らしているスィンティ、あるいは持家を所有しているスィンティもいます。スィンティを伴侶に選ぶのをあきらめた若いスィンティも少なくありません。ギッタが若かった一九六〇年代から一九七〇年代にはスィンティを結婚相手に選ぶべきとのスィンティ社会の強い圧力がありましたが、スィンティ人口の減少によりその圧力は弱まっています。ニコルの夫はトルコ国籍です。家庭内でスィンティ語を使わない家族も増え、スィンティ語をほとんど理解できないスィンティの若者も少なくありません。

ヨーロッパへ移住して五〇〇年以上が経つ現在、国家による弾圧の無いはじめての時代にニコルは暮らしています。オーストリア南部のスロヴェニア人、東部のクロアツィア人やハンガリー人などと同じく、オーストリア政府はロマとスィンティもオーストリアの少数民族(「民族集団」)として一九九三年一二月に公認しました。当時ニコルは一五歳でした。少なくとも表面上はロマやスィンティがほかのオーストリア国民と平等な地位を得て、オーストリアの少数民族と認められました。その結果、すたれていたスィンティの文化を掘り起こし、意識的にスィンティ語を使う新しい自意識を持った若いスィンティが増えたと、ニコル自身も感じています。

「ケタニ協会」の委員長としてニコルは多数派国民が少数民族に対する理解と承認度を深めるよう、日々活動していますが、その前提としてスィンティ自身が自分たちの文化を多数派国民に対して公表する覚悟が必要になります。多くの多数派国民が未だに抱き続けるロマやスィンティに対する恐怖心を軽減させる手段は、それ以外にないでしょう。ところが、ホロコーストの体験によって形成されたスィンティの多数派国民に対する根強い不信は、自らホロコーストを体験しなかった孫たちの世代にまで受け継がれており、自分たちの文化を公表することによって自分たちを攻撃することに手を貸してしまうのではないかという、大きな恐怖を少なからぬスィンティは抱いています。ナチス時代、スィンティ語を学んだ人種優生学研究所の女性職員などがスィンティ社会に入り込み、そこで得た情報を当局に提供、それが殲滅計画に利用されたという歴史的経緯があるため、スィンティ語講座などに多数派国民も参加することを多くのスィンティは極度に嫌います。

少数民族として公認され、以前と比べれば教育程度も飛躍的に向上したのですが、それにもかかわらずスィンティとしてオーストリア社会に生きることは決して容易ではありません。ロマやスィンティが少数民族として公認された時期、それはオーストリアで第二次大戦後はじめて極右の思想を唱える政党が、多くの国民の賛同を得るようになった時代とも重なります。ヨーロッパ大陸の面積は広くありませんが、そこには多くの民族が暮らしています。ソ連の崩壊によって東西ドイツの再統一が可能になりましたが、それだけではありません。同じような動きはヨーロッパ社会全体の規模で起こりました。ヨーロッパは豊かさと貧しさが隣り合わせになった社会です。そのため、貧困な東側の国々の人々が、豊かな西側の国々へ移住を始めました。信じ難いほどの貧困生活を強いられたブルガリア、ルーマニアやセルビアのロマたちも、西側諸国へ向かっての移動を開始しました。イスラム諸国やアフリカ大陸からも移民の波がヨーロッパ諸国へ押し寄せたため、少なからぬ定住ヨーロッパ人は動揺しました。

既成政党は人口移動によって生じる諸問題に目を向けようともせずそれを無視、移民を社会に統合する有効な政策を講じませんでした。もっとも貧しいEU市民である東欧諸国のロマのアイデンティティを破壊せずにその生活基盤を立て直し、社会に統合する手立ては、象徴的な意思表示や声明の発表などに限定されています。極右の扇動者たちはそこに付け込み、移民の大量強制送還、国境審査の再導入、特定の衣類やベールなど宗教的シンボルの禁止などを提案、大衆の心をつかみました。また、外国人は犯罪率が高いと見なすようなアジテーションも繰り返されています。一九九〇年以来、オーストリアの外国人法は毎年改定され、どんどん厳しくなっています。与党の政治家さえが極右の主張する強硬手段に惑わされ、その結果オーストリアで難民認定が受理されること自体、極めて困難になりました。
たいていのロマやスィンティは多数派ヨーロッパ人と比べて皮膚の色が濃く、黒髪です。何世代にもわたってヨーロッパで暮してきたロマやスィンティであっても、新来の外国人と何ら変わらず、外国人排斥のターゲットにされます。現在の外国人排斥は特に「ジプシー」に向けられているというわけでもなく、トルコ、アラビア諸国や中近東諸国など、とにかく遠方からやってきた得体が知れない人間と感じられている人々に向けられています。しかし、ロマが標的になった卑劣極まりない事件も起こりました。比較的高い教育を受けたある極右活動家は、一九九五年二月にオーストリア東部のあるロマ部落に爆弾を仕掛けました。「ロマはインドへ帰れ」と書かれた立て札をロマ部落の道路に設置、四人のロマ青年がその立て札を取り除こうとしたとき、立て札の下部に隠されていた爆弾が炸裂、四人の男性は爆死しました。

オーバワートという町でこの事件は起こりました。爆弾テロの被害家族のためのみならず、長いあいだ行政から放置されてきたそのロマ部落全体のために政府は特別の支援プログラムを実施、数年間でオーバワートの学童の学業成績は大幅に改善され、それまでは義務教育修了と同時に子どもたちは就職していましたが、すべての子どもたちが高等学校へ進学できるようになりました。高校卒業試験、つまり大学入学試験に合格した生徒もすでに数名います。小さな町で可能であったこと、それはヨーロッパ全体でも可能なはずです。みんなで力を合わせてそれを可能にしなければなりません。スィンティやロマは自分たちの民族国家を建国しようなどと考えていません。なるべく自主決定権が認められた生活をおくりたいと希望しているだけです。過去一〇年から一五年の

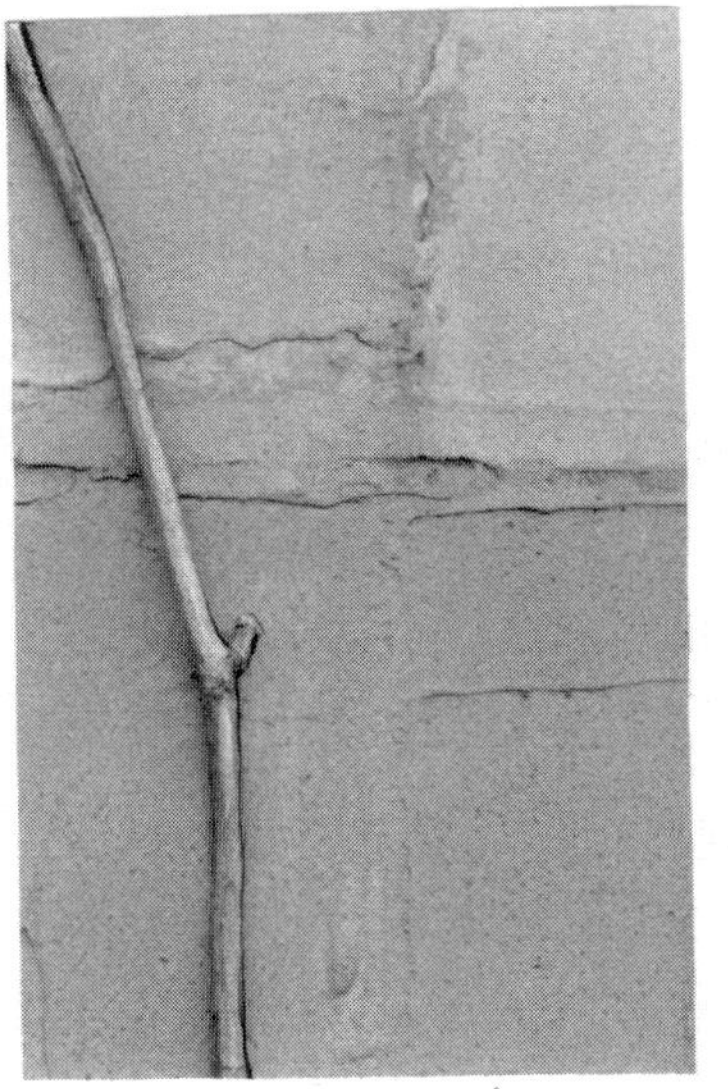

あいだに私はスィンティから多くのことを学びました。われわれと異なるスィンティの論理を知ったことによって自分自身の知識が豊かになり、考えさせられ、内省もしました。それを示す好例として、最後にもう一度『私たちはこの世に存在すべきではなかった』の第一章「ケルンデルバッハ家の一〇〇年」からまた後ほど引用させていただきます。

ウィンターという姓に改名させられたローザ・ケルンデルバッハの生活史を収録する目的で、二〇〇三年にローザ宅を再訪しました。そのちょうど一〇年前の一九九三年、「ジプシー収容所ワイヤー」の跡地がある町へ引っ越しました。ナチス時代にオーストリア国内で設置された「ジプシー収容所ワイヤー」やサルツブルクの「マックスグランジプシー収容所」、あるいは「ジプシー収容所ラッケンバッハ」などは、スィンティやロマを絶滅収容所へ連行する中継地としての機能を果たしました。何十人ものケルンデルバッハ家の人々も、「ジプシー収容所ワイヤー」を経由してアウシュヴィッツやウッジの絶滅収容所へ連行されました。数カ国語に翻訳された私のもっともよく売れた小説、セミ・ドキュメンタリ作品の『心筋退化症』、これは死亡した被収容者の死亡診断書に記された架空の病名なのですが、その小説の舞台になったのもその町です。その小説を書くための事前調査をしたとき、三人の女性たちと出会います。その三人の生活史を編集して本として出版する提案をしました。三人の女性もそれに納得してくれ、かなり注目を浴びて、すでに第三刷まで発行された『私たちはこの世に存在すべきではなかった』が出版されました。日本でもその本は金子マーティン訳で凱風社から出版されました。その本を読まれた日本の読者は、もしかすると日本政府が二〇〇八年六月に「先住民族」として公認した北海道のアイヌ民族、ウタリのことを頭に浮かべたかも知れません。アイヌ民族も多数派社会のなかで暮しています が、その論理や観点は必ずしも多数派に属する人々と同じではありません。そのことを見事に表したのが、今から紹介しますアルベルトです。私はローザの家でくつろぎながら彼女とコーヒーを飲んでいました。本から引用しましょう(四八〜四九ページ)。

そこへ突然、せっかちで活動的なアルベルト・クーグラーが尋ねてきた。コーヒーを飲んでいるときでさえ、何か片づけねばならない用事はないかと、きょろきょろ探しまくっているアルベルト。アルベルトの親戚にも、ワイヤーからウッジへ連行され、そこで殺された犠牲者がいる。アルベルトが経営する土木会社は零細だけれども繁盛している。それでも、彼の興味は会社よりもむしろ古物商にあるようだ。彼とは、ジプシー問題など、さまざまな社会問題を論議した。「どんな呼ばれ方をされても、いっこうに構わない。われわれスィンティにも社会的に平等な待遇さえ与えればね。それだけが肝心だ」という。

「君は電車でここまで来たのか?」と聞かれたので、そうだと答えると、「それなら自動車で駅まで送ろう」と申し出てくれた。アルベルトは車を信号もない交差点で急に止めた。車を道路のど真ん中に止めたまま、何もいわずに降りた。そして、道端の粗大ゴミ置き場から釣竿を拾い上げた。その釣竿を車の後部座席に積み込みながら、「これは一九三〇年代の代物だ。蚤の市で売れば最低五〇ユーロは儲かるのに、なんでこんな物まで捨てちゃうのだろう」と首をかしげた。

アルベルトが車を路上に停車させたため、数台の停滞が起こり、そのうちの一台がクラックションをけたたましく鳴らしはじめた。粗大ゴミ置き場のそばにある一戸建て住宅の二階の窓が開き、そこの住人が「古い釣り道具用カバンも持っているから、欲しかったら譲るよ」と叫んだ。落ち着き払って警察官の役を演じるアルベルト。対向車線の自動車を停車させてから、停滞している車の列を手招きで反対車線へ誘導した。そうこうしているうちに、緑色の釣り道具用カバンを手にした人物が近寄ってきた。

車は再び走り出した。運転手のアルベルトはにたっと微笑みながら話をつづけた。

「つい数日前だけど、しかめ面の通行人に話しかけられたんだ。『五〇〇ccの大型ベンツ車に乗っているあなたが、なぜゴミをあさっているのか』と聞いてきた。『大型高級車を乗り回せるのはなぜだと思いますか』と答えてやったさ。

稼げるさまざまな方法があるのにそれに目を向けようとしない、こちら側の使い捨て社会に対する痛烈な批判であり、こちら側が脱帽せざるを得ない見事な論理です。ローザ・ウィンター、その娘のギッタと孫のニコル、そしてほかのスィンティたちから多くのことを学ばせていただきましたが、そのことに対して率直にお礼を述べたいと思います。皆様方のご清聴にも感謝いたします。

（二〇一〇年一一月三日、東京女子大学にて講演）

ルードウィク・ラーハのホームページ：www.ludwig-laher.com（ドイツ語と英語）

オーストリア人作家ルードウィク・ラーハの訪日記

金子 マーティン

第一次世界大戦の敗戦で多民族国家〈オーストリア・ハンガリー二重帝国〉は崩壊し、一九一八年一一月に北海道より少し大きい小国の〈オーストリア共和国〉が成立した。三三年三月、教権政党＝キリスト教社会党のドルフース首相がオーストリア議会を解散させ、オーストリア・ファシズムの時代に突入したものの、ナチ党は禁止されたのでナチ支持者たちはドイツへ「亡命」するほかなかった。三八年三月一二日、オーストリア連邦軍のいかなる抵抗も受けないままナチス国防軍はオーストリアへ無血入城を遂げ、ナチスに併合されたオーストリアは「第三帝国」の最南端を形成した。四五年三月中旬から連合国軍によるウィーン攻撃が始まり、翌月ウィーンは赤軍に占領された。四五年四月二七日にオーストリア臨時政府が樹立され第二次〈オーストリア共和国〉が成立、オーストリアは連合国四カ国(米ソ英仏)に占領された。五五年五月一五日に連合国との「国家条約」を締結したオーストリアは永世中立を宣言、同年一〇月二六日に最後の連合軍兵士がオーストリアから撤退した。

そのほぼ六週間後の一二月一二日、ウィーンの西方一五〇キロほどのところに位置するオーバー・エスターライヒ州の州都リンツ市でルードウィク・ラーハが生まれた。サルツブルク大学文学部を卒業したラーハは小説やドキュメンタリー作品を発表する文筆家であると当時に映画制作者でもある。サルツブルクから北へ約六〇キロのところにヒットラーが生まれた町ブラウナウがあるが、その近くのサンクトパンターレオン町にラーハは一九九三年から移り住んだ。第二次大戦中、そのサンクトパンターレオンに「ジプシー収容所ワイヤー」があった。四一年一月開設のその収容所に囚われていた三〇一人のロマは同年一〇月二九日に家畜運搬用貨車でオーストリア東部の「ジプシー収容所ラッケンバッハ」へ移送され、数日後にそこからポーランド・ウッジのユダヤ人ゲットー内に設置された「ジプシー収容所ワイヤー」へ転送、四二年一月上旬までに全員がヘウムノの絶滅収容所で毒ガスで殺された。「ジプシー収容所」関連の行政資料や裁判資料を精力的に収集したラーハは、元被拘禁者の遺族などからも証言を採集し、『心筋退化症』というセミ・ドキュメンタリー作品を二〇〇一年に完成させた。「心筋退化症」は実在しない病名だが、監視員の暴行などにより暴殺された被拘禁者の死因として死亡診断書に記入された「病名」である。『心筋退化症』を書くための事前調査でラーハは三人の女性に出会った。あるスィンティ家族の祖母、母、娘(孫)である。

「ジプシー」という蔑称で呼ばれた欧州最大の少数民族の自称がロマであるとの認識が最近日本でも浸透してきたようだが、ロマの母語ロマニ語の方言や伝統的に従事してきた生業の違いなどによってロマは複数のグループに細分化される。そのロマの一集団がスィンティである。それぞれが一九二三年、四六年と七八年に生まれたスィンティ女性三代の生活史をラーハは二〇〇四年九月に『私たちはこの世に存在すべきではなかった』という書名で上梓し、五年後にその日本語訳が凱風社から刊行された。

*

一〇月二七日から一一月四日まで日本に滞在したラーハは、「私たちはこの世に存在すべきではなかった——オーストリア・スィンティ三女性の生活史　一九二三年~二〇一〇年」と題する講演を四度(東京・六本木の松本治一郎記念会館内反差別国際運動日本委員会［一〇月二八日］、大阪・弁天町の市民学習センター［一〇月三〇日］、日本女子大学生涯学習センター［一一月二日］と東京女子大学で開催された日本寄せ場学会秋季シンポジウム［一一月三日］)おこなった。

講演の合間にラーハは日本観光もした。東京・上野の東京国立博物館を訪れ、アイヌ民族がその儀礼で使用した祭具や衣服、装身具などを展示した特別陳列「アイヌと儀礼」を見学した。大阪では大槻能楽堂で狂言も観覧した。その翌日は早朝六時から日雇い労働者の街釜ヶ崎、区民八万人のうち三万人が沖縄出身者である大正区のウチナーンチュ集住地区、鶴橋コリアンタウンの商店街を訪問した。その後、浪速区の大阪人権博物館「リバティおおさか」と大阪城近くにある大阪国際平和センター「ピース大阪」も見学した。

　大阪でラーハと通訳の筆者を自家用車で連れ歩いたジャーナリストの川瀬俊治が翌日は奈良へ案内してくれた。築一〇〇年以上という古い農家に一泊し、翌朝最初に訪れたのが法隆寺。つぎに奈良坂を登りつめた近くにある古社、奈良豆比古（ならつひこ）神社を見学したが、能楽の源流といわれる無形文化財の「翁舞」が毎年奉納される神社である。樹齢一三〇〇年という幹の周りが八メートルもある見事な楠がその神社の裏手に生えている。その神社のほど近くに般若寺があり、その寺から四〇〇メートルほどのところに北山十八間戸（きたやまじゅうはちけんと）がある。西大寺の僧、忍性が一二四三年に建てさせたハンセン病患者救済のための施設であり、のべ一万八千人のハンセン病患者がそこで介護されたという。その役を担ったのは、隣接する被差別部落の「エタ」身分の者たちだった。

　翌日、ラーハは一人で京都を観光したが、その翌日に日本の印象をラーハから聞き取った。

＊

　事前に観光案内書などを読み、日本では家に上がるとき靴を脱ぐので穴あきの靴下は履かないようにとか、そのようなことは知っていた。だけど、ヨーロッパとかなり異なる社会なので日本を訪問したとき、何が自分を待ち構えているのか正直いってまったく分からなかった。でも、今まで東京と大阪でそれぞれ一回の講演をして、日本の聴衆とオーストリアの聴衆とがほとんど変わらないことが分かってきた。東京で約二〇人、大阪の方は六〇人以上の聴衆が集まってくれたが、どちらの講演でも聴衆は私の話を熱心に聞いてくれ、講演後にさまざまな興味深い質問もしてくれた。ヨーロッパでは遅くともフランスのサルコジ大統領が欧州人権条約や欧州連合が制定したEU市民にEU圏内での自由な移動を保障する法律に違反して、三〇〇ユーロ（約三万三千円）という涙金を手渡して、ルーマニアやブルガリアのロマを出身国へ強制送還するようになった今年の夏からロマの人権問題が大きくクローズアップされている。だけどスィンティをはじめとするロマが暮らしていない国の住人である日本人は、ロマが直面する問題に無関心なんじゃないだろうかという当初抱いていた私の心配は的中しなかったので安堵した。
日本に着いた翌日の午前中、雨降りのなかを一人で上野の東京国立博物館へ行った。妻が高等学校の美術の教諭をしているので、彼女のお土産に博物館のカタログを買った。その博物館でアイヌ関連の展示を見たが、大阪の人権博物館で見たアイヌ関係の展示の方が印象深かった。大阪の博物館は日本の戦争責任にも言及していたからだ。

観光コースでない日本を川瀬さんや君のお陰で見たことは大きな収穫だった。日本で私が見たところを大半の観光客は素通りしているだろう。奈良で泊めていただいたような古い農家に泊るような幸運な体験をしたヨーロッパの観光客もまずいないだろう。

多くの沖縄人が暮らす大阪の大正区で目を引いたのは、各家々のまえに鉢植えの木々が置かれており、私が見た日本でもっとも緑が多い地区だったことだ。とても印象深かった。多くの朝鮮人が暮らす生野区にも連れて行ってもらったけど、お昼に朝鮮料理を食べた食堂の女性店主が、「三世になっても四世になっても在日朝鮮人は安定した職を見つけることが難しい」と話したことに衝撃を受けた。被差別者にもう少し寛大に接することが

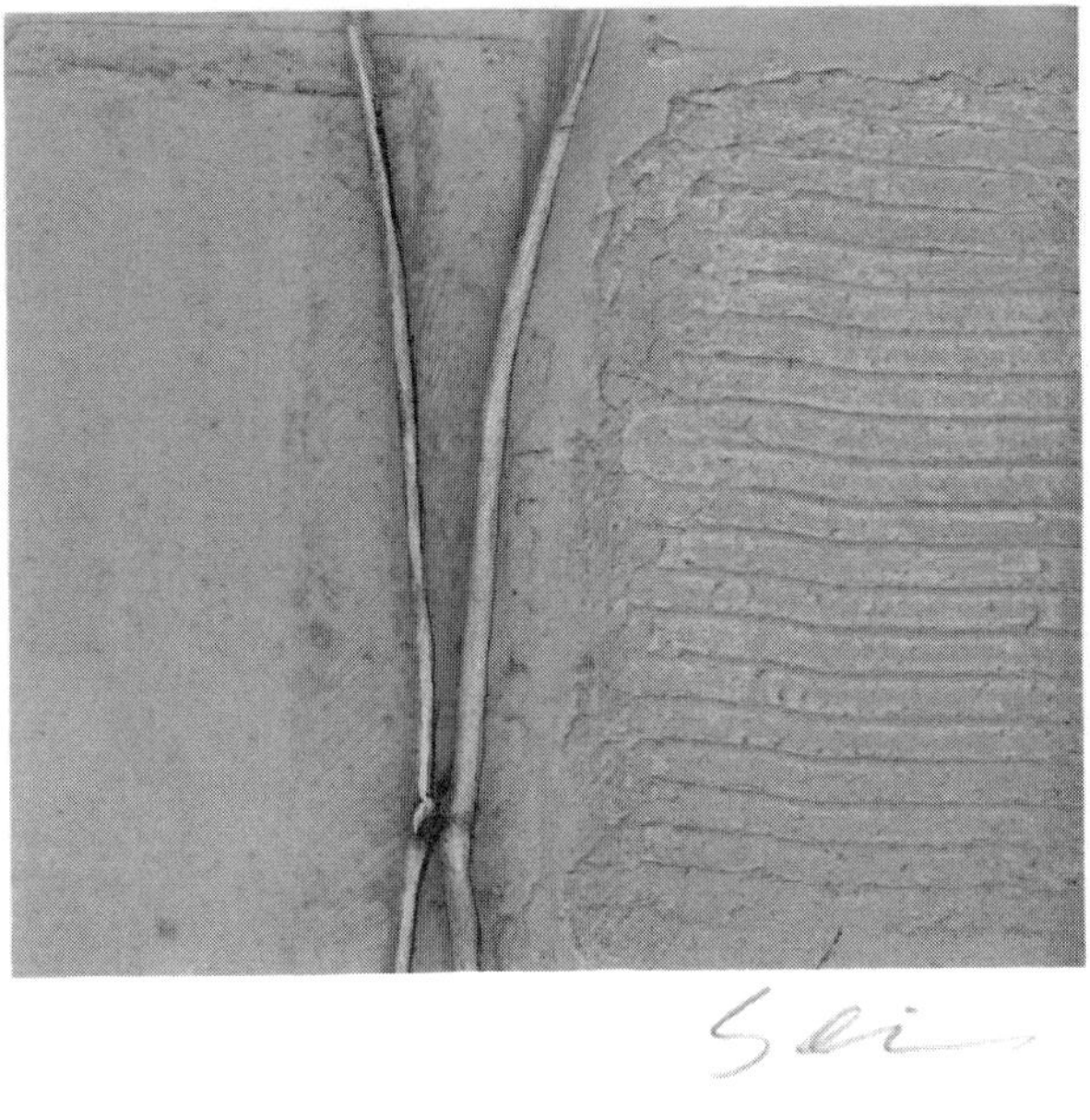

できないものだろうか。大阪で見た被差別部落は改良住宅が建てられており、住環境は整備されている感じがしたけど、そこで暮らす人々の職はどうなっているのだろうと気になった。

釜ヶ崎の雰囲気はまったく異なった。豊かな日本にあのような貧困な地域があることに驚いた。仕事にあぶれた、主に老齢の労働者たちが、あいりん職業安定所の床に朝から寝そべり、人生をあきらめてしまったような眼差しをしている姿にショックを受けた。釜ヶ崎の異常にでかい要塞のような警察署も驚きだった。何を恐れているのだろうか。

日本に来て驚いたことはほかにもいくつかある。この横浜のホテルへ着いたとき、入口の案内が日本語でしか書いてないので、チェックインをするレセプションがどこにあるのか分からずに困った。外にあるエレベータで四階まで上がったけど、そこは客室で受付はなかった。今度はエレベータで地階まで下がったらそこはレストランだった。そのレストランで受付が二階にあると教えてもらった。外国人観光客を受け入れたいのなら、入口にせめて英語で「受付は二階」という表示をしたらいいのにと思う。日本政府は日本を「観光立国」にする構想があると聞いたのでそうすべきだろう。

今朝、インターネットで日本が第二次大戦の敗戦によって失った国後島をロシアのメドヴェージェフ大統領が訪問したことで日本政府が憤慨しているニュースを見たけど、違和感を覚えた。オーストリアも第一次大戦の敗戦で多くの領土を失った。例えば、南ティロルを。イタリアのナポリターノ大統領が南ティロルのボーツェン、イタリア語のボルツァーノを訪問して、オーストリア政府が大騒ぎするような話だ。六〇年代初頭、イタリアから解放された自治の南ティロルを求める「南ティロル解放委員会」による爆弾テロが相次いだが、敗戦で失った領土をいつまでも「固有の領土」と主張しつづけるのは奇異だ。千島列島の領有権が誰かにあるとするのなら、それはそこに先住しているアイヌ民族だろう。日本政府はもう少し謙虚になった方がいいのではないだろうか。

でも、全体的には温かく迎え入れていただき、知り合いになった日本人はみな親切だった。だから、日本人の好印象をオーストリアへ持って帰る。私は道路で拾った話を題材に小説を書くたちなので、今回の日本体験をもう少し消化したら日本関係の作品が書けるかも知れない。

〈日本女子大学教員〉

〈絶海の孤島〉なのか——EU圏内におけるロマ民族の人権侵害問題とニッポン

金子マーティン

「ほとんどの場合、日本人にとってのユダヤ民族のイメージとは、知識に基づいて積極的に形成されたものではなく、なんらかの情報源から受動的に受け入れられた曖昧なもの」で、「西欧ではとっくに廃れた、ユダヤ民族に対する多くの誤解がいまだに通用していたり、西洋ではすでに確定された多くの歴史的事実が、現在でも疑問視されていたりする[1]」

アウシュウィッツ強制収容所解放五〇周年にあたる一九九五年、医師の西岡昌紀が文藝春秋社の月刊誌『マルコポーロ』二月号に「ナチ『ガス室』はなかった」を公表したが、その二カ月後に引用文にある指摘をユダヤ系アメリカ人のある大学教授がした。つまり、ユダヤ民族についての国際社会での認識と、日本社会におけるユダヤ民族に関連する感覚とのあいだに大きなズレがあるということである。

この指摘はロマ民族にかかわってなおさら該当する。いくつかの例を挙げよう。ロマ民族（「ツィゴイナー」）を「犯罪者集団」だと断定したのはナチスだったが、日本の旅行社はごく最近までヨーロッパ向け観光案内書に「ジプシー強盗多発地帯」や「ジプシーのスリに注意」などと書き立て、ナチスの人種主義思想を忠実に繰り返すというアナクロニズムに陥っていた。二〇〇二年春、チェコのあるロマ組織が日本国で難民申請をする可能性を打診したところ、プラハの日本大使館員は「多額の航空運賃を使って日本へ行っても、投獄される可能性がある」と、ロマに渡日を断念させた[2]。二〇一〇年八月一九日放映のＴＢＳテレビＮＥＷＳ23は、アウシュウィッツ強制収容所に関連する数枚の写真を映し出した。そのなかに「メンゲレ博士による人体実験の犠牲になったスィンティとロマの子どもたち」[3]の有名な写真も含まれていた。だが、キャスターは「ユダヤ人の子どもたち」と解説。一一〇人の日本人学生を対象にしたアンケート調査で四八パーセントの学生は「ジプシー」について「何も知らない」と答えた一方、他方において自分のイメージを表明した。八七パーセントもの学生が「ジプシー」を「幌馬車生活をする放浪の民」だという時代錯誤的な思い込みをしており、その収入源についても「子どもをさらって売る」など、マイナス・イメージが圧倒的多数を占めた。[4]そのようなイメージ形成の主因は、日本メディアによる偏向した報道姿勢にあると思われる。その状況下、稲葉奈々子の正論が『寄せ場学会通信』七六号や『Ｍ-ネット』№.一三四に掲載されたことは喜ばしい。[5]

跡を絶たないＥＵ圏内でのロマ差別

中道右派連合の第三次ベルルスコーニ内閣が成立した二〇〇八年五月の直後からミラノ、ナポリやローマなどイタリアの大都市でロマが暮らす集住スラムの焼き討ち事件が続発した。そして、イタリア政府はその被害者であるロマを保護するのではなく、子どもをも含むロマの指紋採取に取りかかった。[6]外交官、在日米軍関係者や「永住」という在留資格がある外国籍者を除くすべての外国人に日本政府は指紋押捺を義務づけているが、第二次大戦後のヨーロッパ諸国において特定の民族から指紋を採取するような先例は存在しなかった。ところが、その人権侵害に対して欧州委員会はただ手をこまねいているだけで、なんら有効な手段を講じなかった。当時、ウィーンのロマ活動家ブラニスラヴ・ニコリッチは、「イタリアで起きていることはロマ差別がどこまで許されるのかという実験であり、同じ状態がほかのＥＵ諸国に波及する危険性もある」と語ったが、その危惧は見事に的中した。

三〇〇カ所近くもあるロマ・キャンプの強制撤去と正規滞在者をも含むルーマニアやブルガリア出身のロマを出身国へ強制送還する強硬手段にフランス政府は二〇一〇年八月一九日から着手した。三万三〇〇〇円ほどの「生活再建支援金」をあたえ、ロマは「自発的」にフランスを去ったかのごときイメージ作りにも余念がなかった。ロマの強制送還問題でローマ法王のベネディクト一六世までが八月二二日にフランス政府を批判したが、それはカトリック教徒のサルコジにとって痛手だったに違いない。サルコジは一〇月八日にローマ法王をヴァティカンに訪ね、自分が「博愛主義者」であるとの体裁を保とうとまでした[7]。

筆者は二〇一〇年八月の後期から三週間ほどヨーロッパに滞在したが、保守的な新聞も含めてマスコミは連日ロマに対するこの人権侵害を報道した。フランスでは九月四日にパリをはじめとする一三〇カ所ほどの市町村で一〇万人規模のデモがあり[8]、ヨーロッパのほかの都市でも抗議活動が相次いだ。たとえば、ウィーン市ではフランスでデモがあったのと同じ九月四日に一五〇人ほどの抗議集会がもたれた。

フランス政府によるロマの強制追放に対して人権団体による抗議活動も世界各地で起きた。ロマの強制送還計画をサルコジ大統領が表明した七月二八日から九月二七日までの資料集、「フランスに注目――ロマを標的にした立ち退き命令と強制送還」[9]をブダペストに本部がある〈ヨーロッパ・ロマ人権センター〉はそのホームページで公表した[10]。アメリカ大陸に居住するロマのメーリング・リストは連日フランス政府批判のメールを掲載し、ニューヨークに本部がある〈開かれた社会財団〉は「ロマの苦境のこれ以上の無視は許されない」[11]という抗議文を公表した。ドイツの〈被抑圧民族協会〉はサルコジ大統領に宛てた「ロマの強制送還に反対するアピール」を九月六日にベルリンのフランス大使に手渡した[12]。日本においてフランス政府のロマ強制追放に抗議した人権団体として〈反差別国際運動日本委員会（IMADR-JC）〉が「ロマの人びとの国外追放の即時中止などを求める要請」[13]を九月八日にフランス大統領サルコジに送ったものの、フランス政府の対応が違法行為であるという今回の問題の肝心な点にまったく触れなかった。また、九月二六日にも部落解放同盟の組坂繁之委員長とIMADR-JC代表がフランス大使館を訪れ、フランス政府の人種差別政策に抗議する申し入れを行った[14]。だが、世界各地のこれらの抗議活動について、「左派・リベラル言論の代表紙」と評される『朝日新聞』は黙殺を決め込んだ。

八月二〇日、「ロマ人」というキーワードの説明もある記事、「仏政府、ロマ人送還強化」が『朝日』に載り、欧州委員会が「欧州連合（EU）加盟国の人々の移動の自由を保障するルールを守るようクギをさした」[15]と問題の本質をついた報道がなされた。ルーマニアもブルガリアも二〇〇七年からEUに加盟した。EU加盟国の国家間を国境検査なしで越境が可能なシェンゲン協定にルーマニアとブルガリアは未加入だが、それ以外EU加盟のほかの二五カ国と変わるところは何らない。ところが、そのような権限もないのにサルコジ大統領は、二〇一〇年一一月一九日からリスボンで開催された北大西洋条約機構（NATO）の首脳会議で、ブルガリアをシェンゲン協定に加盟させないようにとの希望を表明した[16]。

　フランス政府がEU法や国際条約に違反していないのか、それをサルコジ大統領はむしろ熟考する必要性があるのではないだろうか。欧州人権条約（一九五三年発効）第四条「外国人の集団的追放の禁止」、および欧州連合基本権憲章（二〇〇〇年発布）第一八条第一項が定めるEU市民のEU圏内での「自由な移動についての権利」に違反する行為をフランス政府は断行したのであり、それは明白な違法行為である。だが、EU市民の人権を無視したこの事件の追跡報道を『朝日』はほぼ放棄した。EU圏内には一〇〇〇万人から一二〇〇万人と推定されるロマが暮らすが、ロマが暮らしていない世界でもまれな国ニッポンの読者はロマの人権問題に興味も関係もないと考えたのだろうか。

　九月三〇日になって、この件に関係する『朝日』の二度目の報道があり、「EU市民に域内の自由移動を保障するEU法に、仏法が準拠していない[17]」と報じた。一一月五日の段階にいたってもなお、『朝日』は強制送還の対象になった被害者数を「ロマ人一千人以上」としか報じなかったが、九月末段階でフランスはすでに八〇〇〇人以上のロマを国外追放処分にしていた[18]。『朝日』のブリュッセル支局長は九月三〇日から一一月五日までのあいだにロマ強制送還関連の記事を三本書いているが、送還された被害者数はいずれも「一千人以上」、取材不足だといわざるを得ない。もっとも、「仏のロマ人送還　見て見ぬふり　EUの暗部」という同じ支局長が書いた記事の内容は、取材不足では済まされない重大な問題をはらんでいる。フランスがロマの「摘発を強めたきっかけは、路上生活者の警察署襲撃だった[19]」とその記事は主張した。今回の問題の発端はフランス中部のロワール・エ・シェール県でフランス国籍者の二二歳の無実のロマ青年が警官に射殺され、それに対するロマの若者を中心とした抗議活動が七月一六日から翌日にかけてであり、「警察署襲撃」もその一環で起きた。筆者は事実関係を正しく伝える責務が特派員などにあると考えるが、『朝日』

のブリュッセル支局長は取材不足のみならず職務怠慢だとも指摘せざるを得ない。そのような歪曲した報道によって、日本人読者のロマに対する偏見は増幅するだろう。

フランス政府によるロマ強制追放とEU各紙のサルコジ政権批判

サルコジ大統領は七月二八日にロマ移民の追放計画を発表したが、フランスのリベラシオン紙はロマを犯罪と結び付けて語ること自体ロマ差別にあたると首相を批判した[20]。ちなみにフランスでのロマの初見は一四一八年だが、すでに一五〇四年に最初の追放令が発せられ、一六世紀から一七世紀にかけてロマ追放令が立て続けに公布された[21]。まさか二一世紀になってフランス政府がまたロマ追放令を発するとはだれも考えなかっただろう。

ロマの強制追放という問題をヨーロッパ各紙はどう報じたのだろうか。ヨーロッパ各国の主要な新聞記事をドイツ語(英語版もある)に訳したサイト[22]があるので、それを活用する。フランスからロマが強制送還された当事国がこの問題をどう報じたかをまず見よう。

大量のロマが強制送還されることになったルーマニアの新聞は、「フランス政府はロマをスケープゴートとして利用している。フランスの財政悪化の責任をロマに転嫁することはできない」[23]と、フランス政府の対応を厳しく批判した。同じくロマが強制送還されることになったブルガリアの新聞は、「ブルガリア出身のロマが帰国することをブルガリア政府は快く思っていないため、この問題について沈黙を守っている」[24]と自国政府を批判した。また、ブルガリアのある週刊誌は、「これはロマ問題などではなく、新しくEUに加盟した経済発展後進国のブルガリアとルーマニアが直面する貧困に問題の根幹がある。貧困からの逃避はロマから始まったわけでもなく、教養のある多くのブルガリア市民もすでに西側へ逃亡した」[25]と、問題の本質を鋭くついた記事を掲載した。西ヨーロッパ諸国と比べて経済的に立ち遅れており、市民の大多数が貧困にあえぐ東ヨーロッパ諸国はなぜEU加盟国になれたのだろうか。それはドイツやフランスを中心とした西側大資本がその触手を東欧諸国にも伸ばしたかったからにほかならない。ロマはその貧困な東ヨーロッパ諸国のなかでも最下層に位置するもっとも貧しいEU市民である。ルーマニアのロマ人口は一八〇万人から二五〇万人のあいだと推定されるが、約半数のロマは文字の読み書きができず、八〇パーセントから九〇パーセントものロマが失業状態にあるといわれる。また、ブルガリアのロマ人口は七〇万人から八〇万人を数えるが、約半数のロマが義務教育を修了しておらず、やはり失業率が異常に高いという現状がある。[26]

多くのロマが暮らす東ヨーロッパ諸国を中心に一二カ国（アルバニア、ボスニア・ヘルツェゴヴィナ、ブルガリア、クロアチア、チェコ、ハンガリー、マケドニア、モンテネグロ、ルーマニア、セルビア、スロヴァキア、スペインとオブザーバー資格のスロヴェニア）が、二〇〇五年二月に二〇一五年までの一〇年間を「ロマ統合の一〇年」と定めた。「ロマの社会経済的改善と社会的統合」が目標とされ、二〇〇五年には「ロマ教育基金」まで設けられた。「ロマ統合の一〇年」のプロジェクトに出資している機関は世界銀行、国連開発計画、国連児童基金、欧州評議会、欧州評議会開発銀行と民間の〈開かれた社会財団〉や〈ヨーロッパ・ロマ人権センター〉などであり、大量の資金がこのプロジェクトに注がれているが、世界銀行がその信託資金を管理する。「ロマ統合の一〇年」の議長国は二〇〇五年七月から翌年六月までがルーマニア、二〇〇六年七月から翌年六月までがブルガリアであった。[27]二〇一〇年は「ロマ統合の一〇年」のちょうど中間点にあたる。

ロマが直面する諸問題（差別、教育、失業、貧困など）を抜本的に改善するため、「ロマ統合の一〇年」は具体的に何をしてきたのだろうか。五年間のあいだに一〇ページほどの冊子、「ロマ統合の一〇年・ニュース」を第一〇号まで、そして「一〇年追跡調査」という報告書を三号まで発行した。だが、ロマの現状を改善するための対策はまったく見えてこない。「ロマ統合の一〇年」プロジェクトの加盟国が真摯にロマ問題の解決に取り組もうとしているとはとても思えない。そして、それらの加盟国よりもはるかに豊かなEU諸国も何ら有効な手立てを講じようとはしない。ヨーロッパ諸国総体がロマ民族に対する加害国であると指摘せざるを得ない。また、ロマが暮らしていない数少ない国々も、ロマ問題は自分たちと無関係な「対岸の火事」だと、この問題を無視することによって加害国に荷担しているというほかはない。

フランス政府は極貧のロマを貧困な出身国へ強制追放し、ロマ問題の根幹から視線を逸らしている。「ロマは犯罪者集団だとのステレオタイプを利用するサルコジ大統領は、問題を特定の民族と結び付けることによって、その背景にある社会問題を見失っている」と批判したオーストリア紙は、「サルコジという姓は中央ヨーロッパのロマにも多い姓」[28]だと報じた。実際、「オーストリア・ロマ文化協会」会長の姓もサルコジであり[29]、サルコジ大統領自身もロマの出身ではないかと疑うロマもいる。ハンガリー出身の父とユダヤ系ギリシャ人の母を両親に持つ移民二世として、フランス大統領のニコラ・サルコジは一九五五年にパリで生まれた。

フランス政府によるロマの追放政策は「政策の失敗から国民の目をそらすための陽動作戦」[30]だとスイス紙が報じ、スロヴァキア紙は「不況と財政抑制政策で強まった国民の政府に対する不満の避雷針としてロマ問題が利用された」[31]と指摘、イギリス紙も「政治改革の失敗を覆い隠すためサルコジ大統領はロマ問題を利用した」[32]と分析した。スウェーデン紙はロマに対してサルコジ大統領がやっていることは極右政党の論法そのものであり、「EU全体の恥」[33]だと厳しく批判、イタリア紙もフランス政府のロマ追放政策を「サルコジ大統領のロマ狩り」[34]と形容した。「フランスはヨーロッパの面汚し」[35]だとルクセンブルク紙は批判し、フランス政府は「人権の補習授業を受ける必要がある」[36]とベルギー紙は皮肉った。ヨーロッパ隣国によるこのような手厳しい批判にさらされたフランスのある週刊誌は、「人権擁護にかかわって評判の良かったフランスは、今後国際社会で嘲笑の的になるだろう」[37]との危惧を表明した。

フランス政府によるロマ差別と欧州委員会の対応

ポルトガル元首相でEU委員会委員長のマヌエル・バローゾは明確なサルコジ批判を避けたため各方面から「日和見主義者」と批判されたが、ルクセンブルク出身のEU委員会副委員長で法務委員のヴィヴィアン・レディングはフランス政府のロマ対策をナチス・ドイツと比較、これまでにない強い調子でサルコジ政権を批判した。そして、民族差別およびEU法違反でフランス政府を欧州司法裁判所に告発すると九月一四日に予告した[38]。だが、レディングが予告した告発をEU委員会は二週間後に見送り、フランス政府がEU法に準拠した国内法を制定し、EU委員会に一〇月一五日まで回答するよう勧告するに留めた[39]。その直後、バルセロナに本部がある「ロマニ同盟」は、「われわれが心配したとおりのことが起こった。EU委員会はフランス制裁を断念した」[40]とその失望を隠さなかった。

それから数日後、フランス政府によるナチス張りのロマに対する人権侵害がさらに暴露された。信じ難いことだが、フランス憲兵隊の「放浪者犯罪撲滅本部」（OCLDI）がロマ家族の家系図や人名リストを作成し、国際法・国内法双方の違法行為を犯していることをフランスのル・モンド紙が一〇月初旬にすっぱ抜いた旨、イギリスのデイリー・テレグラフ紙が報じた(41)。その後、フランス国会は現行法よりさらに厳しい移民法案を採決したが、フランス政府からの回答が期日までに届かなかったEU委員会は、「一一月末日までにロマ関連の新法をフランス政府が執行しないかぎり、数千人のロマを強制送還した件で提訴の手続きを取らざるを得ない」(42)と決定した。ところが、そのわずか四日後の一〇月一九日、EU委員会は自らの決定をまたもや後退させ、フランス政府が犯したEU法違反の行為に対する法的手段を「とりあえず棚上げにする」と表明した。もっとも、EU委員会法務委員のレディングは「これでこの問題が最終解決したわけではもちろんない」(43)と言明したと、オーストリア紙は報じた。だが、一〇月二〇日の『朝日』は、EU委員会がフランス政府のロマ送還問題を「不問」にしたと断定的な報道をした(44)。EU委員会の公式発表を確認すると、そのサイトに「フランスでのロマの現状に関するヴィヴィアン・レディングの声明」(45)が掲載されており、その声明文をもとにオーストリア紙の報道がなされたことが判明した。

EU市民であるロマのフランス政府による追い払いという人権侵害と違法行為をEU委員会が今後も追及するかどうかという問題は、間違いなくEU委員会の信憑性と欧州連合内の人権意識を計る重要な尺度になるだろう。だが、現実的にEU圏内での人権状況はかなり危うい状態にまで立ち至っている。市民に占める外国籍者の比率が日本社会よりもはるかに高いEU各国では、市民のゼノフォビア（外国人恐怖症）的傾向が強まっており、外国人排斥を唱える極右政党の躍進が著しい。それが現時点におけるEU圏内での政治的風土であり、楽観は許されない。

「自由・平等・博愛」の精神をかかげて世界で初めての市民革命をなしとげたフランス、そのフランスは「人権後進国」の汚名を返上することができるのだろうか。サルコジ政権のロマ差別政策は次回の選挙で高得票率に結び付く可能性もあろう。市民の二〇・五パーセント（二〇〇九年九月末現在）が外国人(46)であるウィーン市の市議選が二〇一〇年一〇月一〇日にあった。「赤いウィーン」と呼ばれたウィーンでは第二次大戦後ずっと社会党（→

社民党）政権がつづいたが、今回の選挙で社民党がはじめて過半数割れ（四四・四パーセント）し、外国人排斥を煽る極右政党の「自由党」が大躍進（二七パーセント）を遂げた。[47]

遺憾ながらロマの強制追放という違法行為を断行したEU加盟国はフランスのみでない。デンマークのコペンハーゲンでも七月初旬にルーマニア出身のロマ二三人が逮捕され、裁判も開廷されないまま逮捕翌日にルーマニアへ強制送還された。[48]フランスの場合と同じくデンマークのケースも、「外国人の集団的追放を禁止」した欧州人権条約や欧州連合基本権憲章に違反する蛮行である。明確なEU法違反であるフランス政府のロマ強制追放政策を支持するEU加盟国もある。イタリアの「ベルルスコーニ首相は九月上旬、仏フィガロ紙との会見で、サルコジ大統領の『ロマ追放策』を支持し、（……）極右政党『北部同盟』のボッシ党首も」それに賛同の意を表明した。そう報じた『毎日』は、「ロマ全員を邪魔者と決めつける議論が出てくるのは怖い」と、イタリアのあるロマ居住区代表、ロマ当事者の声も紹介している。[49]EU諸国内でのロマの生存権はますます制限される現状にあり、まさに中世期のヨーロッパを彷彿させる。

EU委員会がフランス政府を欧州司法裁判所に告訴するのを「とりあえず棚上げに」した一〇日後の一〇月二八日早朝二時、仮面をかぶった武装集団がパリ郊外のロマ三〇家族ほどが暮らすキャンプを襲撃、拳銃を乱射しながらフランスから立ち去るようロマを脅迫した。[50]フランス政府によるロマ強制追放を批判した世界各国の抗議活動もなんのその、EU委員会による告訴をとりあえず心配する必要がなくなったフランス政府は、ロマ追放政策を続行、一一月末段階ですでに一万三〇〇〇人のロマを追い払った。[51]

そのようなことがまかり通る欧州連合諸国はすでに無法化しているといわざるを得ないが、そのような状態から早急に脱却し、ロマ市民をも含むすべてのEU市民の人権が尊重される成熟した社会に脱皮するよう、EU市民の一人として切望する。

補足：閉鎖的なニッポンの音楽市場とロマ・ジャズ

ロマ・ジャズの愛好家である筆者は、訪欧する度に数枚のCDを購入する。関口義人著『ジプシー・ミュージックの真実』が紹介するように、多くのロマ・ジャズ・バンドが東ヨーロッパ諸国を中心に活動しており、発表されているそのCDも数多い。関口書が挙げるオーストリア・ロマのCDはわずか二枚、オーストリア東部ブルゲンラント州出身のロマによるサマ・バンドの〈ロマの音楽〉と、ウィーン出身のロワーラ系ロマであるハリ・シュトイカの〈ジタンコェル〉のみである。関口は「オーストリアのロマ・バンドは極めて少ない」[52]と主張するが、それは真実でない。たとえば、ハリ・シュトイカのホームページの「ディスコグラフィー」を見ると、関口書発行前にリリースされたハリ・シュトイカのCDだけでも四枚ある。[53]いちいち列挙しないが、オーストリア・ロマのバンドは「極めて少ない」わけでもなく、その数はかなり多い。そして、それらオーストリア・ロマのミュージシャンが結集する「ジプシー・ミュージック協会」[54]をハリ・シュトイカは数年前に立ち上げた。

残念なことに日本で容易に購入できるロマ音楽のCDはさほど多くない。ジャズ愛好家ならだれでも知っており、ジャズ・ギタリストの伊藤伸威が二〇〇一年に「日本ジャンゴ・ラインハルト研究会」[55]まで立ち上げた「マヌーシュ・スウィングの創始者」のジャンゴ・ラインハルト(一九一〇〜一九五三)と、一九八七年にデビューアルバムを発表したフランスのバンド〈ジプシー・キングス〉くらいのものだろうか。

もっとも、一九七一年夏にウィーンで結成された〈ジプシー・ラブ〉は日本においてまったく無名のバンドである。バンド・リーダーのカール・ラッツァがアメリカへ移住したため〈ジプシー・ラブ〉は一九七三年に解散したが、残されたバンド・メンバーは新たに〈ピーター・ウルフズ・オボジェクティヴ・トルース・オーケストラ〉を結成した。管見ではその前身の〈ジプシー・ラブ〉がロマの若者を中心に結成され、バンド名に「ジプシー」の語を冠した最初のバンドである。一九七二年に発売された〈ジプシー・ラブ〉のデビューアルバム、〈ジプシー・ラブ〉(Gipsy Love, BASF 20 21115-0)のジャケットには、戦前期に撮影されたと思われる若いロマ女性の写真が使われている(ジャケットは次頁に掲載)。

ナチス時代、シュトイカ家の全構成員はアウシュヴィッツ・ビルケナウ絶滅収容所内に設置された「ジプシー家族収容所」に拘留された。幸運にもシュトイカ家の数名は収容所生活を生き延び、逮捕された街ウィーンへ生還した。九歳で「ジプシー収容所」の被拘禁者になったチャイヤ・シュトイカの次男が〈ジプシー・ラブ〉のドラマー、ヤノ・シュトイカ(一九五五〜一九七九)である。

チャイヤはロマ女性として一九八八年に初めて体験記を著した勇気あるロマ女性である。(56) チャイヤの次兄、カール・シュトイカ（一九三一〜二〇〇三）の息子がカール・ラッツァである。カール・ラッツァの父親カール・シュトイカは、一九九四年に大阪国際平和センター（ピースおおさか）と上野の東京都美術館で個展を開いた画家でもある。(57) また、ハリ・シュトイカはチャイヤの長兄、モンゴ・シュトイカの息子である。つまり、カール・ラッツァとヤノ・シュトイカとハリ・シュトイカの三人は従兄弟関係にあり、シュトイカ家は音楽一家である。

〈ジプシー・ラブ〉のドラマーだったヤノ・シュトイカは一九七九年一一月に二四歳の若さでヘロイン中毒死したが、ベース奏者だったハリ・シュトイカは現在もオーストリアを中心に演奏活動をつづけるジャズ・ギタリストである。カール・ラッツァも一九八〇年にオーストリアへ帰国、還暦を迎えた現在も演奏活動をつづけている。だが、彼の名もハリ・シュトイカの名もともに日本では無名である。その名をコンピューターで検索しても一致する情報はないが、アルファベット表記で名前を入力すると、Karl Ratzer や Harri Stojka の演奏曲を iTunes でダウンロードでき、YouTube でその画像も見られるし、かなり割高ではあるがそのCDも購入できる。これはジャズ愛好家である『寄せ場』読者のための補足である。（敬称略）

註

（1）デイヴィッド・グッドマン「日本の『反ユダヤ主義者』たち」（『宝島三〇』一九九五年四月、宝島社）、三三一〜三四

一九七二年発売の〈ジプシー・ラブ〉デビューアルバム

ページ。

（2）「『日本は難民を一切認めない』日本大使館員が発言と報道」（『朝日新聞』二〇〇二・五・四）。

（3）その写真は『ナチス体制下におけるスィンティとロマの大量虐殺』（解放出版社、二〇一〇年）の二七五ページに掲載。

（4）金子マーティン「偏見の原点としての無知」（『日本女子大学紀要　人間社会学部』第三号、一九九三年三月）、二七五〜二八四ページ。

（5）稲葉奈々子「国家が人種主義になるとき――フランス政府によるロマの強制送還」（『日本寄せ場学会通信』七六号、二〇一〇年秋）、五〜六ページ／稲葉奈々子「正規移民を強制退去させる方法――フランス政府によるロマの追放」（『M-ネット』No.134, 二〇一〇年一一月、一八〜一九ページ）。

（6）金子マーティン「EUで再発するロマへの差別政策」（『人権キーワード二〇〇九』＝『部落解放』二〇〇九年五月増刊号＝六一四号、解放出版社）、二六〜二九ページ。

（7）“Frankreichs Präsident Sarkozy beim Papst”（「フランス大統領サルコジ、ローマ法王を訪問」）http://www.kathpress.at [2010.10.08.]

（8）“Zehntausende demonstrieren gegen Roma-Abschiebung”（「ロマの強制送還に対して数万人がデモ」）, *Der Tagesspiegel* [2010.09.05.]

（9）European Roma Rights Centre　http://www.errc.org/ “Spotlight on France: Targeted Evictions and Deportation of Roma” [2010.09.27.]

（10）Roma People in Americas
roma_in_americas@yahoogroups.com

（11）Open Society　http://www.soros.org/initiatives/roma “The Plight of the Roma Can No Longer Ignored” [2010.09.22.]

（12）Gesellschaft für bedrohte Völker　http://www.gfbv.de “Appell an den französischen Präsidenten gegen die Roma-Deportationen”[2010.09.06.]

（13）IMADR-JC　http://www.imadr.org/japan/minority/roma「ロマの人びとの国外追放の即時中止などを求める要請」[2010.09.08.]

（14）「仏の人種差別政策に抗議　IMADRが組坂委員長と大使館へ」（『解放新聞』二〇一〇・一〇・二五）。

（15）稲田信司「仏政府、ロマ人送還強化　まずルーマニアに九三人　『外国人排斥』国外から懸念」（『朝日新聞』二〇一〇・八・二〇）。

（16）“Sarkozy will Schengen ohne Bulgarien”（「ブルガリア未加入のシェンゲン協定をサルコジは望む」）、*Trud* [2010.11.22.]

（17）井田香奈子「仏のロマ人送還　調査手続き開始　欧州委」『朝日新聞』二〇一〇・九・三〇。

（18）“Frankreich will Ausweisung von EU-Bürgern erleichtern”（「フランスはＥＵ市民の国外追放を容易化」）、http://www.spiegel.de/ [2010.09.28.]

（19）井田香奈子「仏のロマ人送還　見て見ぬふり　ＥＵの暗部」（『朝日新聞』二〇一〇・一一・五）。

（20）“Sarkozy diskriminiert Roma”（「サルコジがロマ差別」）、*Libération* [2010.07.23.]

（21）Donald Kenrick *The Romani World. A historical dictionary of the Gypsies*（『ロマニの世界：ジプシー歴史事典』）、University of Hertfordshire Press, Hertfordshire, 2004, p.75.

（22）eurotopics eurotopics-d@news.bpb.de（独語）
eurotopics-e-text@news.bpb.de（英語）

（23）“Roma haben keine Lobby”（「ロマには圧力団体がない」）、*Dilema Veche* [2010.08.18.]

（24）“Bulgarien lässt seine Roma im Stich”（「自国のロマをブルガリアは見捨てる」）、*Novinar* [2010.08.12.]

（25）“Roma fliehen vor Armut”（「貧困ゆえにロマは逃亡する」）、*Tema* [2010.09.28.]

（26）Max Matter(Hg.) *Die Situation der Roma und Sinti nach der EU-Osterweiterung*（『欧州連合東方拡張後のロマとスィンティの実態』）、V&R unipress, Göttingen, 2005, pp.29-30, 93-94.

（27）Decade of Roma Inclusion　2005-2015　http://www.romadecade.org/

（28）**"Armut ist das Problem"**（「貧困こそが問題」）、Der Standard [2010.07.30.]

（29）金子マーティン「オーストリアにおけるロマ民族の自主的自助組織」（加賀美雅弘編著『「ジプシー」と呼ばれた人々』、学文社、二〇〇五年）、一四〇ページ。

（30）**"Sicherheitsmann Sarkozy gescheitert"**（「治安対策屋サルコジの挫折」）、*Tages-Anzeiger* [2010.07.30.]

（31）**"Sarkozy benutzt Roma als Blitzableiter"**（「サルコジはロマを避雷針として利用」）、*Sme* [2010.08.17.]

（32）**"Sarkozys armselige Bilanz"**（「力量不足なサルコジの決算」）、*Daily Telegraph* [2010.09.15.]

（33）**"Eine Schande für die EU"**（「欧州連合の恥」）、*Upsala Nya Tidning* [2010.07.30.]

（34）**"Ineffiziente Politik"**（「効果のない政策」）、*Il Sole 24 Ore* [2010.08.13.]

（35）**"Frankreich befleckt die Menschenrechte"**（「人権を汚すフランス」）、*Le Jeudi* [2010.09.02.]

（36）**"Nachhilfe in Menschenrecht"**（「人権の補習授業」）、*De Standaard* [2010.09.15.]

（37）**"Frankreich verliert an Ansehen"**（「フランスはその名声を失う」）、*Le Nouvel Obervateur* [2010.08.12.]

（38）**"Reding zeigt Mut"**（「勇気あるレディング」）、*Der Standard* [2010.09.15.]

（39）**"EU riskiert Glaubwürdigkeit bei Romafrage"**（「ロマ問題で信憑性を失うEU」）、*Die Presse* [2010.09.30.]

（40）Union Romani http://www.unionromani.org/ **"Sarkozy has won the battle but not the war"**（「サルコジは闘いに勝ったが、戦争には勝利していない」）[2010.10.02.]

（41）**"French gendarmes accused of keeping 'illegal' ethnic lists of Roma"**（「フランス憲兵、少数民族ロマの『違法』リスト保持の件で告発」）、*Daily Telegraph* [2010.10.07.]

（42）**"Roma: EU verlangt Gesetz bis Jänner"**（「ロマ関連の新法制定、EUが来年一月までと勧告」）、Die Presse [2010.10.15.]

（43）**"Kein EU-Verfahren gegen Frankreich"**（「フランスに対するEUの訴訟手続きはない」）、*Der Standard* [2010.10.19.]

（44）井田香奈子「仏のロマ人送還不問　欧州委、『法違反』見送る」（『朝日』二〇一〇・一〇・二〇）。

（45）Europa Press Release RAPID "**Statement by Viviane Reding, Vice-Predident on the European Commission, EU Commission for Justice, Fundamental Rights and Citizenship, on the recent developments concerning the respect for**

EU law as regards the situation of Roma in France" [MEMO/10/502. 2010.10.19.]（「フランスにおけるロマの現状から見た欧州連合法の尊重に関わる最近の進展についての欧州委員会副委員長ならびに欧州委員会法務委員ヴィヴィアン・レディングの声明」）http://europa.eu/repid [2010.20.19.]

（46）*Wien-Konkret*（『実際のウィーン』）、"Ausländer in Wien"（「ウィーンの外国人」）、http://www.wien-konkret.at/soziales/auslaender/

　東京都の外国人は約四〇万二五〇〇人を数え、都民に占める比率は三パーセントほど。外国人比率が低い要因のひとつは、閉鎖的な日本の難民受け入れ制度。二〇〇九年に日本で難民申請をした一三八八人のうち、難民として認定されたのはわずか三〇人（二・二%）。同年、一万五八二一人がオーストリアで難民申請をし、三二四七人（二〇・五%）が難民と認定された。UNHCR（国連難民高等弁務官事務所）、"Asyl in Österreich"（オーストリアの難民庇護）、http://www.unhcr.at/statistiken/

（47）"Rechte auf Vormarsch im roten Wien"（「赤いウィーンで右翼が躍進」）、*La Stampa* [2010.10.11.]

（48）"Mass Arrests and Deportation of Romani EU citizens in Copenhagen condemned"（「EU市民であるロマのコペンハーゲンでの大量逮捕と強制送還をヨーロッパ・ロマ人権センターが非難」）、http://www.errc.org/ [2010.07.12.]

（49）藤原章生「『ロマ偏見　助長しないで』　ローマ南郊居住者『80%が定職あるのに…』」（『毎日』二〇一〇・〇九・二八）

（50）"Armed, masked bands attak Roma in France"（「武装した仮面集団がフランスでロマを襲撃」）、Roma_in_Americas@yahoogroups.com [2010.11.01.]

（51）"The Roma unwelcome throughout Europe"（ロマはヨーロッパ全土で歓迎されない）、Mission Network News http://www.mnonline.org [2010.11.29.]

（52）関口義人『ジプシー・ミュージックの真実』、青土社、二〇〇五年、二三ページ。

（53）Harri Stojka http://www.harristojka.com/ discographie

（54）Gipsy Music Association http://www.gipsymusic.at/

（55）伊藤伸威「異才と今日もスイング」（『日本経済新聞』二〇一〇・一一・九）日本ジャンゴ・ラインハルト研究会 http://society.django-jp.com/

（56）チャイヤ・シュトイカ「人知れず生きて」（金子マーティン編訳『ナチス強制収容所とロマ——生還者の体験記と証言』所収、明石書店、一九九一年）、一九～一一七ページ。

（57）金子マーティン『「スィンティ女性三代記（上）」を読み解く』（凱風社、二〇〇九年）、二五九～二六〇ページ。

〈日本女子大学教員〉

●非定住と差別

伊丹空港裏の「不法占拠」

——在日朝鮮人と釜ヶ崎

水野　阿修羅

いま映画「中村のイヤギ」でみていただいた伊丹空港の中村地区ですが、映像にはほとんど出てこなかったんですけれども、飯場がいっぱいあったんですね。一九七〇年代には火事がたびたび起こっていますが、そのたびに燃えるのが、だいたい飯場なんです。その飯場の大半は、釜ヶ崎から行っている労働者がいる飯場でした。私は行かなかったんですけど､私と一緒に釜共斗をやって、その後東京に住んでたリュウと、それからいま行方不明になっている深田っていうのが非常に興味を示して、ふたりがその飯場に行ってたんですね。ふたりは、どこが焼けたのか、どんな被害があったのかということを、けっこうまめに調べに行っていました。その経営者のほとんどは在日朝鮮人だ、そうしたことをふたりから聞いていたんです。それで私も一回だけ、現場を見に行ったことがあります。私が行ったときは、まだ豚小屋もいっぱいあったし、それから特徴的だったのは、スクラップ屋さんもありました。いずれも在日の部落の仕事です。それから、沖縄の人もいた。ちらっと聞いたところによると、宝塚は沖縄のひとが多かったらしい。

それで、伊丹空港の問題についていろいろ調べてみたのですが、それに関連して、一九六一年の一月に武庫川で一〇〇〇名の人たちの河川敷からの強制退去が行われています。それもほとんど朝鮮人です。武庫川の場合は国と県が主導をして河川敷から強制退去になったわけです。それではなぜ、伊丹の中村地区の場合は強制退去にならなかったのか。伊丹空港を調べている人たちによれば、結局、武庫川を退去させてから伊丹もやろうと思ったんだけど、武庫川を強制退去させたのが一九六一年七月で、その直後に釜ヶ崎暴動が起きた。武庫川の強制退去をしたときの記録が残っているんですが、行政当局によると、これが釜ヶ崎の暴動が起こったあとだったら、おそらく大騒ぎになって強制退去はできなかっただろう。つまり、釜ヶ崎暴動があったおかげで、伊丹の中村地区は残った、強制退去できなかった。そのようなことを、武庫川の撤去をめぐる感想のなかで、兵庫県の人が述べている。おそらくそれが、私も正解じゃないかなと思うんです。

話が前後してしまいますが、京都のウトロ地区でも、やはり朝鮮人が飯場に住みついて、ここもずっと揉めに揉めていました。ウトロ地区の場合は国有地ではなく、戦時中に軍需工場だった日産車体っていう企業の土地です。戦後にいろいろな経緯を経て、最終的には韓国から大量のお金をもらって、二〇〇六年に買い取りというかたちで解決しています。その後韓国の貨幣価値が下がってちょっと遅れていた。そういう飯場村に、私はいろいろな興味は持ってたんですが、中村地区にはあまり行かなかった。

博多の築港というところにドヤ街があったんですね。今でも博多に築港っていうのはありますし、寄せ場としては今も残ってると思います。新日本文学賞をとった揚野浩『プロレタリア哀愁劇場』(光風社書店、一九七四)という小説が単行本で出てますが、それが非常におもしろい話で、土方の親方や寄せ場や手配師が出てきて、現場に行って大暴れするという活劇アクションなんです。残念ながら映画化はされなかったんですが、舞台にはなっています。この小説が博多の築港を舞台にしていたので、一九七一年頃に行ってみたんですね。すると、まだ博多築港にはドヤが残っていました。河川敷に家を張り出して、それがドヤだったわけです。

「ああ、ドヤがあるなあ」と思って、さらに築港で著者の揚野浩さんを捜しに行ったんです。でも、寄せ場で聞いても誰も知らない。そこである人に会ったのです。彼は「揚野浩に間違えられて、えらい目にあってるねん」と言っていて、その彼によると、博多ではアパートのほうが安いからみんな定住しよう、とドヤからアパートに移ってしまうということでした。いまでこそ有名だけど、中洲に部屋を借りてたのですが、それでもドヤより安い。そういうような状況がありました。その築港のドヤが、翌年に行ったら、きれいさっぱりなくなっていたんですね。築港のドヤは七二年に強制撤去されていました。七二年に撤去されたってことは、私が行ったのはその前年ですから、このとき七一年には川の上を占拠したドヤがあったんですね。それが、七二年にふたたび行ったときには、ドヤはなくなっていた。仕方ない、ということで、そのへんの人に事情を聞きながらうろうろしていたら、九州大学の医学部の裏に通称「金平」っていう地区があって、そこにドヤがあると聞いたので行ってみたら、あったんです。そこのドヤに泊まってびっくりしたのは、金日成の写真が飾ってあった。それではじめて、ここは朝鮮部落だっていうことに気付いたんだよね。そういう経過があります。

それから今度は、熊本にもドヤや寄せ場があると聞いたので、七二年に熊本にも行きました。ドヤを探したんだけどわからなくて、駅からちょっと市内に入る途中に、白川という名前の大きな川があるんですけど、河川敷に一軒だけドヤが残ってたんですよ。そのドヤの周りはぜんぶ有刺鉄線が張ってあって、強制撤去になった。私が行ったときには一軒だけ残っていたんですが、もうおそらくなくなっていると思います。

そういったことを思い出しながら調べていたら、図書館で山野車輪『在日の地図――マンガで巡るコリアンタウン探訪記』（ぶんか社、二〇〇九）を見つけたんですね。これは文庫本なんですが、在日特権を許さない市民の会のイデオロギーとみて間違いない。しかも、日本中の在日コリアンの町を、全部写真入りで、漫画で訪ねて歩くという内容です。けれども事実関係が正確に描かれていて、これに熊本のドヤのことも、博多の「金平団地」のことも全部載っていました。この本によると、熊本では隣駅に朝鮮部落があったらしいのですが、私はそれには気付かないまま、熊本大学の学生寮に泊まりながら、寄せ場からとび職の仕事に行っていました。その後、日本中を旅行しながら、日本中のドヤや寄せ場がどこにあるのか興味を持って、チャンスがあるたびに日本中をうろうろしていました。

札幌には、豊平橋という場所があります。市内から言うと川の反対側になります。大通り公園という札幌で有名な公園で野宿をしている人に「どこにドヤがあるか」って聞いて、教えてもらって行った経過がありますけど、そこももう今はあるかわからない。その帰りに仙台のドヤに寄ったのですが、もうなくなっていた。仙台の地元のひとに聞いても「ないと思う」って言われた経験がある。

当時の私は、そういう日本中の寄せ場やドヤを探していました。ルポライターとは違って生活がかかってますから、動ける範囲は限られていたもので、私が行っていないところもかなり多いだろうと思います。

その当時の経験から、釜ヶ崎に求人に来る業者はほとんどが在日朝鮮人だということがはっきりとわかってきて、特に在日朝鮮人は飯場を経営している人たちが多いんですが、その飯場が大正区にいっぱいあるんですね。いま、この大正区の飯場は全国的に展開していて、特に東海地方にはかなり大阪から進出しています。「神明グループ」と「渥美グループ」があって、たとえば大阪のスポーツ新聞の求人欄の最後のところに、一番大きなスペースを取って土工を募集してるのが、この「神明グループ」と「渥美グループ」です。これらの業者が新聞紙に求人を出すのは、忙しいときですね。求人が少ないときは、スポーツ新聞の求人欄には、いわゆる人夫出しというか、釜ヶ崎に来る業者も来ない業者も、けっこう求人広告を出してるんですね。そこでどれぐらいのスペースを取ってるのかが、私にとって大きな価値基準なので、いつもスポーツ新聞を拾っては、求人欄を見たりしています。

この大正区の飯場村の歴史について、私はてっきり他の地区と一緒で、不法占拠していた場所に飯場村ができたと思っていました。伊丹の場合は、伊丹空港を作るときに飯場ができ、戦後に人びとが住み着いて中村地区になった。ウトロの場合もそうですね。ウトロの場合は日産車体がこの場所に京都飛行場という空港を作ろうとした。しかし京都飛行場は作られず、飯場だけが残った。そこに人びとが住み着いたというのが、ウトロの経過らしい。大正区の飯場村も、私はてっきりそういう経過で形成されたものだと思って調べていました。しかし、全然関係なかったんです。

この場所については、江戸時代に朝鮮通信使が日本に来たときに、瀬戸内海をずーっと船で来て、大正区の三軒家のところで陸に上がって、京都を通って江戸まで行っていた。つまり大正区は朝鮮通信使の上陸地点だったんですね。「舟溜り」というのがあって、そこまでかなり大きな船が入ることができる。そこからは淀川を小さな舟で京都まで上がって行って、京都からは陸路で江戸まで行く。これが朝鮮通信使のルートです。大正区にいる私の友人にこの話をしたときに、朝鮮通信使のなかでも身分が低い人たちは、江戸まで何百人と行くのは大変だから、たとえば船員なんかはそこに残ってたのではないか、という話になった。大正区には「舟溜り」というのがあって、朝鮮から乗ってきた船はそこに停めておくんです。通信使が江戸まで行って帰ってきたら、そこからまた朝鮮行きの船が出る、その間、管理する人とか、いろいろな人が残っていたのではないだろうか。その人たちが大正区に残ったのではないか——そういう説が浮かび上がりました。この説を調べてみたのですが、舟溜りや、朝鮮通信使が上がっていたという事実は確認できたんですが、そのひとたちの生き残りが住みついたという歴史は、残念ながらありませんでした。

大正区というのは、戦前は生野区に次いで在日朝鮮人の多い区だったんですね。ものすごく在日朝鮮人が多い。というのも、大正区は工場地帯ですから、大阪紡績とか大阪ガスとかいろんな工場があり、工事もとても多いということで、大正区には仕事がたくさんあったので、朝鮮人がとても多かった。むろん沖縄の人も多かった。大正区に沖縄の人が多いというのは今でもそうなんですが、大正区に大量にいた朝鮮人は、戦後にほとんど帰ってしまうんですね。それで、生野区のように朝鮮部落としては残らなかった。戦後すぐの大正区の外国人登録の件数をみると、七〇〇人ぐらいです。これに対して、戦前の大正区の朝鮮人の数は、だいたい一万五〇〇〇人ぐらいだった。これは私の憶測ですけど、彼らは帰ったのだろうと思うのです。戦後の帰国事業で帰るのとはまた別の経緯で、戦後すぐのときに、大正区の朝鮮人は帰ってしまった。すると次の疑問は、帰ってしまったのになぜいま、朝鮮人飯場がこんなにもあるんだろう、ということです。ところが、いろいろと大正区を調べてみても、この経緯がどこにも出てこないんですよね。

大正駅のすぐ近くに飯場村がある。その飯場村のある場所は、戦前は朝鮮人が住んでいないところなんです。飯場村のすぐ裏に、金光教の大きなお寺があったと思うんですが、あれがトヨタ自動車だということはわかった。戦前はトヨタ自動車で、ＧＨＱに指導されてトヨタは大阪から撤退したんですけれども、そのあとは金光教になって、その裏に朝鮮飯場がある、というかたちになった。横浜の寿がＧＨＱの資材置き場だった場所を在日の人が払い下げを受けてドヤを建て出したと聞いていたので、それと重なるのかなと思ったら、それとは全然重ならなかった。

　すると、大正区に朝鮮人がいっぱい住んでいたという事実は、沖縄の人たちが住んでいたということと、どういう関係だったのだろうか。

　沖縄の人は、西成の場合は同和地区のなかで部落民と朝鮮人と沖縄の人が混住していました。たとえば子ども会をやってた人たちが、子どもの力関係にそうした親の関係が出てくることを見つけたんですね。同和地区のなかに子ども会があると、一番威張ってるのは部落の子。二番目が朝鮮人の子。三番目が沖縄人の子なんですね。これは他の地区では異なるかもしれませんが、西成の同和地区ではそういう人間関係がわかった。それでは、戦前に大正区に大量にいた朝鮮人と沖縄人はどんな関係だったんだろうかと思って、調べてみました。

　沖縄の人は、女工さんが大阪紡績に大量に来るっていうのがひとつ。もうひとつは、中之島にあった木材市場が、江戸時代の末期以降、ぜんぶ大正区のほうに移ってくるんですね。大正区の埋立地に木工所がいっぱいできたときに、やはり沖縄のひとが海人として、いろんな小舟やらを駆使する仕事を含めて移住してくる。むろん工場街の労働者としても大量に移住してくるんです。木工所が多いので、木の切れ端が大量に出る。その木の切れ端があちこちに捨てられて、山のようになる。それを、木工所のひとたちが、沖縄の労働者に「これを処分してくれ」といって金を払って、火をつけて燃やすわけなんです。つまり会社側は、金を払って沖縄の人を雇ったんです。すると、その焼いたあとの炭が、消し炭として売れると目につけた朝鮮人がどっと入ってくる。その消し炭の権利をめぐって、沖縄人と朝鮮人がかなり争う。結局は朝鮮人がかなり力を占めて、三軒家南とか北恩加島とか、そうしたところに一万人ぐらいの朝鮮人部落ができる。ここは完全に朝鮮人だけの街です。わざわざ朝鮮からも演芸人が来るぐらい金を持っていて——という話が、「小林朝鮮人部落の思い出」といって在日朝鮮人研究史に載っていました。

　さて、朝鮮人の飯場村の話ですが、一九三五年に人夫出しが一六〇業者いて、下宿業兼業が六七軒、二六二一人っていう数字も出てますが、このひとたちはほとんど朝鮮に帰ったんですね。一九四七年に、GHQが人夫出し業を禁止するという通達を出します。このとき、いわゆる親分・子分というか、結局ヤクザが人夫出しを仕切ってるから、このヤクザ社会が日本の体質の問題だというふうにＧＨＱは考えて、人夫出しを禁止する。それが職安業法を制定する根拠にもなるわけですが、一応このときに人夫出し禁止というのができて、職安法が制定された。これがひょっとしたら朝鮮に帰ってしまい、人夫出し業者がいなくなり、労働下宿がなくなった理由なのではないか、というふうにも考えました。そしたら一週間前に、渥美組という、いま釜ヶ崎に来ている最大の人夫出し業者が、新聞広告に宣伝として「創業六〇年」と発表してたんですね。創業六〇年ということは、一九五〇年に始まったということです。人夫出しが禁止され、他の業者が閉めたところに、渥美組が事業を始めた、ということも考えられないこともない。そのように思います。

一方で大正区の沖縄飯場村の場合には、中山建設という会社があります。この中山建設は、最初はスクラップ置き場としてやっている。釜ヶ崎の歴史に詳しい平井正治さんという人の話によると、ちょうど朝鮮戦争が始まるときに、大阪では鉄がものすごく足りないということで、アパッチ部落もそうですけど、川底の鉄を回収する仕事が大儲けできるという時代があった。大正区はまわりを川に囲まれて、川底に鉄の船がいっぱい沈んでいるので、それをさらいに来たアパッチがいたのではないか。その人たちが、いまの飯場村の場所に住みついて、スクラップ屋を始めた。そしてスクラップ屋がだめになったときに、次に何しようかと考えたのが、人夫出しだったのではないか。そういう仮説も平井さんから聞きました。

大正の場合には、一九五〇年代からだんだんと、いろんな業者が飯場を経営するようになっています。飯場名として挙げると、渥美建設、神明組というのが渥美グループ、神明グループの中心です。ここは本当に狭いので、渥美グループも神明グループも西成区や浪速区に進出したりして、巨大な飯場を構えた。だいたい一〇〇人以上入るような個室で、超大型ドヤみたいな飯場を建てて、これを全国化して経営を展開している。これが、大正飯場村の簡単な歴史です。

次に、大阪の浪速区には恵美地区というバラック地区がありました。戦後すぐに大阪市の市有地に人びとが住みついて、三地区で二〇〇〇地帯の規模があった。当時としては日本最大、東京の葵部落と並んで、日本最大のバタ屋部落と言われていました。私が釜ヶ崎に来た一九七〇年代にはまだ残ってて、地区内を道路がめちゃくちゃに走っていて、トイレも共同トイレ、炊事も水道も共同というような、完全なバラック街地区が恵美というところに残っていたんですね。その恵美地区でもやはり、七〇年代に火事が頻発するんです。このへんの事情は伊丹の中村地区と似てるんですが、頻発する火事のたびに、行政が有刺鉄線張ったりして入れないようにするんですが、有刺鉄線を破ってまたすぐ建てるという、いたちごっこをやっていました。

いつ完全になくなったかよくわかってないんですが、八五年ごろに起った最後の火事をきっかけに、行政が強制排除のかたちをみせて、保証金を積んで、完全に追い出されます。そのときにかなりの保証金が出て、その保証金をもらったひとたちの多くの在日のひとが、釜ヶ崎にやって来て、喫茶店やドヤを経営してる――これもきちんと統計等で確認したわけではなく、恵美地区から釜ヶ崎に流れた人から私が聞いた話なんでね。「あの喫茶店のマスターもそう。あのドヤ主もそう」。そういうことで聞いていくと、今、釜ヶ崎のなかにある喫茶店の八割は在日朝鮮人、ということがわかってきたんですね。その在日の人たちが喫茶店経営がだめだということがわかったときに、ドヤを買い取る。いまどんどん福祉アパートになってますけれども、その流れのなかで古いドヤ主がドヤを手放してるんですね。そこに在日の人たちが入ってきて、ドヤ経営に乗り出してきているのではないだろうか。そのへんは横浜の寿地区とずいぶん事情が違っているなあと思うわけですが、この点も誰かきちんと調べてくれないかなと思います。

ところで、恵美バラックの撤去については、前田信二郎『不動産窃盗の実証的研究』(有斐閣、一九六〇)という、すごくおもしろい本があります。恵美地区が中心なのですが、日本中の不法占拠地域を調べて、なぜ発生して、どうなったかが書いてある。けれども、それらの不法占拠地域が結局どうなっていったのかというのは、これが書かれた段階ではまだ結論が出てないんですね。私はこの報告のために、不法占拠の発生と経過というテーマを本当は考えていたのですが、ところが、不法占拠の解消というのは地区によってバラバラで、全然統一性がないんです。当初は、統一的な国家政策みたいなものがあって、それで不法占拠地区が整理されていったのかなと思っていたのですが、そういうことではないらしい。個別交渉という問題もあるのでしょうが。

たとえば中村地区の場合は、冒頭で述べたように、武庫川地区の関係や、釜ヶ崎の暴動の関係はわかったわけですが、ウトロの場合は民有地だということもあり、経緯が二転三転したりしていますよね。不法占拠が解消されるまでの経緯には、公有地と民有地の違いや、発生の違い、そうしたさまざまな違いがある。ほかにも『不動産窃盗の実証的研究』の時代には、大阪駅前に膨大な闇市跡が残っているんですね。駅前の第一ビル、第二ビル、第三ビルと呼ばれている、阪神デパートの裏のあたりがバラック街だったわけです。この本はそれを主なテーマにしていますが、あれも最後は七五年ぐらいまで残っていた。あのバラック街の場合はむしろ中国人がメインですが、不法占拠との関係性はいまのところ調べきれていません。

こうした不法占拠やそれに対する対処の歴史を、現代の公園占拠をもう少しリンクさせて考えたいですね。いまのスクウォットをめぐる研究の課題として考えられるのではないかと思います。ヨーロッパの空家占拠の運動が、なぜ日本で広がらないのかを考えたことがあるのですが、法律の違いとか、人びとの意識の違いとか、いろんなことが考えられるでしょう。日本でももっとこういう研究が盛んになってほしい、ということが、この恵美バラック問題を調べてみて感じたひとつの結論です。

それに関連して、西成の部落と釜ヶ崎というテーマも浮かびあがりました。一九五六年に、釜ヶ崎の単身労働者向けの住宅を同和地区のなかに建設する計画に対して、反対運動が起きるんですね。私はそれをずっと調べないまま、勝手に第一次暴動後のことだと思い込んでいたんです。第一次暴動が起こったから、行政がその暴動対策として同和地区のなかに単身労働者の住宅を建てようとして、部落のひとがそれに反対して立ち消えになったと、勝手に思ってたんですね。というのも、そのことを野間宏さんが『朝日ジャーナル』に書いたのが、一九六九年だったものですから。それが何年に起ったことなのかは、まあ前後を読めばわかるんですが、はっきり書いてなかったんですね。実際に調べてみたら、これが一九五六年だったんです。一九五六年ってことは第一次暴動が起こる前だから、行政がどういう意図で釜ヶ崎の単身労働者用の住宅を同和地区のなかに建てようとしたのか、そのへんの話はわかっていません。これから調べなければならないのですが、この計画に対して部落の人たちが、釜ヶ崎の人たちが来たら風紀が乱れるなどの理由で反対運動起こすんですね。でも、それもどうも事実とは違うらしい。

実は、当時の西成の同和地区のなかには、市有地に大量のバラックが建てられてたんですね。そのバラック住人の証言によると、戦争中に焼け出されたひとたちは、公有地にとりあえず住居を建てて住んでもいいと、大阪市が発表したと言うんです。それを基にして、家を焼かれた人たちが、どんどん公有地にバラックを建てて住んだんです。だから、「大阪市はいいと言ったじゃないか」という、強制撤去に対する反対運動が起こってくる。この部落の住宅要求運動に、釜ヶ崎の単身労働者住宅の反対運動と、市有地のバラック撤去がちょうど重なっている。そしてこの住宅要求運動が、その後の同和対策にね、大きな要の改良住宅、同和住宅って言われるもののスタートになる。このスタートが、釜ヶ崎の単身労働者住宅の反対運動だったように私たちは誤解していて、たしか昔そんなことを文章で書いたような記憶があって、いま反省しているんですけれども、そういうこともあります。

　もともと西成部落っていうのは、いまの浪速区に江戸時代からあった西浜部落が拡張して西成区側に長屋ができて、日本中から部落のひとが集まり、それにまた在日の人や沖縄の人もどんどん住むようになり、混住地区になりました。戦前はやはり、西成の同和地区は朝鮮人のほうが多かったという記録もあります。その朝鮮の人びとですが、この地域で戦争中にネジで大儲けをして、儲けた人は戦後帰っていたんです。そういう記述が、西成の長橋小学校の『七〇年史』に出てくるんですね。戦争中にひどい目にあったという話と重ならないもので、ちょっと驚いたことがあります。

　不法占拠をめぐる動きについては、さきほどアパッチ部落のことを話しましたけれど、大阪住吉の柴谷町というところでは、同じようにやはり飯場村ができていて、

そこもいまほとんどがスクラップ屋さんになっています。飯場がなぜ成り立たなくなったのか、よくわからないのですが、ここも一九五〇年代に形成されている。一九五〇年代以前、人夫出し禁止がありと、それとは反対に仕事がどっと増え、それから、炭鉱で離職した人たちがどっと大阪に流れ込んでくる。その人たちは現役層の労働者たちですから、飯場に吸収しながら人夫出しが成り立ち、そうしてこのへんの飯場村ができたのではないかと考えられます。

大正区の三軒家や、クブングヮーという地域も、沖縄の人たちのスラム街がどんどん大きくなっていって形成されました。クブングヮーも七〇年代の後半に撤去されて、ほぼ全員が市営住宅に移っていますね。

あとは、砂利採取と河川敷占拠による不法占拠があります。これらはだいたい川沿いにある。河川敷にあるのは、ほとんどが砂利採取との関係だと考えられます。武庫川の強制撤去の話をさっきしましたが、これが一九六一年の七月です。川崎の戸手地区は、これも保証金もらって解決しています。『在日の地図』が一番に攻撃しているのが、その川崎の戸手地区なんですね。一軒あたり二七〇〇万円と書いてあります、ほんとかどうかわからないのですが。不法占拠していたのに、国から二七〇〇万ももらうのは在日特権であり許せない、というのがこの著者の主張なんですね。それを世間がどう解釈するかという点は別の問題であると思うんですけど、在日特権を許さない市民の会の主張とは、かなり共通しています。

そのほか、例として残っているのは、朝鮮学校です。江東区の枝川には、在日朝鮮の小中学校もあります。これは都有地で、いわば無償で提供していたのを、石原慎太郎がやめると言い出して、買い取るか、金を払えということで揉めて、結局買い取るという形になったと思います。あそこは、もともとは都有地に朝鮮人が住みついて、学校以外は払い下げというかたちで解決しています。戸出地区なんかもそうなんだけれども、そういったかたちで不法占拠に金を払うのがどうなんかっていうのが、在特会のメインの主張で、学校に対してはとくにそうですね。大阪の場合は東大阪朝鮮学校のグラウンドや、京都の朝鮮学校のグラウンドは公園を勝手に使用してた、と。勝手じゃないんですけどね。京都市とは話がついているんだけど、彼らに言わせると、勝手に使っているという言い方になる。不法占拠の歴史は、現在のこうした問題に関係してくるんですね。

それから、これらの話は昨今の貧困ビジネスとも関連して考えられます。貧困ビジネスに関して私は、行き場のないひとたちがそれなりに住めたということは、プラスの面としてあるんじゃないかな、と思います。というのも、この間、野宿者を囲い込む業者が、「囲い屋」や「貧困ビジネス」という言葉で言われているけれども、彼らは意外とまめなことをしている。悪質な業者であっても、まめに公園をまわって、野宿から居宅へ移る手助けをしてるんですね。それを大量にピンハネしているのは問題なんだけれども、それはある意味では運動体の人よりも一生懸命公園を回っていたとの報告があります。そうして問題のある人も、福祉事務所にどんどんねじ込む。かなり難しい人でも、貧困ビジネスを通したら居宅に移れたというケースを聞いています。貧困ビジネスが、不法占拠とであるとか、行き場のない人たちが野宿しないで済む、いわば最後の砦になっていたのではないか――私はこの調査をしていて、そのようなことも思ったのですね。

最後になりますが、私は市民になる運動はあまり好きじゃないもので、逆に市民になりたくない人が集まれる場が、寄せ場であってほしい、あるいはドヤ街があってほしいという思いがあります。不法占拠を調べていると、たとえばそのなかで生活していた在日の人たちはどこへ行けばいいのか、というような問題を非常に感じました。なくなった寄せ場や飯場村については、最近は旅行してないので憶測です。みなさんのなかから、「今はこうなってるよ」「ああなってるよ」という情報を教えていただけると、とってもありがたいんですが。あるいは、外国人向けの新しい寄せ場については、たとえば高田馬場なんかは一時、完全に外国人向けの寄せ場になってたのに、いまはほとんどそれがない状況だといいます。ほかにも、たとえばドヤはなくなったけど、朝だけ寄せ場があるとか、そういう地域がまだいっぱいあるのか。それとも、いまの派遣がネット手配や携帯手配になっている状況下で、街角に集まるという寄せ場はなくなってしまうのか。そういうことも、私のなかで疑問符が残ったままの報告になってしまいました。ほんとに、みなさんのほうから、いろいろ教えていただきたいと思います。調べてみると、何十年ものあいだ、誤解が多かったり、わかってないことが多かったり、ほんとうにたくさんの課題がある。今回の報告で、そのことに気づかされました。

〈釜ヶ崎労働者〉

●非定住と差別

サービス労働市場の拡大と女性労働者——温泉リゾート地域で働く条件とは

文貞實

1　どのような仕事を探すか

美容院で手に取った女性週刊誌の募集欄で「住み込み」条件のところ数社に履歴書を出したら、そのなかで熱海の旅館から採用通知がきた。当時、熱海は、子どもを預けていた実家の浜松に近いからいいなと思った。月に二回は子どもの顔を見に帰るために。（四〇歳代・ホテル客室係[1]）

あなた（女性）への質問。

いま、あなたには帰る場所がない。

あなたには帰る家もなく、貯金もなく、仕事もないとしたら、あなたはどうしますか（あなたは既婚者だ。子供がひとり。家庭のトラブルから逃れて、いま、家を飛び出したところ。所持金一万円ほど）。

あなたは、今晩、どこで寝るのだろうか。明日からどうすればいいのだろうか。そして、なんとか仕事を探そうと考えるはずだ。

そこで、偶然、入ったコンビニで、あなたは求人誌（フリーペーパー）を手にするかもしれない。さっそく、あなたは、求人誌に掲載されている連絡先に電話をいれる。電話の向こうでは、「今日、いまから直ぐに来ますか？　お子さん何人？　大丈夫よ。社員寮がありますよ。制服もあるから、とにかく、一度、面接にきなさい」という声が流れてくる。

いま、あなたが電話をかけたのは温泉地の旅館の人事課である。そして、あなたが探した仕事は、「衣食住」

完備の温泉リゾート地の女性従業員（サービスワーカー）の仕事だ。

実際、ずいぶん以前から、あなたと同様に多くの女性労働者が、当面の住む場所、仕事を求めて、女性週刊誌や求人広告にある「住み込み」「経験不問」「年齢不問」などの募集条件をみて、温泉リゾート地に飛び込んでいる。

あなたはもう気づいているはずだ。今日の労働市場のなかで、離婚後、実家に戻れない女性、仕事のキャリアや特別なスキルのない女性、決して若くない女性に用意されている仕事はかなり限られている。そして、それらの仕事は決して楽なものはなく、継続して働くことはなかなか大変だということを。

そこで本稿では、あなたのような女性労働者を吸引する地方都市のサービス業集積地（温泉リゾート地）のサービス労働力市場の特徴についてみていこうと思う。ここで確認したいことは、温泉リゾート地に流入する女性労働者が、その後、継続的に働くためのふたつの要件である。第一に、まず、女性労働者にとって「衣食住」が保障される入職条件が重要となる（社会的排除と包摂システムが機能[2]）。第二に、離職率の高い職場で継続的な就労を可能にするのは、女性労働者自身のキャリア形成の動機づけである（労働における自己実現・自己肯定のメカニズム[3]）。

2　サービスワーカーの仕事

> 仲居の仕事は当番のお客様の到着から出立までの担当なので長時間勤務となる。派遣会社から来る若いひとは一年、三ヶ月と期限を区切って働きにくるから我慢して続けられるが、そうでないときつい仕事だと思う。入社当時は四五歳。女性だけの職場特有のこともあり、仕事に慣れるまで一年以上かかった。入社当時、先輩達も自分より年下の子が新人で入ると娘のようにかわいがってくれるが、年齢が四五歳だとそれなりに厳しかった。（五〇歳代・客室係）

あなたが探した旅館ホテルの女性従業員（客室係・仲居）の仕事は二日間にわたるシフト体制で実質一二時間以上の長時間労働である[4]。一般的に、旅館ホテルの女性従業員の一日の仕事をみると、出勤は一四時三五分、お化粧と和服に着替えをすまし、宿泊客のチェックインにあわせてのお迎え、一六時のお茶だし、夕食の部屋出し、片付け、布団引きで二一時にあがりが一般的なシフトである。宴会が入れば二四時近くまで働くこともある。翌日、担当した宿泊客がゴルフなど早朝出なら、翌朝七時前に朝食出しがはいるため五時には出勤しなければならない。その後、お見送りを済ませ、朝の布団上げから部屋の清掃、アメニティセットの用意までが担当する客室係（仲居）の仕事となる。また、昼食まで用意するお客がいる場合は、連続一六時間勤務となる。そのあとに、一四時三五分までの休憩がはいるのが中抜け（たすきがけ）の働き方である。かなりの重労働といえる。

果たして、あなたはこの長時間労働の仕事を続けていけるだろうか？

おそらく、あなたにとって、この仕事は子どもを育てる経済的な手段として意味をもつだけでなく、仕事を続けることで、「人生の危機」（離婚や失業など）を乗り越え、新たなキャリアを形成し、「人生の転機」（チャンス）を得るという意味をもつかもしれない。就職した旅館ホテルで長年勤め、周囲から信頼される熟練労働者（「おもてなしの達人」）になるためのキャリア形成の一歩を踏み出す可能性があるかもしれない。

しかし、あなたは、現在の職場で、旅館ホテルで働く労働者にふたつのタイプがいることを知る。あなたが目指す熟練労働者タイプと転職を繰り返すタイプ（「よく動くタイプ」「歩いているひと」）である。多くの女性従業員は後者のタイプに属する。しかし、職場移動の実際の要因が低処遇・低賃金・過重労働を背景とした労働環境にあるにも関わらず、転職する女性従業員はその流動性の高さが非難される（転職の経験は「垢」として扱われる）。

> 客室係のタイプについていえば、「よく動くタイプ」が多い。このひとたちは四〇歳～五〇歳代であっちこっちでやってきたひとたち。それは「キャリア」ではなく、その経験は「垢」だと思う。……最近の雇用情勢の悪化で、旅館で働きたいという人も増えてきたが、「垢をなるべくさすってあげて、こちらの雰囲気に馴染んでもらうようにしている」（六〇歳代・客室指導係）

そこでは、頻繁な転職・職場移動の原因が個人的な問題として語られ、逆に、残った従業員たちには、そこに留まり仕事を継続することで、離婚などによって失った信頼の回復や社会的な評価を高める方向に向かう自己肯定の言説が強化される[5]。

（旅館の仲居の仕事は初めて）入社三ヶ月まで見習いで給

料は低かったけど我慢した。とりあえず三年間はがんばろうと思った。……とにかく子どもがいたので、地道に働いて、身を粉にして働くことにした。そう考えて今日まで旅館で働いてきた。……実家が貧しかったので、自分のことは自分で。親の世話にならないようにと思ってやってきた。結婚生活は大変だったけど、いまは、この経験（同じ旅館で仲居として一一年間勤務）があるから、この仕事についても穏やかに話せるが、いろいろ苦労はあった。今の自分があると思えるようになったのは、つい最近のこと。（五〇歳代・客室係）

女性従業員たちの転職・離職の動機が彼女らのライフコースのなかでの職業属性（キャリア）によって選択されるのではなく、その社会的属性（低学歴・低階層出身・離婚・母子家庭など）によって決定されてしまうのは、あなたが働く温泉リゾート地のサービス労働市場だけの現実ではない。

近年の労働市場の雇用流動化は、金融・保険・不動産・経営管理など高度専門サービス企業の上方のベクトルと、その他、労働集約型サービス企業という下方のベクトルの方向にサービス労働市場を拡大してきた（サッセン、二〇〇四）。下方のベクトルは、つねに、労働者を、パート・アルバイト、派遣など一定の雇用期間が終われば職を失う有期雇用労働者として「フレキシブルな働き方」へ序列化し、「硬直的な労働市場」（正規／非正規の階層性が出現）を形成してきた。

近年、この「硬直的な労働市場」を補完するような「格差社会」の受容メカニズム（自己責任論の内面化）が新たな産業やビジネスモデルを産み出している。そのひとつに、サービス労働市場のなかで急成長している外食産業、コンビニ業界、人材派遣会社、介護事業など対人サービスに代表される「不況型ビジネス」（安価な労働力に頼るサービス労働市場）がある。[6] さらに、個々の不安定就労層、生活保護世帯など貧困層をターゲットにし、かつ貧困を固定化する「貧困ビジネス」の蔓延が社会問題となっている。[7] サービス労働市場の拡大にともない、流動するサービスワーカーに求められるコミュニケーション・スキルの研修プログラムやメンタルクリニックに代表されるメンタルヘルス産業が急成長している。[8] これらのビジネスモデルに通底するのは、個々の労働者に要請される「労働の質」の向上であり、つねに個々の労働者へ折り返される自己責任の内面化を補強する仕組みである。

あなたが働く上で確認しなければならないのは、拡大するサービス労働市場が求める労働者モデルが、フレキシブルな働き方に適合する「明るくて柔順な労働者」（「我慢し」、「地道に働く」）であること。とくに、サービスワーカーの仕事は、「女性に適した仕事」（家事労働と近似性）として、具体的な労働者としてのキャリアやスキルが求められているのではないということだ。そこで、あなたがみつけたサービスワーカーの仕事について、もう少しくわしくみていこう。

3　どのようなサービスワーカーが増えているのか

一九九〇年代以降、バブル経済崩壊後の産業構造の転換のなかで、サービス業が大きな成長を遂げた。サービス業の労働市場では金融など高度専門サービス業と低賃金のサービス業の二極化がおきている。今日、後者の低賃金サービス業は、雇用の〝受け皿〟として、失業者や不安定就労層を吸引する労働市場として拡大している。とりわけ、高齢者層から若者層の不安定雇用の受け皿となっているのは、飲食・小売業、対人サービス業、警備・保安や清掃などビルメンテナンス業などのサービス労働市場である（図表1）。これらの労働集約型産業の多くは人手を多く必要とする場合とそうでない場合によって従業員を確保し（忙しい時間帯・時期にパートやアルバイト、派遣社員を入れて対応）、余分な人員確保を行わない雇用調整（サービスワーク型雇用システム）を慣行としてきた。

この労働者を時間単位で補

図表1　主な職業別の雇用形態雇用者の推移　（万人）

		2002	2003	2004	2005	2006	2007	2008	2009
専門的・技術的職業従事者	雇用者	757	767	780	794	803	805	812	823
	正規	619	622	635	638	635	643	640	651
	非正規	138	145	145	156	168	162	172	177
事務従事者	雇用者	1121	1118	1154	1147	1161	1172	1179	1210
	正規	810	789	806	787	788	786	786	810
	非正規	311	329	348	360	378	386	393	400
販売従事者	雇用者	701	689	680	684	677	683	681	663
	正規	496	487	470	471	462	467	468	451
	非正規	205	202	210	213	215	216	213	212
保安職業・サービス職業従事者	雇用者	564	571	583	610	624	651	662	666
	正規	281	282	279	292	300	305	310	307
	非正規	283	289	304	318	324	346	352	359
生産工程・労務作業者	雇用者	1489	1488	1464	1463	1499	1540	1513	1426
	正規	1035	1010	975	947	977	994	959	929
	非正規	454	478	489	516	522	546	554	497

資料出所：総務庁統計局『労働力調査』より作成

（註）雇用者は役員を除く数

給・配置するサービスワーク型雇用システムは、不景気のなかで企業にとっては人件費の固定化を抑制するだけでなく、社会保険（失業保険など）のコスト削減をおこなうなど雇用管理面でのメリットが大きい。九〇年代半ばから、このような企業の雇用調整が製造業からサービス業の労働市場全体で非正規雇用を増大させ、その結果、もともと賃金の低い上にさらに雇用が不安定な層が急増している。

一方、女性の労働市場内部の二極化も進んでいる。一九八五（昭和六〇）年の男女機会均等法の制定以降、高学歴女性を中心に女性労働者の社会進出・就労機会は大企業中心に標準化・平等化へむかった。しかし、一方で、低学歴女性労働者（出身階層・家庭の経済水準・学歴が低い女性）には限られた仕事しか配分されないという女性労働者間の「雇用格差」が生じている。女性労働市場の内部に、専門・技術職から一般事務職、販売業、サービス業、製造業まで、「恵まれている仕事」から「恵まれない仕事」までの序列化が生じている（熊澤、二〇〇〇）。このことを女性労働者の雇用形態の実態からみると、確かに働く女性の半数が「恵まれた仕事」に就く階層（正規労働者）であるのに対して、残りの半数は「恵まれな

図表2　雇用形態別の女性雇用者の割合（%）

従業上の地位	女						
	役員を除く雇用者	正規の職員・従業員	非正規の職員・従業員	パート・アルバイト	労働者派遣事業所の派遣社員	契約社員・嘱託	その他
1985	100.0	67.9	32.1	28.5		3.6	
1990	100.0	61.9	38.1	34.5		3.7	
1995	100.0	60.9	39.1	35.5		3.7	
2000	100.0	53.6	46.4	42.1	1.2	3.2	
2001	100.0	52.1	47.9	42.9	1.6	3.3	
2002	100.0	50.7	49.3	39.8	1.6	5.2	2.7
2003	100.0	49.4	50.6	40.8	1.8	5.3	2.8
2004	100.0	48.3	51.7	40.5	2.7	5.6	2.9
2005	100.0	47.5	52.5	40.7	2.9	6.1	2.8
2006	100.0	47.2	52.8	40.0	3.6	6.1	3.2
2007	100.0	46.5	53.5	40.7	3.6	6.1	3.0
2008	100.0	46.4	53.6	40.3	3.8	6.3	3.2
2009	100.0	46.7	53.3	40.3	3.2	6.6	3.3

資料出所：総務庁統計局『労働力調査特別調査』より作成

い仕事」に就く階層（パート・アルバイト・派遣など非正規労働者）といえる（図表2）。

ここでの「恵まれない仕事」とは、従業上の地位が非正規職員・従業員であるということの実態だけをしめすのではない。職場での「その仕事の方向性や遂行方向に関する基本的な決定権というものがない、やりがいがない、うまくできたといっても会社からさほど高く評価されない、報酬も高くない……」（熊澤、二〇〇〇：一〇頁）という意味で、働く上で職業アイデンティティを形成しにくい「女性に適した仕事」とされるサービスワークの特徴をしめす。

さらに、女性労働者の「恵まれない仕事」の序列化を形成するのは、サービス産業の中枢労働市場（保険・金融など高度専門・技能職）から排除された低学歴や特別な技術や経験のない女性労働者を吸引する周辺労働市場の存在である。その多くは有期雇用の派遣やパート労働で、スーパーなど販売業やヘルパーなど福祉領域、対人サービス関連（サービスワーク）に特化した労働集約型産業のジェンダー化された仕事の領域である[9]。そのような派遣やパート労働などの職場の多くは、対人サービス業のなかでも飲食店のウィトレスや旅館ホテルの客室係に代表されるような雇用流動性の高いサービス産業である。

これら雇用流動性（入職率・離職率）の背景は、サービス関連産業の特徴を示す「女、

図表3　産業別の入職業率・離職率

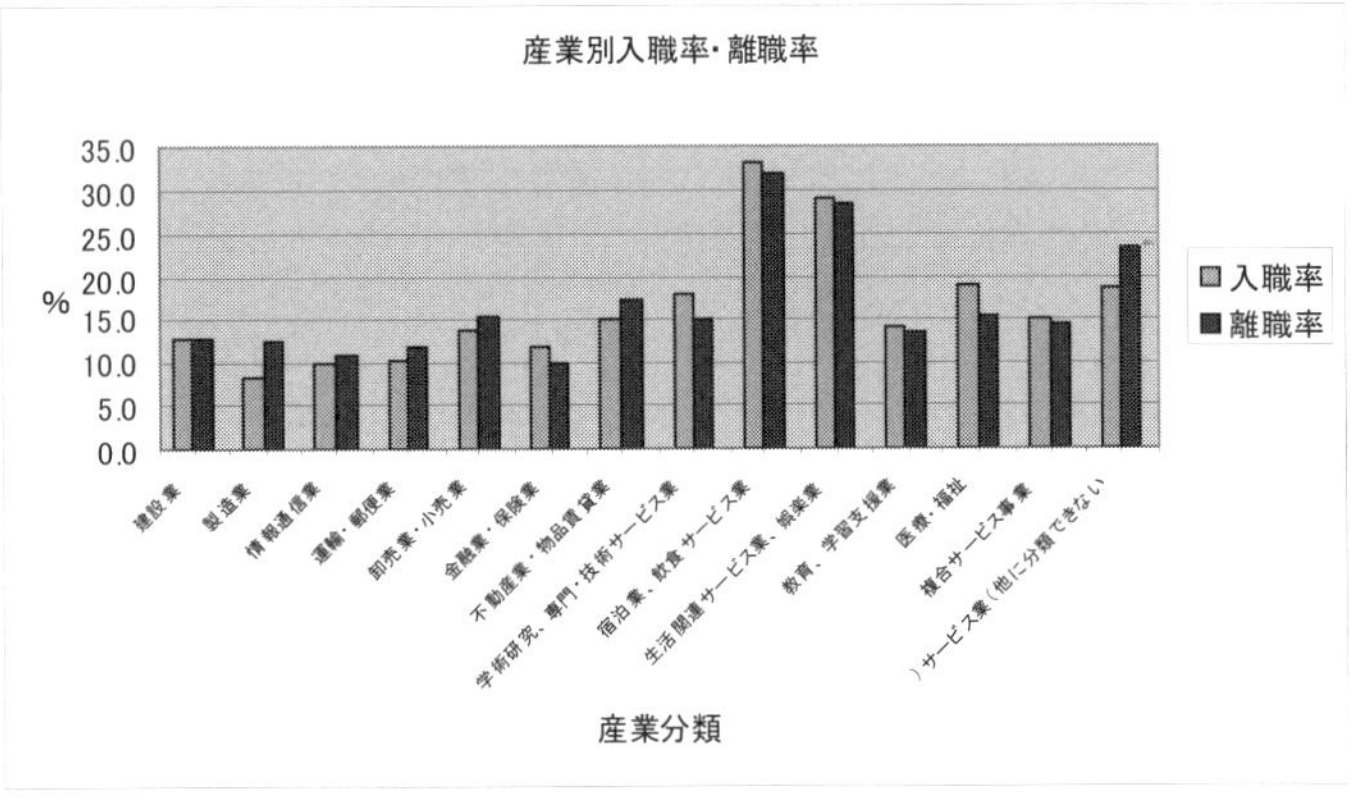

資料出所：厚生労働省『平成21年雇用動向調査結果』より

性に適した仕事」だから、低賃金で、昇給が少ないのは当然という労働慣行モデル（ジェンダー化された労働の低位性）が適用されていることにある（熊澤、二〇〇〇：九五～九八頁）

厚生労働省の『平成二一年雇用動向調査』によれば、産業別では、入職者は「宿泊業、飲食サービス業」で一二一万人と最も多く、次いで「卸売業・小売業」一二〇万人、「サービス業（他に分類できない）」が五七万人の順であり、離職者では、「卸売業・小売業」が一三四万人、次いで「宿泊業、飲食サービス業」が一一七万人、「製造業」が一〇八万人となっている。「宿泊業、飲食サービス業」では入職率三三・二%、離職率三二・一%とともに最も高く、次いで「生活関連サービス業、娯楽業」の入職率二九・一%、離職率二八・二%の順になっている（図表3）。

これらの労働市場のなかで、長年、「宿泊業」（旅館ホテルなど）は、女性労働者を吸引する条件として、「家族モデル」[10]から逸脱する女性労働者をターゲットに求人募集をしてきた業種のひとつでもある[11]。

> 旅館の仲居の仕事に就くきっかけは、四五歳の時、「家庭の事情」で、女ひとり、住むとこ、食べるとこ、お金を貯めることができるところはないかな、と考えたとき、仲居さんの仕事なら、自分もできるのかなと漠然と考えた。家を出るときお金をもって出てないし、働くならこういうところかなと。（五〇歳代・客室係）

では、雇用流動性の高い温泉リゾート地の旅館ホテルの女性従業員（客室係・仲居）が、サービスワーカーとして継続的に働いていく条件とはどのようなものだろうか。

4 温泉リゾート地のサービス労働市場の特徴

まず、あなたが働くことにした温泉リゾート地、熱海のサービス労働市場の構造についてみてみよう。温泉リゾート地としての熱海のピークは、五〇年代後半から六〇年代、高度経済成長期、オリンピックと新幹線開通などを背景に団体客が急増し、その対応として旅館ホテルの鉄筋コンクリートによる大型化が進む。その後、バブル期には企業の保養所建設、別荘建設など盛んとなり温泉リゾート地として拡大し続ける。熱海ではつねにサービス労働者の需要が高く、東日本を中心に広域から労働者を吸収してきた。この間、熱海では温泉旅館ホテルを中心とした観光サービス他商業、飲食・食品など温泉地に関連したサービス業が階層的に構成されるサービス労働市場が形成されていく（武田・文、二〇一〇：六〇～六六頁）。

その後、九〇年代、バブル崩壊後の不況下で、温泉リゾート地の旅館ホテルは立地条件や経営権の変化（外部の資本参入）などの要因を受けながら再編化が進んでいく。再編化の波のなかで稼動率の低い中間型旅館ホテルが廃業・再編され、従業員の求人や雇用形態にも変化がおきている。大規模のホテル旅館では、経営の中核となるホテルマンの育成にも力を入れており、新規採用も活発である。しかし、新卒・中途採用の正社員では定着率が低い。

> （繁忙期の）暮れから正月、春先の新卒採用と、どんどん採用して一カ月、二カ月働いてもらうが、五〇％から六〇％が自分の判断で辞めていく（実働時間が長い、勤務シフトが不規則など思っていた仕事と実際の仕事内容のギャップが大きいため）。（大手旅館の人事部部長の話）

一方、小規模旅館の求人では中途採用の女性従業員が多くを占める。温泉リゾート地の旅館ホテルが必要とする女性従業員（客室係・仲居）には、新人さんから熟練層、それぞれのニーズがある。そのため、多くの旅館ホテルでは、公共職業紹介所経由による安定的な正社員の確保だけでなく、一年のなかで盆暮れ、週末、観光シーズンなど繁忙期の量的な雇用調整や毎年訪れる顧客が指名する熟練の仲居さんを確保する質的な雇用調整をおこなう必要がある。

この旅館ホテルの特有の雇用調整ニーズに特化した人材紹介業には大きくわけて二つのタイプがある。繁忙期の量的なニーズに応えるのは、ホテル・結婚式場・レストランなどにウェイター、ウェイトレスを紹介するサービスクリエーターとよばれる大手派遣会社（登録人数一万人）である。熱海・伊豆エリアの登録者（求職者）の中心は大学生・専門学生など二〇歳代～三〇歳代の学生・フリーターである。一方で、質的なニーズに応えるのは、女性の中高年齢層を中心に「熟練層」の登録に重点をおく小規模の配ぜん人紹介所（登録者数二五〇人～一〇〇人規模）である。

次に、バブル崩壊後の動向について、大手派遣会社の登録者資料から求職者の特徴をみてみよう。登録者の履歴書の前職をみると、居酒屋チェーンなど一〇社以上を転々としている二〇歳代の「フリーター」層が増加している（登録者全体の三八・五％占める）。一方、女性登録者のなかで、六〇歳以上（二三・六％）は旅館の客室係関連が中心である（図表４）。また、募集方法としては、インターネットや一般求人誌からより安価なフリーペーパーへ移行している。

一方、小規模の配ぜん人紹介所の登録者の中心は四〇歳代～五〇歳代の女性である。求人方法では、新人募集はスーパーなどの折り込み求人やフリーペーパーが中心となり、「熟練層」へ特化した求人では「知人紹介」（客室係の退職者など口コミ）ルートで登録している事業所がある。後者の配ぜん人紹介所には六〇歳代～七〇歳代までの「いやしの達人」（客室係・仲居）が五名～十数名登録しており、年末年始など旅館ホテルに宿泊する得意客からの直接指名にあわせて派遣されるケースも少なくないという。

特別なケースとしては、西伊豆や修善寺の老舗旅館でここ五～六年毎年指名で入る中高年齢層がいる。彼女らがやめたらもうそこに同じパターンではいることはできないと思う。一般的には、旅館ホテルは「若い人五名」という依頼がくる。そこに着付けができる人を派遣する（着付けの研修を実施）。顧客（旅館ホテル側）のニーズは「若い人」中心で、一日、二日のシフト派遣より、朝食、夕食時のピンポイントに入ってもらってフレキシブルに対応するパターンの希望が増えている。（人材派遣会社・部長の話より）

全体の傾向としては、近年、東京での派遣仕事が激減し、

図表４　Ｈ・Ｈ人材派遣会社の登録者の特徴

性別	女 684（72.2％）	男 264（27.8％）	合計 948（100.0％）				
出身地	静岡県 609（64.2％）	東京都 31（3.3％）	神奈川県 210（22.2％）	その他 86（9％）	不明 12（1.3％）		
年齢	10代 52（5.5％）	20代 362（38.5％）	30代 149（15.7）	40代 96（10.1％）	50代 140（14.8％）	60代以上 224（23.6％）	不明 25（2.6％）
学歴	中学卒 5％	高校卒 85％	大学卒 10％				
前職	飲食業 85％	販売 10％	事務その他 5％				

資料出所：H・H派遣会社・三島支店（熱海・伊豆エリア）の資料より作成（2004年現在）

（註）資料の学歴、前職については、実数のデータなし。

地方の温泉リゾートへ出てくるケースが増加している（近距離出稼ぎ現象）。たとえば、配ぜん人紹介は、「日々雇用」が原則だが、週末の金曜から日曜日にかけて旅館の寮に入って働き、また、日曜の晩に東京・神奈川へ帰るパターンがある。若年層（二〇～三〇歳代）に関しては、数社の人材紹介・派遣会社に掛け持ちで登録して働く層が増加している。中高年齢層（四〇～五〇歳代）では、家庭の主婦や保険外交など別の仕事をもっている女性たちが、週末だけ熱海・伊東方面に働きにくるなどダブル・ワークの働き方が増えている。景気後退のなかで週末に働く女性労働者の増加は週末に人手が集中する旅館ホテル側の雇用調整ニーズにマッチするものだが、雇用悪化の今日の状況を反映しているといえる（武田・文、二〇一〇：一六五～一七二頁）。

つまり、あなたが働く温泉ホテルの客室係には、直接雇用の正社員から派遣、パートまで様々な働き方をしている人びとが、今日一日だけ、週末だけ、あるいは数ヶ月だけ働くというフレキシブルな働き方をしていることになる。顧客から評価されたひとは、期間の延長もあるが、そうでないひとは一回きりの細切れの働き方を繰り返していることになる。

5　サービスワーカーの「労働の質」

すでに述べてきたように、サービスワーカーの労働市場は給与が低く、労働条件が不安定、そのため定着率が悪く、流動性が高い。この流動性の高さの背景にあるのは、パート・アルバイト、派遣社員など有期雇用の働き方とその代替可能な労働の低位性（家事労働に近似的）そのものにある。しかし、サービスワーカーとして働く女性労働者に求められるのは、「明るい性格」「素直な性格」など資質であり、対人コミュニケーションのスキルであり、自己の感情をコントロールする感情労働の習得である。

具体的には、旅館ホテルの女性従業員についていえば、客室係、ルーム係、仲居さんなどなど、様々な名称でよばれるが、その仕事内容に求められるのは、「暖かな心に残るおもてなし」のプロフェッショナルになることである。到着時の宿泊客の出迎えの挨拶（「いらっしゃいませ」）にはじまり、出発時のお見送り（「ありがとうございました。またのお越しをお待ちしております」）までの滞在中、宿泊客がゆっくりとくつろぎ、楽しかった、また来ようと思えるようなサービスを提供するのが、客室係（仲居）のプロとしての仕事内容である。

　では、あなたが、この旅館ホテルの女性従業員としてどのようにして接客のプロになるのだろうか。そこには感情労働であるサービスワークの特徴が大きく作用している。まずは、旅館ホテル側は「いつでも同じサービス」の提供を目的とした従業員の質的な向上をめざす規律・訓練プログラムを重視する。その際に、対人コミュニケーションのスキルが重要となる。さらに、従業員自身がプロ意識をもち、それらのプログラムを実践すること、労働の内面化が求められる。近年は、旅館ホテル側が女性従業員を一人前のサービスワーカーに育成するために、研修時に、「ルーム係のマニュアル」を配付し、一定のサービスの標準化の方向で質的な確保をめざすのが一般的である（武田・文、二〇一〇：一二八～一三一頁）。ここでいう「サービスの標準化」は「労働の質的な標準化」を意味する。従業員マニュアルには、接客における「礼儀正しく」「笑顔を忘れずに」「お客様の気持ちになってサービス」など、一見すると当たり前の接客内容が書かれているが、文書化することで、改めて、女性従業員全員に対人コミュニケーションのスキルの意識化をもたらしている。

　大手旅館の研修マニュアルにある客室係専用の「ルーム係一〇訓」には、「おもてなしの心得」として、「微笑み」

図表５　ルーム係のマニュアル

	ルーム係10訓
1	微笑み、誠実、タイミング
2	言われた事はよく聞いて確認する事
3	良いサービスとは相手の立場を考えて実行する事です
4	怠りのない準備
5	服装や持ち物で手心を加えない
6	床の間を背にしない事
7	中腰で対応をしない事
8	自分がやらないと誰もやってはくれない
9	貴女がホテルの評判を作っている
10	化粧・服装の心構え

資料出所：「ルーム係のマニュアル」５頁

をもって、常に「相手の立場を考えて」、サービスを行うことなど業務面での感情労働の強化と同時に「化粧・服装」など身だしなみまで細かく定めるなど、女性従業員の生活全般にまで及ぶ規律が求められている(図表5)。

多くの旅館ホテルでは、原則、「アクセサリーの禁止」、イヤリング、指輪、ネックレスなどアクセサリーの禁止」とし、形見の指輪や結婚指輪などは上司の許可を得て着用するようにとしている。これらマニュアル内容には、具体的な業務内容のスキル向上をめざすことよりも、より個人的な女性従業員の生活全般への道徳的な介入が見え隠れしている。

かつて、六〇年代、大衆レジャー時代を迎えた熱海では、旅館経営の近代化のなかでは、従業員の量的確保と質的な人材育成が急務となっていた。それまでの客室係・仲居の給与はチップ制であり、そのために、従業員は各自で客の指名・チップを獲得するために華美な自前の和装で客の引っ張り合いをおこなっていた。そこに、近代的な労務管理と労働者の育成を目的とした従業員の月給制・週休制の導入により女性従業員の定着化を進めていく(一九六四年以降)。当時、女性従業員の制服化(旅館が支給)によって、宿泊客に対して、同じ制服をきた女性従業員が一定水準のサービスを提供するという「労働の均質化」がうまれ、近代的な「職業」として「仲居」の仕事が確立していく。このことは、女性従業員自身の「均一の労働者」への転換を意味したといえる。

いつも、後輩たちには、旅館の女中ではなく、職業婦人という自覚をもって、外に出るときも、K旅館の制服を着ているんだから、背筋を伸ばして、誇りをもってと言ってきた。「旅館の女中」と卑下しないで、職業婦人として、サービス業だから、いつも笑顔をもってやるようにと(七〇歳・元仲居指導係)

現在のサービスのマニュアル化の流れは、旅館のサービスの向上・均質化のために、個々の仲居さんのプロ意識がより強く求められている。このようなサービスマニュアルの作成や研修について、ベテランの客室係(仲居さん)からは、マニュアルは新人さんには必要だが、すべてマニュアル化、サービスの簡素化では、旅館の仕事は勤まらないとの指摘もある。「旅館のサービスの基本は〝心〟がはいってないとだめ。何でもやればいいのではなく、〝心〟がはいってくると、サービスが温もりになる。〝心〟は旅館や学校で習うものではなく、日々の暮らしのなかで身につけないと生まれてこないものだ」という（武田・文、二〇一〇：一二九頁）。ここで指摘されるサービス労働に付随する「心」とは何だろうか？

サービスワーカーとして働く女性従業員にはふたつの側面から「労働の質」が要請されている。ひとつは「均一の労働者」（マニュアル化したサービスワーカー）としての労働の実践である。雇用流動性の高いサービスワーク型雇用システムでのフレキシブルな働き方（パート・派遣社員や）を求められる従業員にも、数ヶ月前に入社した正社員にも、何年間も働いてきた熟練層にも均一化された「労働の質」が求められている。さらに、この「労働の質」は、他者（雇用主・他の従業員・客）によって評価される客観的な指標（勤務査定・顧客満足度評価）から労働者自身の主観的な指標（「おもてなしの心」）へと、個々の内面に折り返す形で実践されることが要請されている。

仕事ができる人は、とにかく淡々とやる。他人と張り合わず、人間的な癖があっても表にださないタイプが多い。（五〇歳代・仲居四年目）

仲居さんは七～八年勤めたら、その後はずっと六五歳くらいまで頑張れる。五〇歳過ぎたら他に雇ってくれるところもないしね。若い人は三ヶ月（見習い期間）で直ぐ辞めてしまう。若いひとは来ても続かないと思う。我慢しないから。客室係の仕事が嫌いでやめるのではなく、多くは人間関係で辞めていく。今日までわたしが頑張れたのは、離婚して一人で何もできないと子どもに笑われないようにと思ったから。それと、同郷の出身者が先輩にいて、よく目をかけてもらえたので続けられた。（六〇歳代・客室係一二年目）

あなたのように、「家庭の事情」（離婚や借金など）から逃れて、地方都市のサービス業集積地（温泉リゾート）の労働力として吸引されるには、女性労働者自身が「世間の視線」を内面化する装置が働かねばならない。自己の労働者としての価値の低位性（職業キャリア）を自覚し働くこと（「淡々とはたらく」「我慢する」）。入職・離職率が高い職場で、何年も働き続けることで、周囲の信頼（家族を含む）を獲得し、自己評価を高めることが可能となる。

6　おわりに

数年前、アメリカのジャーナリストが「格差社会」で働くために、潜入ルポ先に最初に選んだのはファミリーレストランのウェイトレスであった。その後、彼女の「低賃金職歴」は、高齢者施設の週末の食事介助のケアワーカー、メイドサービス会社の掃除婦（時給六ドル六五セント）、スーパーの店員とどれもサービスワーカーの仕事だった。彼女はこのサービスワーカーの仕事を探すうえで重要と思われることとして、経歴よりも、労働者自身の「時間を守る、きれい好きである、明るく柔順である」というサービスワーカーの特性を指摘した（エーレンライク、二〇〇六）。彼女自身の学歴・履歴はサービスワーカーには無用のものだった。今日のサービス労働市場では、サービスワーカーたちは特別な経歴やスキルではなく、その個々の資質（「明かるく」「柔順である」）で仕事に就けるのである。多くのサービスワーカーは、「恵まれた仕事（「やりがいのある仕事」）での自己実現ではなく、そのサービスワーカーとしての資質を評価してもらうことで、「恵まれない仕事」（「やりがいのない仕事」（「キツイ仕事」「低賃金の仕事」）での自己承認をめざすしかない状況に追い立てられている。

ここまでの整理から、あなたは、温泉リゾート地の女性従業員の先輩たちから仕事の心得を学ぶことができただろうか？　実際、温泉リゾート地のサービスワークの現場は、顧客満足度の向上や対人コミュニケーションのスキルの習得だけが求められる職場ではない。多くの旅館ホテルの従業員たちは、それらの感情労働を日々の肉体労働に付随して実践しなければならない。顧客ニーズへの対応は、つねに、旅館従業員の長時間労働とフレキシブルな働き方によって支えられてきた。そのなかで、旅館ホテルの多くが中小零細企業であるために、従業員の労働環境の整備を十分に行えない。実際、ある旅館の場合、客室係（仲居さん）の仕事は一日のルーティン化された仕事（客室担当）以外に、手があいている時間には、硝子磨き、清掃係からランドリー係などの他セクションの仲間を助けるフレキシブルな仕事を一日中こなしていかねばならない。

そのような労働環境のなかで、今日まで働き続けてきた先輩女性従業員たちは、あなたに助言するだろう。「他に仕事はない」「他に移っても同じ」「一からやるのは大変だ」と。

仲居さんは入れ替わりが激しい。「辞めるタイプ」はこの仕事が向かない人に多い。はきはきしない人、お客さんとの接し方がうまくできない人など、見習い一ヶ月目で辞めていく。辞める理由の一番は「人間関係」がほとんど。客室係の仕事はきつい。この仕事を長く続けている人はみんな肘や膝を痛めている（階段の上り下りで）。職業病だと思う。労働時間は客に合わせないといけないから長い。大変なのに続けてきたのは、他に仕事がなかった、働けるうちは働かしてもらう、他に移っても「いちからやるのは大変だから」と思ったから。（四〇歳代・客室係六年目）

多くの女性労働者たちは、自己実現として労働があるのではなく、労働者であり続けることで、家族や社会が受け入れてくれることを知っている。もはや働き続けること以外に、あなたはこの社会に存在することが不可能である（と思っているかもしれない）。

もし、あなたが、この仕事を辞めるとき、あなたにはどのような居場所があるだろうか――いまのあなたに居場所をみつけるために、わたしたちにも、あなた自身にも、もう少し、時間が必要だ。

参考文献

B・エーレンライク（曽田和子訳）（二〇〇六）『ニッケル・アンド・ダイムド』東洋経済新報社
E・ハイケン（一九九九）『プラスチック・ビューティー』平凡社
国土交通省編（二〇〇三）『観光白書』（平成一五年版）一四八頁
厚生労働省「平成二一雇用動向調査結果の概況」
門倉貴史（二〇〇九）『貧困ビジネス』幻冬舎新書
熊澤誠（二〇〇〇）『女性労働と企業社会』岩波書店
文貞實・武田尚子・奥山真知（二〇〇七）「都市下層と女性労働者――サービス業従業者特化地域の事例から」『現在日本における都市下層の動態に関する実証的研究』（二〇〇三～二〇〇六年度科学研究費補助金基盤研究（B）：研究代表　西澤晃彦）一一九～一二〇頁
野村正實（一九九八）『雇用不安』岩波新書一四四～一五〇頁
労働大臣官房政策調査部（一九九九）『平成一〇年産業労働事情調査結果報告書』労務行政研究所一五～一六頁
S・サッセン（＝田淵太一他訳）（二〇〇四）『グローバル空間の政治経済学』岩波書店
総務庁統計局『労働力調査』各年
武田尚子・文貞實（二〇一〇）『温泉リゾート・スタディーズ――箱根・熱海の癒しの空間とサービスワーク』青弓社
山根清宏（二〇〇九）「若者が埋め込まれる労働のかたち」中西新太郎他編『ノンエリート青年の社会空間』大月書店一七五～二二六頁

湯浅誠（二〇〇八）『反貧困』岩波書店
橘木俊詔（二〇〇六）『格差社会』岩波新書

注

（1）本論中に登場するインタビュー内容は、熱海温泉ホテル協同組合から紹介していただいた、旅館ホテルの経営者、従業員へのインタビュー調査（二〇〇四年から二〇〇五年に実施）及び人材派遣会社・配ぜん人紹介所でのインタビュー調査（二〇〇六年六月三〇日・七月二一日）に基づいている（文・武田・奥山、二〇〇七：武田・文、二〇〇九）。

（2）社会的排除の水準では、正規労働者／非正規労働者、労働者／失業者、男性／女性、日本人／外国人出稼ぎ労働者……というように、学歴、ジェンダー、国籍などによって労働者は階層化あるいは身分化・カテゴリー化される。この社会的排除と包摂がセットの概念装置としてとらえる場合、労働市場は排除するだけでなく、つねに包摂する場所を用意しているという視点が重要である（西澤二〇一〇）。ここで取り上げる温泉リゾート地のサービス労働市場（周辺）は、まさに、大都市のサービス労働市場（中心）から排除された女性労働者を包摂する労働市場に位置づけられる。

（3）たとえば、ここでいう「自己肯定メカニズム」としては、若者の不安定就労層が労働過程で労働へのインセンティブを獲得し、労働を継続する上で、労働の質に対する「社会的承認」（他者からの評価）が必要であるという指摘が重要である（山根二〇〇九：二一〇頁）。その前提として「社会的承認」を求める「動機づけ」がまず用意されることに注目する必要がある。

（4）『平成一〇年産業労働事情調査結果報告書』によれば、一日の労働のなかで忙しい時間、暇な時間の幅が最も大きな業種としては、旅館業は第二位である。一方で、調査対象の全業種の一日に平均の労働時間が一一時間二二分に対して、旅館業は二一時間一三分と最も勤務時間が長い職種であることが報告されている（労働大臣官房政策調査部一九九九：一五‐一六頁）。

（5）山根は、ノンエリート青年（低学歴・不安定就労層）が労働力移動の低層領域で頻繁に転職をする過程で「なんとかやっていく世界」を受容する姿に社会問題（貧困や失業など）を私的に処理するメカニズム（自己責任論の受容）がはたらいていることを指摘する。一方で、この自己責任論の受容の側面には、ぎりぎりまでなんとかやっていこうとする「人間的尊厳」を守る意志が働いている主体性に注目する（山根二〇〇九：三〇頁）。

（6）『朝日新聞』二〇〇七年七月二六日記事より。

（7）現在、社会問題となっている「貧困ビジネス」には、消費者金融、日雇い派遣会社、保証人ビジネス、「ゼロゼロ物件」（不動産）、生活保護宿泊施設（無料低額宿泊所）から病院まで、「社会的事業」・「なんちゃってＮＰＯ」などさまざまなものがある（湯浅二〇〇八：門倉二〇〇九）。近年、名古屋市内で東京のＮＰＯが運営している一六施設で、支給される生活保護費月一二万円の内一〇万円を徴収したことが問題となる（朝日新聞二〇〇六年五月八日記事より）。また、ＮＰＯ法人の生活保護費の詐欺事件（朝日新聞二〇一〇年五月三一日記事）、山口組系のＮＰＯ法人の生活保護費の恐喝事件（朝日新聞二〇一〇年六月一日記事より）など貧困ビジネスがらみの事件が相次いでいる。

（8）厚生労働省の「医師・歯科医・薬剤師調査」によれば、近年、小児科・産科などの医師数は減少しているが、精神科、美容外科の医師数は年々増加している（橘木俊詔二〇〇六：九九頁）。不況期にメンタルトレーニングや美容整形が流行る現象は、かつて、アメリカで、一九二九年株暴落後の大不況時代（全労働者の四人に一人が失業者）に、美容整形とカウンセリングが大流行した現象に酷似している（E・ハイケン一九九九）。また、近年、メンタルヘルス研修・講座をおこなうＮＰＯ・企業が増加している。アサーティブ・ジャパン（http://www.assertive.org/index.shtml）参照

（9）二〇〇九年の総務庁「労働力調査」によれば、女性雇用者を産業別にみると、「卸売業・小売業」（四七五万人／女性雇用者総数の二〇・六％）、次いで、「医療・福祉」（四五九万人／同一九・九％）、「製造業」（二九七万人／同一二・九％）、「宿泊業・飲食サービス業」（一九三万人／八・四％）の順となっている。また、雇用者全体における女性割合が五割以上を占める産業は、「医療・福祉」（七八・一％）、「宿泊業・飲食サービス業」（六二・七％）、「生活関連サービス業、娯楽業」（五九・三％）の順に高いことがわかる。特定の産業へのジェンダーの偏りが顕著なのがみてとれる。

（10）日本では、標準的家族モデル（夫が正規労働者で家計を維持し、妻がパートで働きながら、家事をこなし、老いた親をケアする役割を担う）を基準に社会保障制度が設計されており、従来の「家族モデル」から逸脱し（離婚・未婚者）、特別なスキルも経験もない女性労働者には働く場所が限定されてきた（野村、一九九八：一四四～一五〇頁）。

（11）高度経済成長期以降、旅館ホテル業界は、女性の社会進出が活発化していくなか、多様な職種が生まれ、長時間労働の旅館の女性従業員の仕事は好まれず、つねに慢性的な人手不足の業界であった。そのため、熱海など温泉リゾート地では、女性従業員への求人募集において、離婚などで、子どもを連れて住む場所に困っている中高年女性層にターゲットを絞った求人募集をおこなっていき、従業員確保のための家族従業員用の社員寮や保育園など開設するホテルも現れた（武田・文二〇一〇：一一四頁）。

〈中部学院大学教員・社会学〉

●非定住と差別

日帝敗戦以降の日雇労働者と寄せ場

松沢 哲成

第一章 占領体制を支えたもの

1．依然猛威を振るう労働力調達の官僚＝機構

公式の通史である労働省職業安定局編『職業安定行政十年史』は、日雇労働者をどういうふうに見、どのように扱ってきたか、巻末の年表も参照しつつ関係部分を書き出してみよう。

この公式歴史書は、職業紹介の項で先ず「昭和二十年、戦争遂行のための勤労動員が終止符を告げたとき、一切の混沌の中にあって、厚生省勤労局が先ず行わなければならなかったのは、日本に進駐した連合国軍のための労務供出という至上命令の遂行であった」[1]と記すとともに、また詳しく次のように言っている。

「……連合国軍労務の供給が、戦争の終結と同時に課された重大問題であったことは、『日雇勤労署設置に関する件』の通達（昭和二十一年二月二十七日）が『聯合国軍進駐部隊関係労務等現下日傭労務ハ愈々重要性ヲ加ヘツツアルニ鑑ミ之カ迅速適切ナル就労斡旋ハ最モ喫緊ナル要務ト被存候』と述べていることからも、この問題の重要性はうかがわれる。そして『聯合国軍関係労務取扱に関する件』というような通達は累次に亘って発せられ、特に労務供給業者の介在を排除することが連合国軍司令部の強い意向であったことからも、連合国軍労務の供出は重要な課題であった。昭和二十一年八月には聯合国軍関係労務地区別事務打合

会が主要地区の関係係官及び関係署長を集めて開催され、その労務充足への努力が傾注された。このようにして、労務の供出が多大の労苦と奔走の裡に遂行された」た、と。(2)

そうした彼らの労苦の結果、各種の制度改革が行われ、そうした改革のお蔭で当時緊急必須とされた「連合国労務、石炭労務、繊維産業労務」が充足され、戦後復興が成し遂げられた、と自己宣伝をしていたのである。さらに特記すべき事項を左記に摘記しておこう。

一九四五年一〇月六日　警視庁官制が改正されて、その管轄下にあった国民勤労動員署は勤労署と改称される（依然警視庁管轄下にあった）。

同月一一日　国民勤労動員令廃止され、勤労配置規則制定される。

一一月　職業紹介業務規定制定――「『日雇労務者ノ職業紹介ニ関シテハソノ大部分ヲ労務協会ニ譲ルコトトシタ』とされているのはこの間の事情を物語る。この労務供出［「日本に進駐した連合国軍のための労務供出」を指す］のためには、大日本労務報国会を改造して労務協会を作り、この手持労働者を活用するという窮余の一策がとられねばならなかった」というのである。

一二月二四日　勤労署の指揮監督は地方長官に変更（以前は国・警察機構下にあった）

一九四六年三月一六日　労務協会廃止され全国八六箇所に日雇勤労署を設置（三月九日公布）

日雇労働者紹介の業務手続と様式が統一的にまた細かく制定されて、「労働紹介が行われることとなった。しかし、これが労務供給業者の介在を排除して、日雇勤労署によって完全に把握、運営されるのは容易ではなかった。屡次の通達と日雇勤労署の労苦……この昭和二十一年から二十三年に亘る期間……」とある。(3)

こういったことからして公式歴史書でさえも、少なくとも一九四八年ごろまでは労務供給業者の介在と継続を認めていたことが知られるのである。

上野職安の場合は、以上のような事情を一役所として左の通り素直に告白している。

「……昭和七年都制改正に依り『東京市職業紹介所上野

出張所』となった。この頃より職業紹介所国営論が台頭したのであるが仲々捗らない儘過ぎたが、偶々蘆溝橋に端を発した日華事変は之に拍車をかけた。国家的見地に拠る労務の全国的適正配置を図る為には国営にせざるべからずとの趣旨を以て昭和十三年七月一日当時東京府市所轄の各紹介所は国営の東京職業紹介所並びに東京労働紹介所に統一され、當所も東京職業紹介所上野出張所と名称をかえ、東京府知事の指揮、監督を受ける事となった。事変は益〻進展するにつれ、国内に於ける労務の需給調整に全力を挙げる国は機構の拡大と能率の倍加を意図して十六年二月一日を以て職業紹介所を国民職業指導所と改称したので當所も「東京国民職業指導所上野出張所」と改めた。然るに労務調整令並びに労務対策の遂行に付国民職業指導所の機構は更に整備充実を必要とせられ、昭和十七年三月十日厚生省告示を以て當所も従来の一出張所より脱皮して独立の職業紹介斡旋機関としての「下谷国民職業指導所」に昇格した。機構として庶務、業務、登録及転職の四部が設けられた。同年十一月一日付を以て警視総監の指導監督を受けることゝなった。職員は待遇官吏より官吏となった。更に昭和十九年一日付「下谷国民勤労動員署」となり戦時下労務行政の第一線官庁として活躍したのであるが、ついに終戦に伴ふ平和国家への変革は動員署の機構、業務等にも変化を齎し、斯くして名称は幾変転を経て同年十月六日「下谷勤労署」となった。十二月二十四日付を以て東京都長官の指揮、監督を受けると共に敗戦後に於ける労務の監督並びに国民の完全就職を目途とする現業官庁として再出発をしたのであるが、本年［昭和二十二年］四月八日付上野公共職業安定所と改称するに至った。」[4]

以上は、このような公式歴史の伝えるところだが、実際の歴史過程はそのようなものではなかった。神奈川県公文書館所蔵史料は、その実態の一端を次頁下段のように赤裸々に伝えている。同史料は、一九四五年一二月二八日付の通達（あるいは命令）である。[5]「進駐軍関係労務供給業者」を公式の文書の中で認めた上「手数料三割」という高額のピンはねを容認していることが分る。一一月一日に遡って適用、というのだから、米軍が日本占領を開始して二ヶ月半程度しか経っていない時期のことである。

翌四六年四月八日には、米海軍基地司令部も「司令部命令第八十一号 日本ノ労務ニ関スル件」を発して次のように言っている。

「(8)(中略)作業ハ**日本人足頭または指揮者**ノ指揮監督ノ下ニ行ハル 米国人ノ監督ハ最小限に縮小セラル、モノトス **日本人足頭**ノ義務ハ

(a)……部労務官ノ指定セル時刻及場所ニオイテ**労務者ヲ集メル**コト

(b)彼ノ班**(部下)ノ行為ニツキ責任ヲ持ツ**コト、特に窃盗ヲ豫防スベシ

(c)彼ノ**部下ノ作業を監督指揮ス**……不熟練一般労務者ガ要求サレタル際ハ各二十五人ニ付一人ノ人足頭ガ要求サル、モノトス……」[6]。

この時期においては米占領軍つまりはGHQ自体が、これまで通りの親方制度を踏襲して労働者を支配監督し作業に駆り立てようとしたことが知られるであろう。「労務者」問題については占領軍の実態認識もそれ程進んでいなかったことが窺われるし、また政策姿勢もまだ定まっていなかったことが知られるであろう。

続いて一九四六年五月一七日小田原勤労署で開かれた

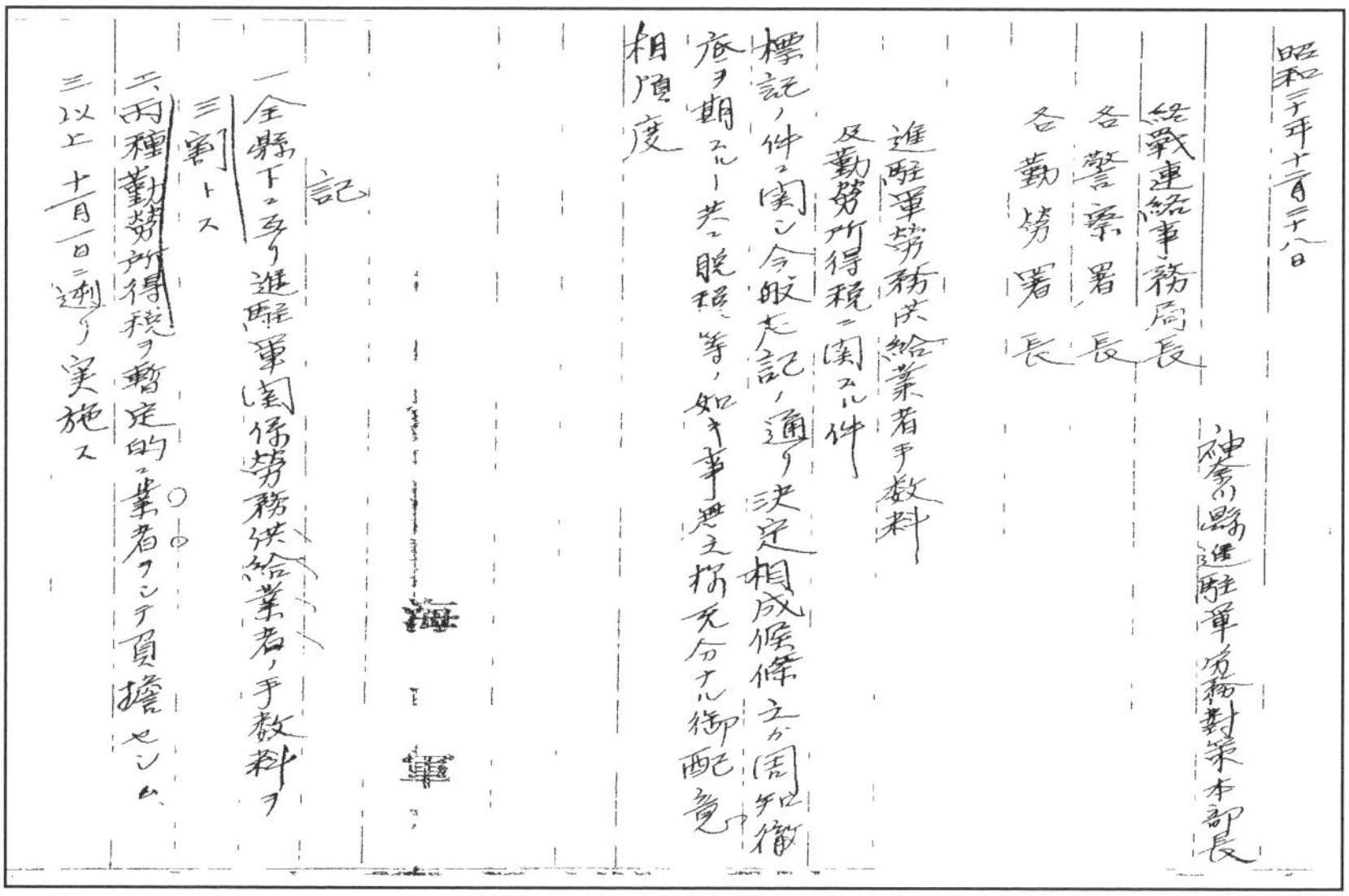
昭和二十年十月二十八日

終戦連絡事務局長
各警察署長
各勤労署長

神奈川県進駐軍労務対策本部長

進駐軍労務供給業者手数料及勤労所得税ニ関スル件

標記ノ件ニ関シ今般左記ノ通リ決定相成候條之ガ周知徹底ヲ期スルト共ニ脱税等ノ如キ事無之様充分ナル御配意相煩度

記

一、全県下ニ亘リ進駐軍関係労務供給業者ノ手数料ヲ一割トス
二、同種勤労所得税ヲ暫定的ニ業者ニテ負擔セシム
三、以上 十月一日ニ遡リ実施ス

「勤労署長会議」の史料の中にその「指示事項」として、次のようにあからさまに記されていた。

「一、日雇勤労署業務運営に関する件

三月二十八日厚生省通牒ヲ印刷配布ス．

労務供給業者ノ改廃ニツキ十分慎重ニ行フヲ要ス．従ッテ従来通リノ方法ニ依リ取リ行ハレタシ．

新タニ申請スルモノ許可セザルコトニ通牒済アリ．」

だが実際には、どういうふうに「慎重ニ行フ」というのだろうか？　先ずは、紐付きの外郭団体たる「日傭労務処理委員会」とかいう、労働者のエセ「自治的団体」を設け、それらの団体に従来労務供給業者が所有していた「諸器具、設備等」を買い取らせるか賃借させる、というのが一案。旧来の業者、所謂親方層はこれで金銭的に一息つけるというものである。温存策の一であるが、極めつきは旧来の親方たちを日雇勤労署の職員に取りたてると共に、労働現場では「世話役」を通じて労働者の指揮を行う一方、進駐軍労務士官との連絡に当たらせる、それに対しては手当を支給する、というのである。

驚くべきその〝提言〟を参照されたい。あまりにも露骨な旧体制温存策なので、読み難いけれど、敢て同史料の写真版と、解読したものとを左に掲げる。

［左記史料の解読］

「三、介在を排除せられたる労務供給業者及びフォアマンにして本人の希望するものは之を日傭勤労署の職員（無給職員）として採用し日傭勤労署の指揮下におき本人は同時に一般労務者として現場に於ては世話役の指導、勤労署に於ては進駐軍労務士官との連絡等に従事せしめ日給三十五円程度の賃金を新たに設定して之を支給しその者の生活不安をなからしめる如き措置を講ずると共に、別に労務者相互の推薦に拠る世話役を設けて基本賃金の外に一日五円程度の特別手当を支給し之を其の指揮下におくものとす」

聯合軍横須賀地区労務取扱暫行措置要綱

第一 聯合軍最高司令官又ハ聯合軍横須賀基地指令官（以下單ニ聯合軍ト称ス）ノ指示セラルル労務供出ノ取扱ハ別ニ定メラレタルモノヲ除クノ外横須賀地区ニ於テハ本要綱ノ定ムル所ニ依ル

第二 聯合軍ニ對シ提供スル労務、賃金其ノ他ノ給與及之ニ附随スル労務行政事務ノ責任機関ハ横須賀地区ニ於テハ~~横須賀地区ニ於テハ~~横須賀日傭勤労署トス但シ特ニ定メラレタルモノニ付テハ横須賀勤労署トス

第三 聯合軍ニ使用セラルル労務者、技能者其ノ他一切ノ者（以下單ニ労務者ト称ス）ハ終戦連絡横須賀事務局ト契約ヲ締結スルモノトス但シ労務供給業者其ノ他ノ團体（以下單ニ業者又ハ團体ト称ス）ニ所属スル労務者ナルトキハ其ノ業者又ハ團体ノ責任者ト契約ヲ締結ス

前項ノ契約ハ横須賀日傭勤労署ヲ経由シテ之ヲ行フ

第四 終戦連絡横須賀事務局ハ毎日午後一時ニ横須賀日傭勤労署ニ對シ聯合軍ニ於テ要求スル労務ニ関スル一切ノ措置ヲ通達ス

横須賀日傭勤労署前項ノ通達ヲ受ケタルトキハ日傭労務處理委員会ノ決定事項ニ基キ必要ナル措置ヲ講ジ其ノ顛末ヲ終戦連絡横須賀事務局ニ報告スルモノトス其ノ變更訂正等ヲ為シタルトキ亦同ジ

第五 労務者ノ集合 引率 引渡シ其ノ他就労上必要ナル措置ハ横須賀日傭勤労署ノ責任ニ於テ之ヲ行フ但シ労務者ノ引渡シ等ニ関シテハ必要ニ應シ終戦連絡横須賀事務局係官ノ立会ノ下ニ之ヲ行フモノトス

第六 労務者ノ集合 就労等ニ関シテハ予メ聯合軍ヨリ指示セラレタル日時場所ニ於テ之ヲ行フ

第七 通譯ハ聯合軍ノ指示ニ基キ労務者ノ集團別ニ之ヲ配置ス

通譯、終戦連絡横須賀事務局ニ所属シ其ノ指示ニ従フ

第八 労務者ノ集團ニハ必要ニ應ジ現場指導者ヲ置ク

現場指導者業者又ハ團体ニ所属スル場合ニ於テハ業者又ハ團体ノ責任者ヨリ横須賀日傭勤労署及終戦連絡横須賀事務局ニ届出ヲ為スモノトス

第九 横須賀日傭勤労署ハ予メ終戦連絡横須賀事務局ヨリ其ノ發行スル別紙第一號様式ニ依ル労務者就労票（Japanese Laborer Hiring Card）ヲ毎月請求スルモノトス

前項ノ労務者就労票ノ受拂ニ付テハ簿冊ヲ備ヘ其ノ受拂状況ヲ明カニスヘシ

労務者就労票ハ終戦連絡横須賀事務局ノ發行シタルモノニ非ザレハ之ヲ無効トス

第十 業者又ハ團体ノ責任者ハ毎月予メ必要ナル労務者就労票ヲ横須賀日傭勤労署ニ請求スヘシ

労務者就労票ノ受拂ニ付テハ第九第二項ニ準シ之ヲ業者又ハ團体ノ責任者ニ於テ整理スベシ

第十一 現場指導者ハ予メ横須賀日傭勤労署、業者又ハ團体ノ責任者ヨリ労務者就労票ノ交付ヲ受ケ職種別就労人員 就労場所 就労時間其ノ他必要事項ヲ記載シ

次に、前頁所載の史料は、四六年六月頃起草されたもので、発足間もない日傭勤労署の任務や役割分担などを規定しようとしたものである。これは横須賀の場合だが、他でも同じようなものがこの時期に制定されていたとみられる。こういった方向での取り決めは、同七月二九日付次官会議決定、三〇日閣議諒解ともなっているからである。

注目されるのは、第二条の、責任機関は横須賀日雇勤労署、場合によっては横須賀勤労署とされている点、第三条の、契約の当事者は労働者―終戦連絡横須賀事務所間だが日雇労働署を経由すること、ただし「労務供給業者その他の団体に所属する」労働者の場合は、その団体の責任者と契約するという点(一一条では単に「業者」とだけ記載されている)、第五条の労働者の集合、引率、引渡しは日雇勤労署の責任だが、「但し労務者の引渡し等に関しては必要に応じ終戦連絡横須賀事務局係官の立会の下に之を行うものとす」などである。また、八条にある「労務者の集団に……現場指導者を置く」は、追回しあるいはボーシンなどを示唆するものと受け取ることが出来、そうであるならばやはり旧来からの親方制度の依然とした存続を意味するものであろう。そして、本要綱に記載がない場合は終連横須賀と日雇勤労署が「協議の上必要の都度之を定む」と両機関の共同責任が明記されている二七条などが締めくくり的な規定として注意を引くところだろう。

次に、下記史料に日付はないが、「横須賀日傭勤労署」という名の入った罫線を使っているので、四六年三月から四七年四月までの間のもの、おそらく前掲暫行措置要綱と同じ時期頃のものと見ることが出来よう。

この史料の二枚目「備考1」の項目に「労務供給業者関係分」として「業者数八」「労務者数五七六四［名］」とある。翻って一枚目を見ると、馬淵組、隅田組、村田組、相模組、大工工事業統制組合、相模港運、阿部電気商会、日の出組の八社は、労務者賃金から一割五分も手数料を取っているし、扱っている労働者数を併せるとちょうど五、七六四名となり備考に掲げられている数字と完全一致する。こうしてみると、旧来からの親方制度を踏襲し、親方と子方＝人夫との間のいわば相互依存と苛酷な搾取とを基礎とした雇用関係、つまりは部屋制度―親方制度の温存に他ならないことが実証されていると断言して良いであろう。

この後年表をたどれば、下記のように表面上の民主化の進行していることが見て取れる。

一九四七年
四月七日　労働基準法公布
四月八日　**公共職業安定所、発足**（勤労署は四五五箇所の公共職業安定所に、日雇勤労署は八五箇所の**公共労働安定所**、にそれぞれ変更）。
一五日　厚生省勤労局、職業安定局と改称
二八日　特別調達庁法（連合国関係の物資と労務を扱う）、公布
九月一日　労働省発足。**特別調達庁、発足**
四日　連合国軍関係の労務提供について労供業者が介在したり就労強制が行われないよう通達
一二月　職業安定法、施行

それでは、この前後の時期、四〇年代後半から五〇年代前半頃の労働情勢はどのようなものであったろうか。

神奈川県労働部職業安定課『職業安定行政概要』

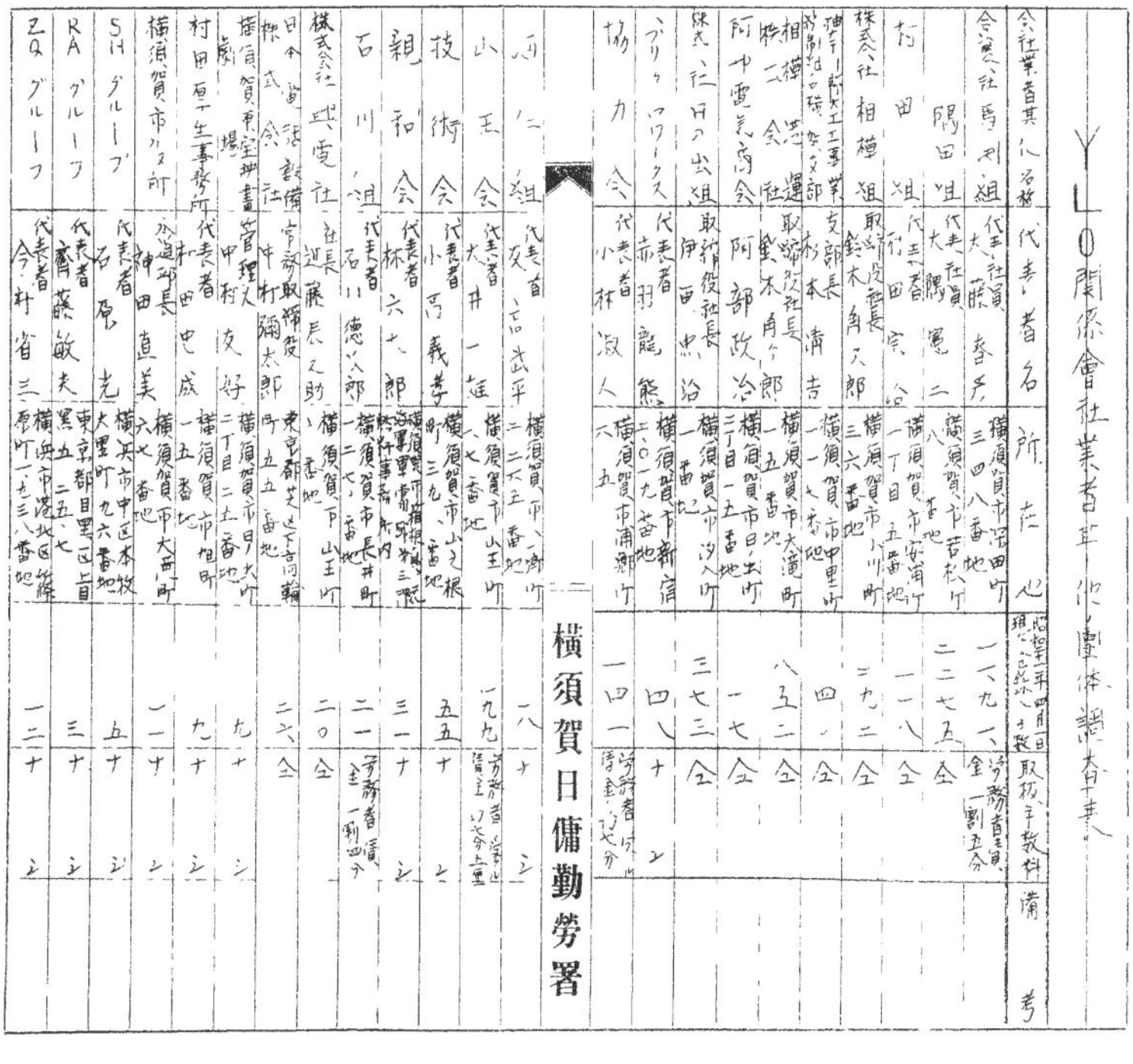

ＹＬＯ関係會社業者並に團体調査表

会社業者其ノ名称	代表者名	所在地	昭和二十四年四月一日現在登録人数	取扱手数料	備考
合資会社馬判組	代表社員 大藤春光	横須賀市深田町三四八番地	一、一九一	労務者賃金一割五分	
隅田組	代表社員 大隅寛二	横須賀市若松町八番地	二二七五	仝	
竹田組	代表者 竹田宗治	横須賀市安浦町一丁目五番地	一一八	仝	
株式会社相模組	取締役社長 鈴木角次郎	横須賀市小川町三六番地	二九二	仝	
神奈川県大工工事業協同組合横須賀支部	支部長 杉本清吉	横須賀市中里町一一〇番地	四〇	仝	
相模港運株式会社	取締役社長 鈴木角次郎	横須賀市大滝町一五番地	八五二	仝	
阿中電気商会	阿部政治	横須賀市日之出町三丁目一五番地	一一七	仝	
株式会社日の出組	取締役社長 伊西忠治	横須賀市汐入町一番地	三七三	仝	
ブリックワークス	代表者 赤羽龍熊	横須賀市新宿二〇一九番地	四八	十	
協力会	代表者 小林淑人	横須賀市浦郷町六九五	一四一	労務者賃金の七分	
両仁組	代表者 交吉武平	横須賀市[illegible]町二二六五番地	八	十	
山王会	代表者 大井一雄	横須賀市山王町一七番地	一九九	労務者賃金の七分五厘	
技術会	代表者 小高義孝	横須賀市山之根町三九番地	五五	十	
親和会	代表者 林六十郎	横須賀市楠ヶ浦 海軍需部 [illegible]	三一	十	
石川組	代表者 石川徳次郎	横須賀市長井町一二七番地	二一	労務者賃金一割四分	
株式会社共電社	社長 近藤長之助	横須賀市下町山王町一番地	二〇	仝	
日本電話設備株式会社	常務取締役 中村彌太郎	東京都芝区下高輪町五五番地	二六	仝	
横須賀東宝映画劇場	管理人 中村友好	横須賀市日ノ出町二丁目二五番地	九	十	
村田石工事務所	代表者 和田忠成	横須賀市旭町一五番地	九	十	
横須賀市水道所	水道部長 神田直美	横須賀市大滝町六七番地	一一	十	
SHグループ	代表者 石原光	横浜市中区本牧大里町九六番地	五	十	
RAグループ	代表者 齋藤敏夫	東京都目黒区上目黒五ノ二五七	三	十	
ZQグループ	代表者 今村省三	横浜市港北区篠原町一九三八番地	一二	十	

横須賀日傭勤労署

一九四八年版に、次のような少し纏まった説明が為されているので、参考としよう。

「五　連合国軍関係労働者職業あっ旋状況

職業安定機関においては連合国軍労働者を労務の要求書に基いて提供するのが日本政府の責任であり日本政府の内部においては直接提供責任を有するのは特別調達庁であって職業安定機関は特別調達庁の要求に対して労働者を充足あっ旋する責任を有しているのであって特別調達庁は求人者の立場であって安定所はこれに労働者を紹介するので職業安定機関は渉外労務機関とはさい然と区分され連合国軍に対する労務者提供の責任者は管理機関であるが究極においては同一の仕事を行っているので、両者の連絡提携は最も緊密を要する為**本県においては横浜公共職業安定所から職員二名常時横浜渉外労務管理事務所に派遣し、又県係官も毎週定期的に連絡を行っている。**

労務要求書の受領について、緊急発令の場合は電話をもって連絡している現地部隊から安定所が直接労務要求書を受領することは原則ではないが状況により労務の提供を行っている。次に労働者の取扱い配置について述べるなら常用労働者の配置については一般職業紹介の紹介過程と異なっていないが日雇労働者の取扱いは本県は特に多い為に、その方法については種々研究の上職員の訓練を実施して、これが取り扱いにあたっている。要求書は大体前日午后二時頃労務要求書を受領、翌日の募集準備を行っている。労務者は通常六時から七時に労働者集合所に部隊毎に集まり紹介票を各労務者に手渡し、安定所職員が管理事務所職員の立会の上部隊毎に職種別人員を点検確認し引渡確認証を作成管理事務所職員の受領印を受けることによって完了している。

本県における日雇労働者主なる御用部隊は四ヶ部隊にて現場における作業は**清掃片附等が最も多く**、其他**拡張工事修理船の清掃簡単なる修理等**である。最近における軍の要求は一、二〇〇から一、五〇〇人程度にて求職者が遙かに上廻っているのでこの過剰労働者は一般民間事業又は公共事業に紹介し、紹介しきれないときは隣接安定所の連絡又は市役所等に積極的な求人開拓を行っている。**顔付労働者**に対する指導は常用に切換えるよう指導している。部隊間の充足状況に関する調整については平等な取扱いを行っている。

本業務の迅速適確なる充足について、県係官時々出張指導を行っている、又軍政部労働課長とも密接なる連絡を取っている。(7)」

先の「暫行措置要項」と併せて、**この頃の米軍労務と日雇の関係についての概念図**を描くとすれば、おおよそ以下のようになるであろう。(元請のところで、終連は管理が担当で、労務提供担当が地方自治体の係ということになるのだが、実際は両者協力の形でやっていたといわれている)。

かつて日高六郎は、三木清の一九四五年敗戦以降の刑死を例として、日本の「民主化」は一九四五年八月一五日直後から始まったのではない、と論じたことがあるが(8)、それどころではない。ここでは取り敢えず、日雇労働における民主化は、表面的なそれでさえ、一九四七年の公共職業安定所と職業安定法の発足を待たなければならかったことを指摘しておきたい。労務供給業者に対する資本と官庁側の依存は、実際はその後も長く断続的に存していたのであり、また日雇労働者に対する監獄部屋的な奴隷的労働の強要は、昨今でもなお耳にするところであることにぜひ注意を喚起しておきたい(9)。

表層下で戦前から戦後へと連続していた官僚機構、ここでは取り敢えず厚生省から労働省に至る内務官僚、そしてその根幹部をなす警察官僚機構と、資本＝業者との相互依存および癒着が指摘されねばならない。そういった旧態依然の官僚機構が紛れもなく占領行政を下支えしたのであり、ひいてはアメリカの〃占領民主主義〃の基盤に他ならなかったことにヨリ注目していく必要があろう。日本近現代史について最も

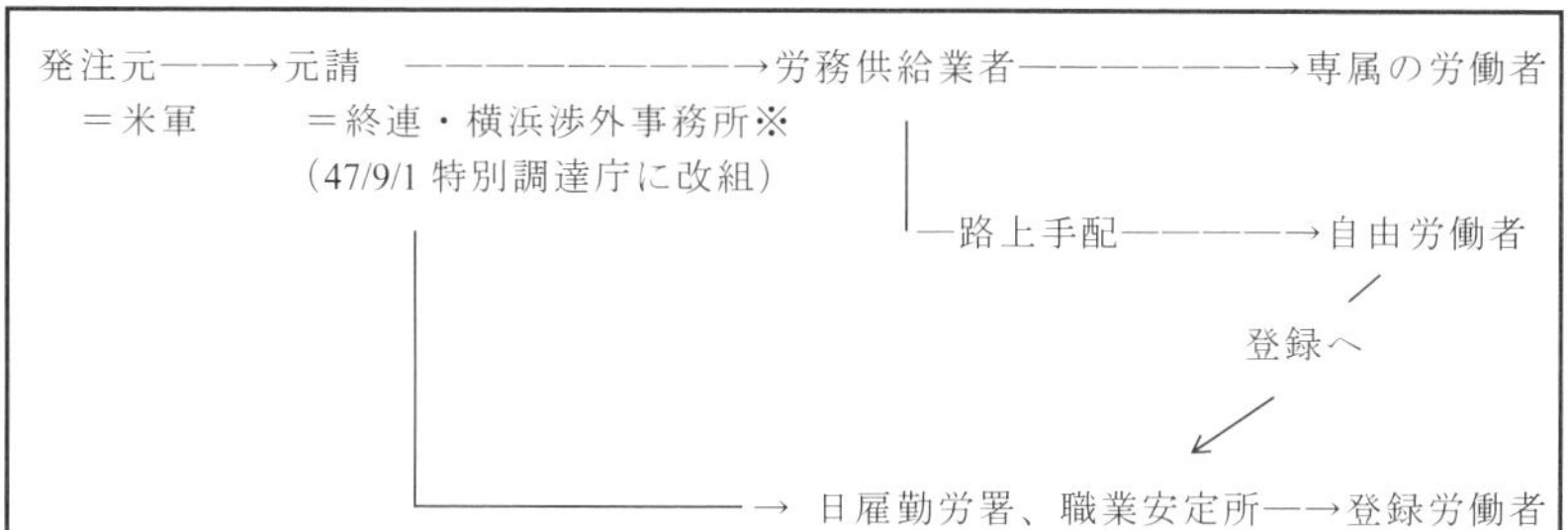

※東京都の場合は渉外部外務課（のち管理課）労務係が労務提供の担当であったとされている（『都政十年史』1954 年、207 頁）

確かな論をはるジョン・ダワーが、評判の近著『敗北を抱きしめて』などで強調しているような[10]、敗北に打ちひしがれた日本民衆がそれでもなおその敗北を抱きしめつつ果敢に〈民主化〉に起ち上がっていったという構図は、麗しい話ではあるけれど、ほとんど幻想でしかなかったと言うべきであろう。

その後のさまざまな改革の試みにもかかわらず、日本社会と権力機構の根源は、毫も変わっていなかったのであり、今日なお、この領域ではこの程度には良くなった、と言うほどのものが在るだろうか？ 下層の視点から見るならば、今日に至る戦後の歴史は累々たる屍の歴史、敗北過程以外の何物でもないのでは無かろうか！ 水平社会への路は未だ甚だ嶮しいと言わざるを得ない。もちろんそこに向けた一歩一歩こそが大事なのあるが。取り敢えず大甘の見方から離れて冷厳に戦後の歴史過程を見つめていこうと思う。明哲な把握と認識を欠くならば、どのような表現も空しくただの夢幻になり果てるばかりなのだ。

2．下支えとしての運輸機構
——国鉄と日通を中心に

日雇労働者を調達し駆り立てて進駐軍労務、坑山、繊維業へと投入していった旧内務を軸とした官僚機構であるが、それらの労務者を文字通り運搬し、その労働の成果を各地要所へと運んだのは、国鉄（及び日通）という運輸機関であった。また、占領初期から米軍を軸とし英豪等を含んだ日本占領軍を各地に運送し、朝鮮戦争時には兵員、武器弾薬、戦車なども運搬したのは、国鉄であり、その手先機関たる日通であった[11]。

国鉄から見ていこう。

一九〇六年西園寺内閣（内務は原敬）下で鉄道国有法が成立、翌七年全国主要幹線はすべて国有化され、一九二〇年原敬内閣により監督官庁として鉄道省が設置された（初代大臣は元田肇）。この国鉄は、日本資本主義の発達のため、ということも目指されていたけれど、軍事用途は更に重視されていた。国鉄自身の編んだ『日本国有鉄道百年史』は、その辺を次のようにサラッと断言している、「国有鉄道が実施した軍隊および軍用貨物の輸送は、戦時・平時を問わず明治三七年制定の「鉄道軍事供用令」（勅令第一二号）および取扱手続の原則を規定した「鉄道軍事輸送規程」（陸軍省令第三号）により行なわれてきた。これらの法規は大正・昭和を通じて若干修正されたが、ほとんど当初の規定を変えることなく太平洋戦争の終焉まで適用された」と。[12]ただし、日中戦争＝戦時体制突入以後は、「支那事変関係部隊ノ補充、交替、補給輸送ニ関スル特別規程」（昭和一二年陸支密第一五六二号）が制定され、動員輸送については動員計画令、軍需動員輸送については軍需動員計画令、遺骨輸送・患者輸送についてはそれぞれ別途の特別規程が定められ、作戦輸送はその都度命令される等複雑な体系となっていた」とされている。より詳細な法的取り決めが制定されたと理解されよう。

この間、一九三七年一〇月に政府の半額出資で**日本通運株式会社**が設立されて、巨大な国策統制会社として、国鉄と密に連携して国鉄の扱う貨物の取りさばき、すなわち小運送業務を一元的に独占する元請機関として、各駅や現業会社の上に君臨した。[13]日通、いわゆるマル通は、一九四一年一一月現業部門に進出するとともに業者の統合を推し進め、「敗戦時には……一部の地域をのぞき、**全国的に統合をおわり**、小運送業の全体にたいし資本金の八三・七％、従業員数の六二・六％、トラック台数の八〇・九％、発着扱数量の七二・六％を占めるにいたった」とされていた。[14]

ところで国鉄ではその後、「昭和一九年の夏……本土決戦体制下において機動的な軍事輸送を遂行する」ために「規程を簡素化」し「集約整理」して、「軍内部規程としては『大東亜戦争間ニ於ケル陸軍軍事輸送処理規程』、鉄道と軍部との間の取扱手続としては『大東亜戦争間ニ於ケル内地鉄道軍事輸送処理規程』」が取り決められたという。「前者は全鉄道・船舶にかかる軍事輸送一般に通用し、鉄道と船舶との一貫輸送計画の処理要領および担任ならびに輸送手続を規定し、後者は内地鉄道に限定される鉄道軍事輸送に関する手続いっさいを包括規程としたものであった」とされる。こういった規定に従って、「作戦・補充・補給・移動・移駐・教育・軍需動員・還送・帰還・患者・遺骨・俘虜・演習・斡旋[15]」等軍事関係の全分野において、国鉄は日通と相い携えて[16]、大日本帝国陸海軍の手足となり、これにごくごく忠実に仕えたのであった。犬馬の労を厭わず、という表現がぴったり当てはまろう。

日本の敗戦後、国鉄と日通の連係プレーは、強固に受け継がれていった。運輸、いわゆる旧内務官僚とその機構は敗戦という事態にもほぼ変わりなく持続していたのだし、占領軍の方もそれを最大限利用したのであった。

当時日本占領米軍の「輸送に関する最高責任の衝にあった」のはベッスン代将であり「計画及び政策面に関しては総司令部から、又実体輸送の面に関しては第三鉄道輸送司令部からそれぞれ指令が発せられた」。総司令部には「下部組織として……民間運輸局」が新設されて「国内運輸の組織的管理にあたり」、実際の運営運送には第三鉄道輸送司令部の下に地区司令官、「現業機関として鉄道輸送事務所（RTO）が置かれ」て、実際業務を指令していったという[17]。

この第三鉄道輸送司令部というのは「ペルシャ作戦に偉功を樹てた歴戦の部隊で、機関士・駅長まで任命し得るスタッフを持っており、当時比島にあって日本への進駐を待機していたが、九月四日司令官ベッスン代将の東京地区視察の結果、現場実務者の必要を認めず、管理のみの把握によって輸送遂行に支障なしとして、その管理郎門だけの進駐に止まったものである」と説明されている[18]。米占領軍には運営の実質を担う力はあったのだが、日本の鉄道など既存の運送網が使えるという考えであったことが知られる。「但し運営適切を欠く場合は米軍当初の企図（上陸前は高度の軍管理を企図しありたり）の如く軍管理を実施すべし」としっかりと脅しをかけていた上であるが[19]。しかも「**米軍の輸送は絶対優先として之が完遂を期せられたし**」とまで追い打ちをかけられていたのであった[20]。

かくて、運輸省は担当部を新設して懸命必死に進駐軍輸送業務を荷ったのであった。

その有様を、『日本国有鉄道百年史』は「連合軍輸送実績」として以下のように俯瞰的に描写している。一九四五年被占領期開始から五一年講和までの時期について、彼ら運輸官僚なりの全体像を描いたものと見なせるであろう。

「昭和二〇年八月二五日、横浜地区への進駐を皮切りとして関西・山陰・北陸・中国・九州・東北・北海道の各地方、いわゆる日本全国に進駐を開始した連合軍に対する鉄道輸送は、戦争により極度に荒廃した輸送施設と、敗戦後の極端に悪化した燃料資材の悪条件のなかで実施された。

さらに、この連合軍に対する輸送は、その後、日本国内で調達した木材・セメント・石材など所要資材の輸送、あるいはジープ・トラック・大砲など補給基地への輸送、また演習のための兵員・兵器輸送などが行なわれた。特に、米第八軍技術部における調達輸送は、日本進駐陸海空全米軍の施設面を担当していたため、その所要資材も膨大で占領軍調達物資輸送の大半を占める状態であった。

また一方においては、昭和二一年一月から個人で旅行する軍人・軍属およびその家族に対する連合軍定期専用列車が、東海道本線・山陽本線をはじめとして各主要幹線に設定された。同時に都市の近郊およびレストキャンプとの往復旅行には、一般旅客列車や電車の一部に専用客車、いわゆる白帯車が連結されるなど、その輸送範囲はしだいに拡大されるに至った。

したがって、これらの輸送に対する車両面においても、寝台車・展望車等の優等車がまず連合軍専用車として指定され、さらに、これはタンク車・冷蔵車から逐次一般客車にまで波及した。同時に専用指定の一部車両は、連合軍の使用目的に沿うため、特別車・ラジオ車・クラブ車等、わが国の鉄道にはない車種に改造のうえ使用され

右は、下関駅に着いた米軍・海兵隊 1945年10月6日
車輌の真ん中にUS MARINESと書かれているのが見える

（『世界史の中の一億人の昭和史』第6巻、1978年刊、6〜7頁）

↑
上は、米軍専用のクラブカー
（前掲『日本国有鉄道百年史』920 頁）

オフ・リミット

右→
「進駐軍の管理下に置かれ『米軍ノ輸送ハ絶対優先』とされた国鉄では、展望車・寝台車など総動員で進駐軍専用列車を運行、スシ詰め窓なし列車の一般旅客をうらやましがらせた」とある
（前掲『世界史の中の１億人の昭和史』６巻、20 頁）

右→
食糧不足で買い出し列車は超満員（写真提供・毎日新聞社）（『陸と海と空と』日通写真集 1987 年刊から重引）

右→
東上線池袋駅のイモ電車
米、小麦粉、麦、イモなどの買出し風景
1947 年 3 月

（『一億人の昭和史』５，毎日新聞社 1975 年刊、42 頁）

た。しかも、これらの連合軍に対する輸送は、昭和二七年四月、日米講和条約の発効まで絶対優先の至上命令として実施され、一般の民需輸送に相当の影響を及ぼす結果ともなったのである」と。[21]

一般の日本人は、鉄道切符をとることが至難であり、ようやくにして入手した場合にも席を確保するのがこれまた非常に難しく、しばしば窓から入らざるを得ないような状況・時代であったときのこと……そういった食糧不足の敗戦日本人を尻目にかけて、〈進駐軍専用〉車は走り来たって列島各地の各地点の占領配置に就き、また専用の白帯車を飛ばして颯爽と遊びへと赴いたのであった。

さて、政府の一機構であったこれまでの国鉄も、米占領軍による民主化のそれなりに強烈な洗礼を受けざるをえなかった。一九四九年六月一日付でこれまでの国有鉄道は公共企業体（Public Corporation）に改組され、名称は日本国有鉄道、国鉄総裁をトップに戴きつつも、新たに設置された運輸省・大臣以下が監督に当たるという新体制となった。[22]

当時の強力な国鉄労組に対する対策として、政府の機構から切り離しつつもその監督の充分行き届く公共企業体なるものを導入したことは、各種の公団と同様に日本の戦後＝（被）占領史を特徴付けるものの一つとして注目されるところである。占領民主主義の性格ともども詳しい検討、考察は、戦後史研究上いずれ必須であるが、今は指摘に止めたい。このとき、小運送独占会社の日通も、戦後〝民主主義〟改革の洗礼を受けている。ここでは詳述を避けて、いちおうの指摘に止めておきたい。[23]

今は、そういった占領民主主義による新体制・機構の下で、国鉄が朝鮮戦争の基軸的支援網をなしたことへと、若干ながら筆を延ばすことにしたい。国連軍支援という名目で米軍を全面的に支えつつ日本は朝鮮半島における統一政権の自立化を実際に妨げ、また米傀儡政権たる韓国に対する露骨なテコ入れに強く加担したのであった。

その際、国鉄が戦前期において帝国陸海軍の手足として戦時総動員体制を支えた経験が多いに役に立ったとして、前掲『貨物鉄道百三十年史』が次のように説明している。

「昭和二五年度初め、前年度から減少傾向を示していた輸送需要はさらに低迷を続けていたが、朝鮮戦争の勃発は輸送にとって大きな衝撃を受けることになった。短時間のうちに膨大な兵員と資材を朝鮮に輸送するため車両・施設とともに最大限の動員が要求されたのである。昭和二五（一九五〇）年六月二五日、戦争がはじまると、連合軍はまず、軍用物資の輸送を開始し、開戦の翌日二六日には弾薬輸送のため約四〇両の貨車を動員した。

これを皮切りに、陸前山王・田辺・逗子などの火薬庫から火薬が瑞穂・筑前芦屋・小倉などへ、赤羽から戦車・火砲の輸送を開始し、臨時貨物列車は六月二六日一本、二七日二本、二八日六本、二九日一〇本と急増した。さらに六月三〇日、在日米軍に出動の指令が発せられ、第三鉄道輸送司令部は直ちにその手配に着手し、**膨大な軍事輸送が開始された**。兵器弾薬のみの補給輸送と異なり、軍隊の出動は兵員と資材、食料とを同時に輸送することになり、その量は膨大なものとなった。これまでの進駐軍の輸送とは全く異なる状況になり、**第二次世界大戦時の軍事輸送と同様の姿勢で臨まなければならなかった**。

第三鉄道輸送司令部の輸送指令は、特に貨車に対する場合、大量の貨車を、しかも形式をある程度揃えて指令箇所に配車・集結させるという内容のもので、国鉄自体の輸送計画に割り込んでくる状況であった。しかも現地部隊からの要求と司令部から指令と食い違うことが多く、全くの混乱状態になるなど関係者の苦労は並大抵のものではなかった。

このことは、船積みその他の着地においても同様で、門司・小倉・遠賀川・博多・佐世保などの着地では荷役能力が不十分であるにもかかわらず、一斉に全国から輸送されてきた兵員・資材が充満し、**貨物の取卸しすら出来ない状態**であった。この混乱は七月中旬まで続いた。

七月下旬頃から混乱は沈静に向かったが、朝鮮戦争は長期化する様相を見せてきた。そのため、国連軍への補給は日常的になり、兵站司令部が日本国内に設置されて国内の米軍補給廠が、作戦に応じて補給態勢をとるようになったため、国鉄はこれに即応した輸送設備と輸送態勢を整備する必要になった。このように朝鮮戦争は国鉄の輸送態勢に大きな影響を及ぼし、昭和二八（一九五三）年七月の休戦に至るまで、一種の臨戦態勢のもとに置かれた。また、国内産業は戦争関連の需要の急増によって活気を呈しはじめ、特需貨物の輸送は引き続き増加を続け、国鉄は再び輸送難の時代を迎えることになった。[24]」

敗戦後極度に疲弊した設備や資材不足の中であえいでいた国鉄が、混乱と疑惑の中で大量解雇を断行して組合運動を抑圧、朝鮮戦争への軍事輸送を〈臨戦態勢〉の中で敢行して再び生きかえり、いや寧ろ前にも増して活気を取り戻していった様が、ビビッドに映し出されているだろう。朝鮮民族間の闘争＝相剋を、米ソ対立が引くに引けぬほど大きく深い対立にまで煽ったのであった。南北の相剋は一朝一夕には解決され癒されないほど深く暗い。しかも、朝鮮は元日本植民地である——日本が植民地朝鮮に対し恣の抑圧と飽くこと無き搾取を冒してきた暗い過去を持っているにもかかわらず、そういったことはいっさい無かったかの如く、今はその地から、その民族相剋のなかから、かぎりない富を得ているのである。旧被植民地たる他民族の内戦と殺し合いによって国鉄は「活気を呈しはじめ」潤い「再び輸送難の時代を迎え」たのであった。そして、日本経済の各方面もまた同様であったのである。

なお、一九四七年に創設された鉄道公安制度であるが、その職員に武器を持たせるか否か議論が続いていたところ、この朝鮮戦争勃発直後の五〇年七月三〇日に「鉄道公安職員の職務に関する法律」が国会を通過し、同八月一〇日公布施行された。その七条に「鉄道公安職員は……小型武器を携帯することが出来る」、八条に一定の範囲以内において「武器を使用することができる」とあった。[25] 米占領軍からの外部圧力で——イヤイヤながら——軍事輸送をやった、臨戦態勢をとったというばかりではなくて、**朝鮮戦争の下で国鉄自身が武装し〈軍事化〉した事実**を我々は忘れてはならない。

それはまた、逆コースから反動へ、そして日帝復活への一里塚でもあった。警察予備隊から保安隊へ、そして自衛隊という名の軍隊の復活は、その一つのメルクマールであるし、米軍基地を沖縄から佐世保、横田、三沢等々全国へと設置したのもそのもうひとつの証しに他ならない。

従って、この朝鮮戦争の時期における日本国内の各種反対＝反体制運動の占める意義と役割は、決して小さいものでは無かった。その筈であった。しかし、現実には、当時の日本共産党の分裂騒動—内部闘争の中で、闘争＝運動の位置と意味は低められざるを得なかったのである。

そのあとの歴史過程を振り返ってみると、失われたものはあまりにも多くかつ大であったろう——教育の反動化、破防法から警職法制定へと治安立法の乱発と司法の反動化、また小選挙区導入等を通じた自民党と独占資本の権力壟断の試み等々、歴史の流れは朝鮮戦争下の日本の中でひたひたと進行していったのであった。

朝鮮戦争によって日本帝国主義は復活への糸口を掴み、政治の反動化＝抑圧体制強化の方向へと大きく舵を切ったと言うことが出来よう。

第二章 戦後初期における寄せ場の形成

1 寄り場と寄せ場——その違いについて

本寄せ場学会において兼ねてから、寄場は寄せ場と読むのか寄り場とすべきなのか、どちらが正しいのか、という議論があった。また、そういう風に一括はせず、現場闘争委員会や釜ヶ崎共闘会議はヤマ（山谷）とかカマ（釜ヶ崎）と言っていた、という説もあった。

労働省の公式誌『職業問題研究』に、これに関連して次のような記事があった。

「溜場　日雇労働者が、自然発生的に集合して封建的な売買の方式において求人者に買われる場所をいう。

寄場（よりば）　日雇労働者が、自主的に、若しくは斡旋機関の指導により一定の秩序をもって求人者と結合する形態、即ち就業方式において溜場よりやや進歩したものをいう。(26)」

「一定の秩序」とは何か？「斡旋機関の指導」とは何か？　――溜り場とは、つまりは日雇労働者たちが自然に集まりそこで路上手配が行われている所なわけだ。労働力の売買であるのだがそれに敢て「封建的」という形容詞を被せるのは、手配師あるいは労働ボスつまり部屋制度における親方が、日雇労働者を雇いに来るという意味に他ならないであろう。キチンとした契約もせずに、親方の裁量で賃金を支払う「掴み銭」方式も罷り通っていたらしいからだ。[27]

しかし、そういった溜り場に介入するのが「斡旋機関」でありその「指導」だというのである。政府労働省管轄下の職業安定所によるそれであり、結局は公権力の介入以外の何物でもない。「自主的に」「一定の秩序をもって求人者と結合する」場合もあるというが、その場合も〈公による指導〉と無縁とは言えないのであろう。所謂自主規制だ。……そうした結果は何を齎すのだろうか？　今までは至る所に溜り場をつくり手配師または親方と自由に取引をしていたものが、一定の場所でしか労働力の売買が許されないという結果であったろう。そしてその許された場所、つまり〈寄り場〉には、自治体などが建物や設備、「福利厚生施設」を設けてテコ入れをし、そうすることによって他の許されざる場所での手配を規制していたのだ。

この後一九五〇年九月頃以降、大阪府において「日雇労働者寄場の増設拡充」が予算執行され「日雇労働者福利施設の新設」も一部実行に移されていったという指摘がある。

前者については、「日雇労働者の集合状況に対処し必要な寄場を増設（五ヶ所）及び整備（二ヶ所）を行う。各寄場に拡声器を備付ける等紹介事務の円滑化を図る」と説明されている。後者に関連しては、「寄場の完備に伴い逐次炊飯所、売店、散髪所等の福利厚生施設を新設し将来簡易浴場の設置等について計画している」、とされている。[28]

要するに、一部地域における路上手配の合法化――他の所での路上手配の禁止という意味でもある――を、建物・設備などを設けることによって補強しようする考えであり、施策と言えよう。

これと非常に似た次のような施策が、一九五一年一二月横浜商工会議所によって提案されていた。この朝鮮特需をもっけの幸いとして「日本独立」以降の横浜港の充実を企図し、港運業や商業等を通じ横浜の事業利潤をさらに上積みしようとする資本の動きと言えよう。註(29)に書き出した〈提案趣旨〉に、そのことは如実に表されている。長くなるので、ここでは、その具体的な提案だけを書き記しておく。「**寄場は船内荷役労務者にとって最も重要且緊急を要する施設**」である、としてさまざまな福利厚生施設等の設置を要望していたことに、とりわけ注意を喚起しておきたい。横浜商工会議所の場合、溜り場を寄場化するため、設備設置を特段に重視していることが注目をひくところである。

「横浜港港湾労務者福利厚生施設に関する要請の件
昭和二十六年十二月五日
横浜商工会議所会頭　原 良三郎（中略）

記

（一）寄場の設備

寄場は船内荷役労務者にとって最も重要且緊急を要する施設で、荷役増進に不可欠の施設であるから、本要望の第一着手として実現せられたい。この構想概要次の通り。

（イ）設置場所としては南桟橋通り海運局向側空地（約一一〇坪）が最適である。

（ロ）建築は鉄骨組立式外装モルタル仕上三階建（延約二〇〇坪）を理想とする。

（ハ）構造は一階表側を事務所或は店舗として裏を寄場とする。二階に簡易食堂、理髪等の諸施設をなし、三階を業者の事務所とする。

（ニ）建設費概算二、〇〇〇万円（坪一〇万円、二〇〇坪）

（ホ）本施設は横浜市の所有とし、之れが管理運営はこの面に関係の深い適当なる者に委任経営せしめる。

（二）港湾労務者用民生館（仮称）の設置

港湾労務者特に艀回漕労務者を主たる対象とする民生館（仮称）の設置は港湾荷役作業能率の増進上欠くべからざる厚生施設である。艀回漕労務者は港内広範囲に亘り存在する艀溜りを利用する関係上、是等労務者を対象とする厚生施設（民生館）は、彼等に最も便利にして利用効率高き場所を選び、最低二カ所の設置を必要とする。尚この施設は艀回漕労務者のみならず船内及沿岸荷役労務者等全港湾関係労務者にも共同利用せしめるものである。

（イ）設置の場所

1 万国橋附近に一カ所

2 山の内附近に一カ所

(ロ)建築は夫々鉄骨組立式外装モルタル仕上、二階建延一五〇坪とする。

(ハ)施設内容は

1 会議室兼休憩室畳敷二十畳一、十畳一、六畳二

颱風等非常時には労務者を収容する為にも使用する。

2 労務者用日常品売店及購買施設約五坪

食料品、衣料品、日用品等を市価よりも安く衛生的且容易に購入出来る売店並に共同購入施設、将来は生活協同組合施設にまで進展すべきである。

3 簡単なる食堂、約十五坪

麺類其他簡単な食事と喫茶を兼ねる。

4 浴場及び理髪設備、浴場十五坪、理髪五坪

共に就業の合間に安価、安易に利用出来るようにする。

5 医療設備約十五坪

外科、内科、歯科等を設置、健康診断並に診療を行う。

6 産院設備、六畳敷三室

布団、自炊用具等も設備し、労務者が安易に利用出来るようにする。

7 その他事務室、電話室、倉庫、管理人宿泊室等を設置する。

8 モーター附小型サンパン一隻宛を連絡及輸送用として備付ける。

(ニ)建設費概算

一戸 概算一、五〇〇万円(坪一〇万円、一五〇坪)

二戸合計三、〇〇〇万円。

(ホ)本施設は横浜市の所有とし、之が管理運営は関係業者協力の下にこの面に関係の深い適当な者に委任経営せしめる。

(三)港湾労務者の福利厚生施設と最も関係深い艀溜りの施設については、元来横浜港の姿形上京浜運河を初め其の他の河川運河等優秀なる艀溜りが存在しているので、特に新設の要がないが之れ等の利用効率を高める為左記各項の施設を速に実施せられ度い。

(イ)京浜運河並に各河川の艀溜りの川岸の改修

(ロ)共同水栓の増設

(ハ)舫杭及電燈の増設

(ニ)水路面の清掃及障害物の除去

(ホ)横浜港内に於て最も便利、優秀且つ安全なる艀

溜りは新港桟橋裏側一帯の水域であるが、目下接収中であるから之が解放の促進を望む。
（へ）海面就中艀溜りとして使用される水面の埋立に付ては、港湾作業能率に及ぼす影響の甚大なるに鑑み、これが実施に当っては予め商工会議所並に関係業界と協議の上施行されたい。(29)」

港湾労働者の「福利厚生」政策を講じつついっそう搾取を強めようという〈豚は太らせて食え〉という政策に他ならず、山谷・ドヤ主や業者らが炊き出しをやって労働者を山谷に集めようとした目論見と軌を一にするものと言えよう。(30)

2 初期寄場の相貌

先の芝浦職安は、戦後最初期の進駐軍労務と新しい寄場の形成について、さらに詳しく左のように説明していた。

「終戦後において最も多数の日雇労働者を、しかも集団的に必要としたのは**進駐軍関係労務**であって、この需要に対しては、新興労働階級とも称すべき青年層の**復員者**が就労することゝなった。復員者という特定のものに限定した訳ではないが、従来からの日雇労働者は進駐軍作業における環境、すなわち時間的制約及び規律に堪えることが容易ではなく偶々就労しても翌日は就労を拒否する実情なので自然こういう形になったのである。

彭湃として街頭へ進出してきた新興労働階級は、進駐軍作業が整備されるにしたがって常傭的日雇労務から常傭労務へ逐次切り替へられ、日雇的性格を精算し、職業人として一定の職場へ定着することゝなった。他面進駐軍関係労務の需要も作業の整備に伴って漸時(ママ)減少の傾向をたどってきたゝめに、それまで進駐軍関係労務という特定の労務形態をとってゐたこれら新興労働階級は、日を追うてアブれる機会が多くなってきた。

そこでいちおう職業人として職場へ定着した彼等は、**再び日雇労働者として街頭へ**溢れてきた。而して彼等が、**戦前より慣習的に日雇労働者として残存していた労働者と合流**して、進駐軍作業場の隣接地、又は、従前寄場のあった地域へ自然発生的に新しい寄場を形成するに至ったのである」と。(31)

即ち、復員した若者や失業者などを中心にして言わば新興労働者階級が形成されて、それらが中心となって進駐軍労務を荷っていった。が、その仕事＝進駐軍労務は、一方で常雇い労働（者）に切り換えられ、他方で仕事そのものが減少していったために、多くの労働者が進駐軍労務からはじき出され、日雇労働者化し**新日雇層**となっていった。それと、旧来からの日雇労働者とが合流して、「進駐軍作業場の隣接地、又は従前寄場のあった地域」などに集まり溜まり、日雇仕事の斡旋を受けたりアブれたりすることとなった。つまり、新しい寄場を形成していった、というのである。

「新興寄場」は港湾地区といった旧来の寄場と、進駐軍作業場を中心とする、あるいはその近辺の工場地帯とに分かれたとされている。前者、つまり港湾地区など旧来からの寄場では、それまでの港湾労働者たる「アンコウ」の勢力と新興労働者の勢力とが伯仲し、各々その利害を相争っていたという。以下、もうすこし引用する。

「所在的に観れば、大別して港湾地区と進駐軍作業場を中心とする工場地帯と二分することができる。**港湾地区の寄場**は、アンコウの勢力と新興労働者の勢力が相伯仲し、各々その利害を相争ってゐる。アンコウは自分のもつ技術的格付（沖仲仕、陸仲仕等）に、一種の誇と自信とを持ってゐて低賃金では仲々買はれない。その日の需要（求人数）と供給（労働者数）の實情を判断して賃金を釣上げ又は引下げを行う。一方新興労働者はアブレをおそれて低賃金でも先を争って飛付いてゆく。そこで両者問に摩擦を生じ、時には血の雨を降らすが如き不詳（ママ）事態が發生することがある。

彼等の離合集散の實状を適確に把握することは容易でないが、彼等は早朝、恰も勤労者が日々自己の職場へ出勤するが如く寄場へ出頭する。當日就労する意志の有無にかゝわらず一應は出頭するのである。求人者に買はれて就労する者が職場へ行った後、アブレた者は少くとも午前中、稀には終日寄場にあって雑談に耽ってゐる。又寄場を闇物資又は盗品の売買取引場として利用している者もある。

寄場構成員の顔ぶれは大体決まってゐて、寄場から寄場へ転々と移動することは稀である。

地域的に需要と供給のアンバランスが生じた場合は、斡旋機関の需要調整か、又は彼等自身の聞込みによって、多数求人のある地域へ流動してゆくが、これはあくまで求人口、即ち作業場への移動であって、寄場への人口移動ではない。彼等の出頭する寄場は、依然彼等の帰属する寄場である。例示すれば、A寄場において求人数が急増し需要に應ずることができなくなったため、労働安定所の斡旋か或は求人者の買出しによって、B寄場より多数の日雇労働者をA寄場地域の作業場へ送り込んだとする。この作業が進駐軍作業における労務需要の如き稍々継続的なものである場合においても、彼等は直接求人者と結合し、又はA寄場へ帰属することが、求人者、求職者両者にとって利便であるにもかかわらず、翌日は依然B寄場へ出頭して、労働安定所の斡旋か、求人者の買出しを待ってゐるという状態である。

港湾地區寄場労働者を職種別に観れば、その主流は**仲仕**であるが、さきに述べた新興労働階級の街頭進出と、進駐軍作業の機械、設備による荷役作業の合理化、加之職業安定法による労働者供給事業の禁止等の理由によって、封建的荷役労務の形態が崩壊に頻してきて、アンコウの存在價値が逐次薄弱になりつゝある。他に**自動事上乗・倉庫雑役、荷扱運搬夫**等であるが、通常日雇労働者の職種は、求人者の需むる職種によって決定される場合が多く、労働者個人の技能によって就労先を選定する場合は極めて稀である」(32)

早くも、特定の寄場に労働者が帰属する傾向のあることが指摘されており、注目される。またその頃、港湾荷役やトラック助手、倉庫雑役、一般に運搬夫の仕事などのあったことが知られる（一九七〇年代頃まではそういった仕事が寄場あるいは寄せ場にあったと、八〇年代の寄せ場労働者から聞いたことがある）。

アンコウ＝仲仕の凋落ということは、進駐軍労務関係では言えるとしても、その後日本経済の中においてある時期まではその役割は大きかったことは否定し得ないところである。少なくとも朝鮮戦争では大活躍をしているので、その凋落は一九五〇年代末から六〇年代であろうと思われるが、今後全港湾等について検討していく中で、詳しく見ることにして今はこういった簡単な指摘にとどめる。

次に、工場地帯の寄場について。

「次に**工場地帯の寄場**は、一言にしていへば新興労働階級の寄場であるということができる。發生的に観れば、進駐軍関係勞務として就勞してゐた復員者、引揚者、厚生浮浪者などの日雇勞働者が、工事の完成、或は作業の縮少によって職場を失ひ、かつての職場附近、或はその職場最寄の交通機関附近へ集合して溜場化したものである。

時の経過と、もに逐時（ママ）求人者の利用するところとなり、一方潜在失業者が、日々の賃金を獲得せんがために進出してきて、遂に尨大なる日雇の勞働市場としての寄場が出現するに至ったのである。

離合集散の状況は港湾地區と異つて、**早朝、遠隔地より蝟集した日雇勞働者**は、高賃金求人より順次低賃金求人へとてきぱきと取引を了し結合されてゆき．當日の需要（求人数）に對する充足が完了したと見極めがつくと同時に、アブレた者は直ちに離散して仕舞う。港湾地區の如く終日残留するやうなことはない。

彼等は寄場へ出頭するときは日雇勞働者であるが、離散すれば失業者である。したがって必ずしも日雇勞働に執着を持つものではない。むしろ常傭として一定の職場へ定着することを希望してゐる。

構成分子としては、**復員者**が絶対多数であるが、厚生した**戦災浮浪者**、工場勞働より**失業した技能者**、**知識階級失業者**等で、これを求人側が要求する職種別に分類すれば、**土工、人夫、荷扱夫、軽子、上乗等の基礎的産業勞務から、雑役、小運搬、引越手傳、大工、左官の手元等輕勞働に至るまで**多種多様である。この形態の寄場、即ち新興日雇勞働者よりなる勞働市場が、今後における日本経済の再建、都市復興等の基礎的勞務給源地として重要な役割を果すであらう」(33)

新旧というのを寄場と労働者のそれぞれに分けていうべきであろう。労働者の分類から言うのであれば、仲仕以下の港湾労働一般と、その他土工人夫等の日雇労働者に分けられるということになるかもしれない。寄場が、少なくとも二種類の異なった歴史発展をたどったという説明の仕方はやや新鮮だが、結局のところ五〇年代から六〇年代頃までにその二つは融合することになったと思われる。

ところで、その約一年半後に、「芝浦に於ける日傭労働者」という文章が芝園橋公共職業安定所芝浦分室によって執筆されている。

それによれば、「現在芝浦で働く労働者は、①港湾関係労働者 約一、七〇〇名（船舶荷役、沿岸荷役等その他芝浦地区の運輸関係に働く常用労働者）、②進駐軍関係常傭労働者 約四、五〇〇名、③職業安定所登録労働者 約二、五〇〇名、④その他の自由労働者 約一〇〇名（船内荷役その他運輸会社等の常傭として働いたものの離職者等も相当あって、依然としてアンコ的就職を続けている）」とされている[34]。

続いて、職安の求人職種は「港湾荷役、沿岸荷役等運輸方面が多い、トラックの上乗り貨車の積降ろし、倉庫荷役等は遠く千葉県迄も行く有様であるが昨今の荷動きと金詰まりは民間に相当影響され求人の減少を見ている」と報告している[35]。

もう少し詳しく見てみよう。

「三、紹 介

現在分室「芝浦分室」の他、田町駅前配置所、香取橋配置所の三ヶ所で午前六時よも八時迄取り扱っているも**田町、香取橋は民間専門**であり**進駐軍、失業対策事業は安定所分室**で紹介している。（中略）

四、寄 場

自然発生とも言う可きか、昨年進駐軍労務の常傭化等による取扱いの変化に伴い**現在労働者の寄場として集合する場所三ヶ所**あり何れも夫れ〴〵の特色を持ち、労働組合ありて夫れ〴〵独自の活動をしている。当所としても之を分室に集結を企図しているが未だ其時機に至っていない。

竹芝橋集合所 此処は東京一般土建（労働組合）仲仕支部に所属し、仲仕事を中心とし其他重労働を主として就労している。従って賃金も最底三百円以上七、八百円位の収入を得ている。組合員約四百名。

香取橋集合所 芝浦屋外自由労働組合に属し工場雑役・土建・其他運輸方面に就労しいるが、昨今此処の登録者は公共事業への就労希望者多き為、民間求人減少の傾向にあり賃金は二百五十円以上四百円位である。組合員約七百名。

田町集合所 沿岸労働組合と最近名称を変更し、沿岸業者方面へ進出すべく努力しつゝあり求人も増加しつある。此組合員は其他工場土建各方面に進出している。此組合は元進駐軍日雇の組合として進駐軍への就労を第一義としていたが進駐軍の常傭労務化に依て其職場を失い、一時香取橋に集合せしも労働者の性格の相違と指導者関係にて**現在の田町駅前元進駐軍集合所**に集合する事になったものである。此組合は民間求人第一に働く為求人も多く賃金も二百五十円より四百五十円位。組合員約九百名。

分室窓口　此処には愛宕自由労働組合所属の労働者、其他無所属者集合するも愛宕組合の求人は新橋、汐留方面の運送業者を中心とし殆んど一定の求人者へ就労している。賃金も三百円から四百五十円程度で、あまり求人の増減がない。組合員約三百名、其他無所属者約二百名は公共事業、失業対策事業を中心とした者多く従って労働能力も低調である。」(36)

労働者の寄場（よりば）、という用語が使われていると ころに注目されたい。一九四九年後半に、日雇労働の市場、つまり路上手配のおこなわれていたところとして、田町駅前や香取橋、芝浦＝竹芝橋、芝園橋（職安の芝浦分室）などの名が具体的に挙げられていることも、確認されよう。

池袋西口の寄場についての報告も、東京豊島安定所（板橋、豊島、練馬各区を管轄）によってなされている。(37)時期は半年程前であるが前述の芝浦―田町の場合の分析と、かなり似通っていることが知られる。

場所と沿革――「東京都に於て特色ある寄場を持つ我安定所の日雇労務者の状況を述べてみよう。寄場は交通機関の要地省線池袋西口前へにあり、こゝは終戦後進駐軍関係労務者がこゝに集り各職場へ集団的に働きにいってゐたのであるが、これらの労務者のあるもの、常傭化と、並に、こゝに消化されない職場を失った労務者が自然的に日雇労務者として集合するようになり、又定職につきたいがこゝは直ぐに賃金を支払ってもらへないのでその日の生活に困るために日雇を必要とする労務者が一時しのぎのため集合する様になり、寄場を形成してゐったのである。この場所を時間たつにつれて求人者の利用する処となり、日雇労務の需給関係の結合する處となったのである。

日雇労務者は最初のうちは戦災者、引揚者、復員等が多かったが、都市復興と共にこれらの大部分はそれぞれ定職につき、**今では従来の日雇労務者が大多数となり、一部分に企業整備及転廃業による失業者が加っている状態である**。昨年甫めより十二月迄に登録した労働者は（三七五四名）四、〇〇〇名であったが、本年一月登録替の結果登録労務者は一、七〇〇名となり、移動してゐる労務者はそのうち一、〇〇〇名内外である。」

職種について――「次に、此等の労務者は如何なる職場に行くかと云ふと、大部分が建設関係及運輸関係で、土工、人夫、上集荷地謝役に従事してゐる――求人者件数は平均六〇件を追記してゐるが、最近は公共事業実施関係に積極的斡旋してゐることを記述する。そして大工、左官等の技術を必要とする職場は最近は殆どなく、之等の技能者は寄場には姿をみせず何人でも体力さへあれば働くことの出来る職種ばかりである。年末になると長生の就労希望者があるが、体力の点に於て求人者及び日雇労務者にきひされ、自ら職場が限定されてゐる。」

労働条件――「労働条件であるが、現在の労働賃銀は最底日給二〇〇圓、中には三五〇圓以上の賃金を支払ふ處もあるが、高賃金の處は骨のおれる處で誰れでもが働けるといふわけにはいかず、不馴れな労務者は高賃金につられて職場についてみるが仕事をみて逃出してしまふ労務者もある。普通は二五〇圓程度で、これならば誰でもが働くことが出来る。そして當日の労務の需給関係によって貸金が上下することはない様である。それ故に労務者は求人者の労働條件を安定所の配置係の人が提示すると自分の適當と思ふ求人者に就職してゆくやうにみられる。そして求人者も馴れた人がよい為に同一の職場には概して同一の人が就職する事を希望してゐる為に、労務者の就職先は求人が途切れない限り一定してゐる。

寄場より現場への交通費は業者負担の處が多く、賃金は即日現場に於て支払はれてゐる。」

求人について――「……求人は何時誰が安定所に申込をするかといふと直接業者が来ることは稀れで、中には求人数必要のところは本人が来るが、大部分は前日に働きにいった労務者のうちの夜時「後の方には「前日就労した労務者のうち顔役」と表現されている」が業者の代人となり、翌朝求人係に必要数の求人申込をするのである。

次に求人先の所在地であるが常に［東京豊島安定所］管外の方が多く、都内は勿論神奈川縣、埼玉縣方面よりも求人申込がある。求人例でも労務者が臨時に必要のときは池袋へ行けば充足出来ると考へてゐる程有名な労働市場となってゐる。」

労働組合――「寄場の労務者も、植木職、瓦職、左官職、鳶職等の屋外労働者の労働組合と同じ様に勤労加配米その他厚生物資の受配を目的に労働組合を組織してゐるが、普通の労働組合とは設立の趣旨が異ってゐる。それから組合員が日雇労務者であるために移動が激しく、組合の運営は勤労加配米の家庭配給と共に組合幹部係よく組合員を指導にあたらなければ極めて国難な立場にある様にみられる。」

職安の実相——「當安定所獨特な日雇労務者の労働市場状況を述べる。冬期間は午前七時迄には職につくために省線都電私鐵等の交通機関を利用し、或いは徒歩で寒風を衝き霧を踏んで雨天の日も雪の日もいとわず元気よく、毎日集合所に午前六時頃より三々五々と集り、八〇〇名内外になり紹介の始まるのを待つてゐる。又この人達を相手に……来る商人も二三見られる。安定所の職員も……午前七時までには……出勤しそれぞれ求人、紹介等の持場につくのである。

まず求人係に、求人者は出頭し求人申込をする。……そして求人申込と同時に前に前日求人申込をした求人者は、前日の労務者の出面表及紹介等を提出し、労務者の就労の確認をする。安定所はこれによって各人別の稼動を知り、勤労加配米の支給量を計算し各人に配給量を證明する。

……求人係は求人傳票を作成し、それを紹介係の配置班に出すと、配置班は求人者は何處の誰、作業現場は何處、賃金は何圓と大聲にて労務者にアナウンスし、所要の労務者を集める。

此のアナウンスを聞いて労務者は適當と思ふ處があると前に出て一列に並ぶが、労働條件が悪いと係官がいくらアナウンスしても求人者は必要数だけの労務者を充足することは出来ず、未充足のまゝ紹介が終って了ふのが見受けられる。これと反対に労働條件がない［良いヵ］場合には、労務者が一斉に我れ先にと前に出て就職しようと押しあひ列をつくる……。即ち求人者は充分に必要員数を確得しうるのである。

配置班は、集った労務者から必要数の員数を、就労手帳確認の上取り、求人者に引継ぐ。そして紹介票記入班は、就労手帳により紹介票（正・副）を求人者名及就労手帳番號氏名を記入の上、紹介票（正）を求人者に手交する。求人者は、翌日これを就労確認の上、出面表と共に求人係に提出する。

以上の如く求人紹介と次々と労務者は求人者に紹介されて其の日の仕事に就いてゆく。そしてアブレ（就労出来ないもの）時には出ることもある……。

そしてお店の戸が開いて朝のラッシュアワーになる頃には、集合所の人達はそれぞれの職場に行って職場の終わったあとには人顔はなくな」るのである。[38]

一九七〇～八〇年代頃絶頂であった職安風景の原型がここに見られる、と言ってもよいのではなかろうか（細部のやりとりなどは後の時期の場合と違っているのだが）。

似た情景が、その頃上野駅付近でも見られたという。そこから就労していった体験者の証言が複数ある。その一人である竹中労は、その代表的な著書の中で次のように言っている。

「家を焼かれ、身内を殺され、あるいは外地から引き上げ、復員していた人々は、上野駅周辺に蝟集した。一九四六年、上野警察署が狩りこんだ浮浪者一万七千余名、一七ヵ所の収容所、仮泊所にそれらの人々を〝監禁〟したのだが、脱走して再び舞いもどり、また狩りこまれるというイタチごっこの果てに、翌四七年夏、そのネグラである地下道は閉鎖された。上野の浮浪者群は、都内全浮浪者の八十五パーセントを占めるといわれた（台東区役所調査）。なぜ、人びとは上野駅に集合したのか？　そこに喰うものがあり、寝るところがあったからである。上野駅乗降人口は、一日四十万人をかぞえる。主として列車待ちの乗客から残飯を分けてもらおうという……**敗戦非人の誕生である**。（中略）

上野の地下道に帰ろう――〝浮浪者〟と一括していうが、かれらは生きてゆくための〝職業〟を持っていた。モク拾い、籤拾い、切符売り（ブーバイ）、闇の女、靴磨き、進駐軍人夫等々である。（中略）

一九四六年冬――私は、東京・**上野駅**の引揚者仮泊所（在外同盟救出学生セツルメント）で働いていた。……**駅前の職安**には、雨の日などモサコケ（飯ぬき）の日雇労働者がひしめいた。かれらは上野駅をねぐらにして、アメリカ軍の人夫に通っていた。山谷泪橋、千住、高田馬場等の人足寄場が潰滅し、土方飯場もほとんど全滅して、肉体労働の市場は占領軍の荷役、建設工事に集中し、**東京芝浦、横浜港、あるいはベース・キャンプ等に、トラックで運ばれていく**。

一九四七年春、私は横浜埠頭の荷役に度々アルバイトにでかけた。出ヅラ（日当）七十円、八時間メイッパイ（全稼動）という重労働であった。仲間の大半は、復員軍人であり、私のような学生アルバイトも珍らしくなかった。

港湾には労働組合があり、赤旗がひるがえっていたが、プー太郎と蔑称される私たちには、弁当の特配もなく、まったくの差別待遇だった。（中略）

一九四六年暮、東京都は十七ヵ所の困窮者収容所寮をつくって、生活保護法を適用し、四千二百名の**無宿の復員軍人、引揚者、日雇労働者**をそこに収容した。一泊十円、天幕の仮小屋にムシロをひいて、シラミがびっしりたかった毛布を、二枚貸してくれる。**山谷**、高橋、森下、浅草本願寺等に、都営、民間の仮泊所が集生した。それは、戦後の非人小屋であり、もうろう宿の復活であった、ということができよう。本願寺地下の浅草厚生寮のように、右翼暴力団〝新鋭大衆党〟の根城となり、配給物資の横領、強奪をほしいままにするといった例もあった。東京都は仮泊所の経営を民間業者に依託して、ほとんど監督を行わなかった。したがってそれらの施設は、暴力団の支配下におかれたり、闇の女の巣と化したりした。とくに浅草**山谷**、新宿旭町、深川高橋の三つのドヤ街は、**一九四七年から四九年ごろにかけて**、街娼とヒモ（情夫）のターミナルといった観を呈した。

当時、山谷には、すでに百七、八十軒ものバラック旅館が軒をならべて、天幕ホテルの大部屋には主として日雇労働者が寝泊りし、割部屋の木賃宿は、闇の女、男娼（おかま）に占拠されていた。

上野駅の地下道からさらに、東京のどん底にノメリこんだ私は、しばらく山谷のドヤ街で生活することになった」。

竹中労の話は言葉の綾が多く、どこまでが事実で、どこからが虚構となるのか、はっきりしないことが多い(39)。

一九四六、七〜五〇年代初め頃の実態について語る、多少とも確かな史料はごく少ない。従って、上記のような竹中のお話を史料で裏付けることは仲々難しい。そうした状況の中で、これだけは確かな事実というものの一つが、次頁に表紙写真を掲げる文献である。

一九四七年一〇月上野公共職業安定所によって刊行された『自昭和二十一年四月／至昭和二十二年三月 下谷勤労署事業概要』が、それである（先に註（4）で紹介したもの）。戦前国家総動員時代を引き継ぐ警視庁管轄下の勤労署時代の事実を、戦後占領民主主義の時期の公共職業安定所が印刷物として報じた、貴重な史料である。

これに依れば、上野から北海道や九州の炭鉱に、労働者が相当数〝狩りこまれ〟動員されていた事実の確かであったことが知られる。下の表を参照されたい。

動員された先は北海道炭鉱汽船株式会社（夕張、空知）が一八〇〇名余で最も多く、他には住友奔別（北海道）一四〇名、住友忠隈（九州）一八一名などが目立っている。竹中労や今川勲などが言うように、誰でも良いから〝狩りこみ〟

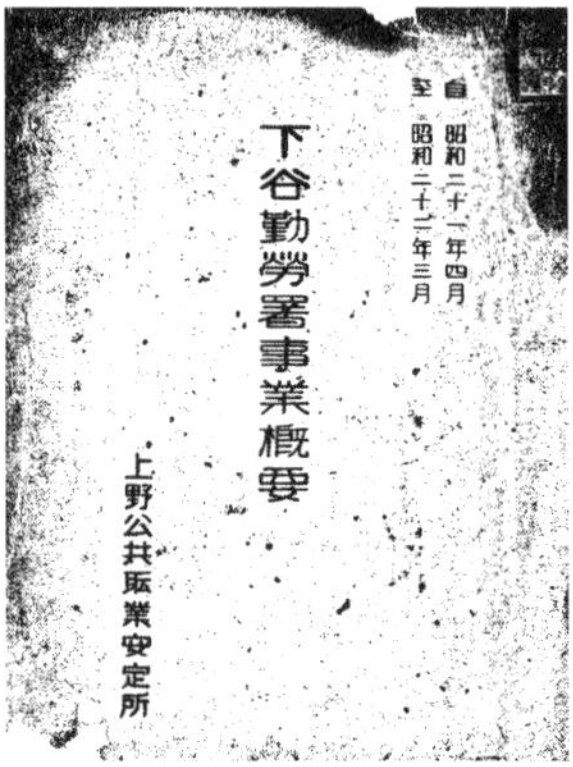
自 昭和二十一年四月
至 昭和二十二年三月
下谷勤労署事業概要
上野公共職業安定所

四　炭鑛労務者（月別　鑛別）斡旋状況調

月別 / 応募採用別 / 会社別		住友奔別	三井美唄	大日本炭鉱	住友忠隈	北炭夕張	貝島大之浦	日鉄二瀬	日鉱北松	北炭空知	〃幌内	三井芦別	新幌内	美留渡	三菱茂尻	砂川	合計
(21年) 4月	応募者数	263	31	75	128	200											697
	採用者数	140	25	15	71	183											434
5月	応				90	923	1	1									815
	採				59	620	1										680
6月	応					118			138	64	35						355
	採					80			58	53	30						221
7月	応					10				248							258
	採					10				222							232
8月	応				69	219											288
	採				51	133											184
9月	応					233					32	20					285
	採					160					24	10					194
10月	応					159					144						303
	採					101					110						211
11月	応					128				57	42		16	46	14		303
	採					09				53	34		12	22	9		219
12月	応					91									30		121
	採					60									17		77
(22年) 1月	応					78											78
	採					35											35
2月	応					62									17		79
	採					30									11		41
3月	応					63					68	26			63		220
	採					27					43	18			56		144
合計	応	263	31	75	287	2084	1	1	138	369	321	46	16	46	124		3802
	採	140	25	15	181	1528	1		58	328	241	28	12	22	93		2672
備考		北海道	〃	秋田	九州	北海道	九州	〃	〃	北海道	〃	〃	〃	〃	〃		

をして、北海道へと飛ばしたものであろう。そして待っていたのは、相も変わらぬ〝監獄部屋〟であったに違いない[40]。

当時の東京都宿泊施設については、左記のような都史料があり、こちらは幾分信じるに足るもののようである。

「〔一九四五年六月〕現在、都には都直営のものはないが、東京簡易旅館組合聯合会及び大衆旅館施設組合に委託経営せしめている施設が、天幕（テント）ホテル八〇棟、簡易旅館四七棟ある。これ等は主として日傭者及び浮浪者に利用されている。又、外廓團体たる厚生事業協会管理のもの五施設、民間のものが八施設あるが、これ等は住宅不足と経営方針の不徹底のため宿泊事業というよりはむしろ住宅提供の形に変りつゝあり、宿泊事業としての意義を認め得ない現状にある」と[41]。

そういった施設の一つに実際に泊まったというもう一人の体験者が、中国帰りの梶大介であった。値段は高く、設備はお粗末きわまりなかったという。

「この山谷も、四五年三月一〇日の東京大空襲でいったんは焼尽に帰したのであるが、おれがはじめてその街へ足を踏みいれた四六年一一月末には、バラックとはいえかなりな数の旅館が立ちならんでいた。だが、その多くは戦後の一風俗を形成した街娼たちの巣であり、おれのような上野地下道住人向けの雑居寝宿はまだ数が少なく、「民生局依託〇〇厚生宿泊所」の看板がかかっていた。

一泊が二〇〜三〇円だったろうか、金を払って毛布を受けとり荒むしろの上に転がる。天井も張ってなく田舎の芝居小屋のように丸太がむきだしになっていて、一畳分に二人も三人もが毛布をまきつけ折り重なるようにして寝る。うなぎの寝床とはうまいことをいったものだ。[42]」

先の東京都史料は、同時期における各施設の個別の「実績」として、次頁下段のような表を掲示していた。竹中や梶とは、細かいところでは違っているが、当時の宿泊施設の具体相を知り得る史料なので、掲げておこう[43]。山谷のテント・ホテルは群を抜いた収容数だ。一番手に、四谷旭町、今の新宿南口、明治通りを渡った付近があった（一〜五をあわせると山谷を抜くが）。他には品川付近の簡易旅館六件の収容数が目立つが、これはどの辺にあったのだろうか、今のところは不詳である。

梶大介に戻るが、彼もまた北海道に飛ばされていた。

「……たとえ、二〇円にしたって毎日ドヤ代を稼ぐとなると大変な時代だったのだ。そのころ、「北海道開拓」の人夫出しが、「めしつき、宿つき」でさかんに上野地下道住人を狩りたてていた。それが公的であれ私的であれ、戦前戦中の監獄（タコ）部屋を想像して行く気にならなかったが、どこかでひとくぎりしなければおれの人生がそのまま駄目になってしまうような不安で、しつこい人夫出しの言葉にしたがって北海道へ渡ってみた。どうせ、それ以上に堕ちることはないのだから……。

　だが、北海道へ着いて三日ともたなかった。真冬の北海道の道路工事なんて狂気の沙汰だ。金も当てもないが、飯場をトンズラしたおれは、漁場や炭坑に泣きついて働かせてもらい、旅費をつかむと早々に本土へ舞い戻った。しかし、折角脱出した上野地下道へ戻る気はない。一路大阪へ――。

　そこにも上野地下道があり、山谷があった。大阪梅田駅がそれであり、釜ケ崎がそれだった。……いつの間にか山谷にちゃんと戻っているのだった。……

……いつの日からか山谷は俺の故郷になっていた」。

テント・ホテル収容（施設別）人員表

テント・ホテル名称	施設数	延人員数	備考
	棟	人	
旭町第一テント・ホテル	4	2,160	自4月4日　至末日
同　第二　同	1	540	同
同　第三　同	1	540	同
同　第四　同	1	540	同
同　第五　同	2	1,080	同
大木戸第一　同	3	1,260	自4月10日　至末日
浅草山谷第一　同	7	3,360	自同7日　同
緑町第一　同	2	1,160	自同12日　同
同　第二　同	2	1,160	同　同
深川第一　同	3	1,150	自同6日　同
同　第二　同	3	1,200	自同10日　同
同　第三　同	3	600	自同27日　同
品川第一　同	2	210	自同25日　同
厩橋第一　同	2	640	自同15日　同
計	36	16,040	

簡易旅館施設別収容人員表（四月分実績4月1日～4月末日）

簡易旅館支部名	支部内施設数	近日開店中のもの	宿泊延人員	宿泊料
			人	円
旭町支部	13	1	13,405	15
大木戸支部	2	1	1,300	10
浅草支部	4	2	3,170	15
厩橋支部	3	3	1,600	15
緑町支部	3	1	1,790	10
品川支部	6	—	8,2[illegible]5	4
高橋支部	3	7	1,531	10
計	34	15	31,091	

梶大介は人夫出しに狩り出されたといっているが、上記上野職安による北海道送り込みがそれとは段違いの好待遇であったなどとは、とうてい考えられない。職安経由であれ人夫出しであれ、やはりきつい重労働や監禁が待っていたことであろう。上野職安などの狩込みによる北海道の炭鉱送りが、梶の北海道行と時期的に重なっているのだ。

続いて梶は言っている。

「その山谷も時とともに変貌を遂げていった。もぐり売春と賭博と麻薬、ヒロポンとそれらにくらいつく暴力団の巣として戦後再出発した山谷は、東京都民生局の浮浪者対策という肝煎りで建てられたバラック簡易宿泊所の増設にともない、一九四八年頃から街の様相も空気も変わってきた。すなわち、犯罪的要素の濃かったカスバ的暗黒街から、同じ暗さでも、いくぶんまともな生活の匂いがただよう街へと移行して行きつつあったのだ。かつて下層労働者がひしめきあっていた木賃宿街の山谷の復活である。

だからといって、街娼やそのヒモ的暴力団が消え去ったというわけではない。山谷をねぐらとせざるをえない戦争犠牲の家なき人々が数において主人公の位置を占めたというにすぎないのだ。それも、戦争で兵隊や徴用に狩り出されていた戦前からの山谷住人が元のさやにおさまったので東京者が多く、地方出身者はまだそれほどにめだたなかった。

同時に、やくざの隠語的な宿（やど）をひっくり返たしドヤの名が一般化し、宿主もまた、増えてきた単身来住者を少ない面積にどのように多く詰めこむかを考えはじめ、一畳を二畳分にして二人を泊めるかいこ棚式ベッドを創設した」。

一九四八年頃山谷に住まった人たちが、少なくともその大部分が「戦前からの山谷住人が元のさやにおさまった」のかどうかは、多少疑問があるが、そういう傾向があったのかもしれないとは思う。筆者には、戦地から山谷に戻ったという山谷労働者に会って立ち話をした個人的経験がある。そして、梶はその山谷の変貌を指摘する。

「……敗戦直後の混乱期をようやく脱して本格的な復興期に入った四九年（昭和二四）ころから、山谷来住者の肌合いも次第に違ったものになってきた。

それまで圧倒的に多かった戦災者、引揚者、復員軍人にとってかわって、農村事情の急激な変化にはじきだされた貧農層が、仕事を求めて都会へ流れだして思うような仕事にありつけないまま山谷に定着するようになったのと、弱小企業の倒産ブームで放り出された失業者たちが混入しはじめたのだ。

　ドヤ主たちは都や銀行から融資を受け、競ってドヤの増・新築を開始した。[44]」


　一九四九年頃以降のドッジ・ラインの強行実施によって、企業の縮小や倒産は相次ぎ、労働者には百万人もの犠牲者が出たと言われているので、潰れたのは弱小に止まらなかったことは言う迄もなかろう。梶大介の言う、山谷労働者の質の変化、つまりは新しい失業者の流入という指摘を心に留めておきたい。

　以上のような梶大介の個人的経験は、ごく大まかには竹中労のそれと合っていたといえよう。ただし、山谷はまだまだ〈日雇労働者の街〉に純化したのでは無いことも、忘れてはならない。そうなるのは職安闘争頃以降と見るべきであろう。一九五〇年一〇月頃開設した上野職安玉姫分室の規模、殊に求職の労働者数、あるいは分室が扱う日雇労働者の求人数の年度毎の推移などでもって確認する必要があるだろう。一九四八～四九年頃は、山谷はドヤ街つまり日雇労働者も（その他さまざまな底辺の人々なども）住まう簡易宿所の集中地域であったことだけは確かであろう。そこに日雇労働者もかなりの数住まっているが、彼等はそこから朝早く出立して芝浦三田や池袋などへ出かけ、そこで青空手配され、それぞれの労働現場へと赴いていったであろう。山谷は、そこで青空手配され就労していくことの出来る場とは、その頃まだなっていなかったことを確認しておきたい。

3. 結論に代えて

　一九六二年一月刊の東京都労働局職業安定部労働課『山谷地区の労働事情』に、「三の輪橋『立ちんぼ』解消措置」なる一項があり、次のようなことが記されていた[45]。

　一九五七年六～九月、台東区三の輪町町内会有志、「同地区附近に職を求めて集合する労務者」が「付近の道路や民家の軒先にたむろする」ので、商店等の営業の妨害になる、附近を通行する婦女子などが「いやがらせ」をされており「迷惑である」などと言い立てて、「当局をはじめ関係機関」にそういった「労務者の集団を無くして欲しい」と陳情する。

　同年七月～五八年春頃、上野職安と警視庁坂本署、労務者には職安経由の就労を働きかける一方、求人側に対しては道交法・職安法違反になると脅しをかける。

　一九五八年初め頃以降、「三の輪地区における労務者の集合は次第にその数が減り、やがて**労務者集合の中心点は浅草泪橋付近に移動した。**」

　三の輪は溜り場、あるいは寄場にはふさわしくなくて、泪橋から山谷ドヤ街ならふさわしい、となぜ官憲らは考えたのであろうか？　よく指摘されるのは、その地の歴史的由来である。江戸時代には小塚原の刑場が山谷泪橋の先にあったし、近代史当初にはさっそく木賃宿密集地（の一つ）として法律的指定もされていたのである。権力の側は、浮浪者や労務者の集積場を造り出しそこを人間外の地とすることによって、既存体制＝権力の重しとすること、つまりはそれを擁護することが目的であったのではなかろうか。そこが併せて労働力売買の場、寄場ともなるならばなお好都合と考えたものであろう。既存権力―体制の差別と排外という、歴史を貫く体質こそが、山谷ドヤ街を造り出し、溜り場から寄場となしていった導因であったのではなかろうか。

　先の史料によれば一九五九年七～八月泪橋を中心とする「たちんぼ」は五〇〇～八〇〇人で、簡易旅館数は約二〇〇軒、宿泊者は約一三〇〇〇人であったというから、**数量的には**この時期になっても日雇労働者が中心とは言えないであろう。しかし、もうこの頃になると、山谷という街の根幹部をなす、ひとつに纏まった階層となっていた、とは断言できるのではなかろうか。

　〈寄り場、すなわち規制された路上手配〉に、〈ドヤ街〉がプラスされて、**初めて《寄せ場》といった概念が出来上がる**と言って良いのではないか、と今のところ、考えている。その形成は、地域的偏差はあるものの、一九五〇年ドッジライン実施、朝鮮戦争～五二年講和条約が締結され〝独立〞した頃から五〇年代後半頃の高度成長期にかけて、ではなかったろうか。山谷、釜ケ崎における暴動の連続的勃発はそのことを告げる狼煙であった。

第一章　註

（1）『職業安定行政十年史』（一九五九年刊）七五、七七頁
（2）同七八頁
駐留米軍の解雇問題については、より詳しくは以下の通り

である――「駐留軍問題の第二、大量解雇は昭和二十九年十二月、北海道地区駐留米軍の東北地方への移動に始まる。そして早くもその前年昭和二十八年十一月には駐留軍労務者の大量解雇について、十二月にはそれら離職者の就職あっせんについての通達が相次ぎ、解雇情報の収集、地域間連絡、公共職業補導所の利用等に亘って対策が真剣に考えられた。昭和二十九年には駐留軍労務者失業対策連絡協議会が関係省庁によって中央、地方に設置され、労働省としては就業対策要綱を定めて職業紹介の強化、公共事業、失業対策事業への吸収等の措置をとつた。しかし、翌昭和三十年にはこれに加えて国際緊張の緩和に伴う特需産業の大量解雇という事態に直面して、政府は八月に広く関係省庁からの担当官をもって構成員とする特需等対策連絡会議を設置し、以後この会議を通じて駐留軍、特需等の離職対策ないし調達方式等について連絡協議することと速かにこれが総合的対策の樹立推進を図ることになった。しかしこの間にあつても駐留軍では宮城、滋賀、青森、福岡各県等において、特需関係部門では神奈川県等において人員整理が相次いで行われ、駐留軍労務被解雇者対策の早期樹立がますます要望されるに至った。政府は昭和三十一年二月閣議了解をもって特需の減少及び駐留軍、連合軍の引揚に伴う対策を決定したが、労働省職業安定局長はこれと同時に駐留軍及び国連軍労務被解雇者の就業対策についての通達を調達庁労務部長と連名をもって都道府県知事あてに発し、自衛隊職員への就職あっせん、駐留軍への再採用、自営業希望者に対する援助、失業対策事業への就労等を指示した。更に広島県呉地区国連軍の全面的撤退が発表されるに及び、政府はまた五月、閣議によって国有財産の利用、職業補導、職業紹介の措置強化、企業組合の育成等の対策を決定、続いて次官会議もこの細目につき申合せを行った。労働省としてもこの閣議了解事項及び次官会議申合せの趣旨に則り、大量解雇発生都道府県には駐留軍関係離職者就職対策本部を設置し、これに既設の駐留軍労務者失業対策地方連絡協議会を吸収し、対策を強化するよう都道府県知事あてに通達するとともに、広島県及び青森県に関係都道府県を招集して就職促進連絡会議を開催した。その翌昭和三十二年は更に駐留軍の組織的撤退に対処して四月、職業安定局長は再び調達庁労務部長との連名をもって離職者対策を都道府県知事あてに発したが、九月に至って閣議は七項目にわたる対策を決定した。この対策はこれまでとられてきた諸対策の集大成ともいうべきものであるが、その内容は概ね次の通りである。①職業補導の拡充 ②就職あっせんの強化 ③離職者の行う事業の育成 ④海外移住のあっせん ⑤公共事業、失業対策事業等の重点的実施 ⑥企業の誘致 ⑦対策の推進。このうち①の「職業補導の拡充」は短期補導、夜間補導、補導種目の増設、補導定員の増加、臨時補導所の開設、基地内における職業補導の実施を行うものであり、また⑦の「対策の推進」は関係都道府県に駐留軍離職者対策本部の設置を勧奨し、一方政府の特需等対策連絡会議には対策推進本部を設置してそれぞれ離職者対策の推進に当ることとするものであって、昭和三十二年十一月までに離職者対策本部は二十都道府県に設置（広島県のみは「対策推進本部」と呼称）された。これら諸対策は予算措置の裏付けをもって強力に行われたのであったが、同年十月からは特に離職者は大量（十月の駐留軍離職新規求職者数は八二一七名）化しこの問題に関する展望は必ずしも楽観を許さない情勢を示しつつ昭和三十二年は暮れていった。」その意味するところについては別途検討する。

（3）同七五、七七頁。

（4）『自昭和二十一年四月　至昭和二十二年三月　下谷勤労署事業概要　上野公共職業安定所』（昭和二十二年十月十五日上野公共職業安定所調査課刊）五～六頁。国会図書館所蔵。元の文書は非常に珍しいものなので、写しておこう。次頁参照

（5）「昭和二二、二三年度　労務機構関係綴（一）終戦連絡横浜事務局引継」二〇―一二―一―〇〇一―〇二　神奈川県立公文書館所蔵

（6）同前。以下史料の引用は特記しない限りここから。

（7）同誌七六頁。

（8）日高六郎『戦後思想を考える』岩波新書一九八〇年刊を見よ。

（9）二〇一一年一月一二日付朝日新聞朝刊に、次のような記事が載っていた。タコ部屋は今もなお変わらず存続しているのだ。

「　建設業者ら逮捕

傷害容疑　ダム湖遺体　関連か

新潟県警は一一日、従業員の佐野航（わたる）さんに暴行したとして、傷害の疑いで同県南魚沼市石打の建設会社「藤和」の経営者更科朗（ほがら）容疑者（35）＝南魚沼市石打＝ら五人を逮捕したと発表した。県警によると、佐野さんは事件当時一九歳で、昨年九月に埼玉県秩父市の神流（かんな）湖（下久保ダム）右岸で遺体で見つかった男性と同一人物の可能性が高いといい、関連について調べている。

同湖の対岸下流の群馬県藤岡市では昨年四月、死亡推定時期が重なる別の身元不明男性の遺体も見つかっており、新潟県警は埼玉、群馬両県警と南魚沼署に合同捜査本部を設置、調べを進める方針だ。

傷害容疑で他に逮捕されたのは、いずれも「藤和」の土木作業員で広井勝俊容疑者（27）＝南魚沼市六日町＝、関勝明容疑者（39）＝同市石打＝、御船旭容疑者（38）＝同＝、鏡智尚容疑者（30）＝同。

県警によると、五人は共謀し、二〇〇九 ［119頁に続く］

沿革

[illegible]の沿革を識す前に少し職業紹介事業の起源に遡って見よう。ヨーロッパにては十九世紀後半[illegible]民間営利の事業として興ったが、一八八六年フランスは之を公設事業とした。我国に於ては[illegible]発祥は明らかでないが徳川時代に既に桂庵雇人口入宿などがあった。明治に入ってからは営利[illegible]事業としての外に無料職業紹介施設が諸所に設けられたが、之は飽くまでも慈善、宗教等の団体の[illegible]った。東京市が漸く斯業の重要性を認め、その社會政策実現のための一つの扶[illegible]至ったのは明治も末期の四十四年十一月であった。そして之が亦我国に於ける職業紹介事業公営の嚆矢である。第一次世界大戦後一時好景気を招来したが、間もなく生産の過剰労務者の生活不安等に依り経済の恐慌、失業者の続出等を発生したので、市に於てもこの増大して来る社會不安を除去するための一助として、職業紹介事業の増設強化の必要を痛感するに至った。かゝる気運の下に、大正十年法律第五十五号を以て公布せられた紹介法（第二條市町村ハ職業紹介所ヲ設置スルコトヲ得）に基き我が下谷勤労署の前身である「臨時下谷職業紹介所」は大正十年四月七日下谷区北稲荷町四番地に誕生した。同年六月臨時の二字は削られ「下谷職業紹介所」と元服し、一人前の発足を始めた。

大正十二年六月二十日下谷区上野三橋町十三番地に木造洋式二階建七十七坪の新庁舎を落成「上野職業紹介所」と改名し名実ともに備った。然るに新庁舎はそれより三月を出でずして関東大震災に遭ひ烏有に歸した。時に九月一日午后大時である。この大惨禍の中に敢然起ち上った當時の全職員は早くも九月七日上野帝室博物館正門前切符売場を臨時事務所と定め罹災者の失業救済に大活動を開始した。十月二十五日焼跡へバラックを建てると共に従来の普通紹介の他に日傭労務の紹介及び賃金の立替払等の業務をも行ふことになった。この日傭労務の紹介に関する事務は大正十四年　月まで続いた。

帝都復興も進捗する此の際庁舎新築の議も起ったが、大正十五年六月二十日下谷区下谷町七一本光寺境内に仮移転した。昭和二年九月舊庁舎跡に鉄筋コンクリート二階建六十九坪の新庁舎が成し十月一日移転した。昭和七年都制改正に依り「東京市職業紹介所上野出張所」となった。一頃より職業紹介所国営論が抬頭したのであるが仲々捗らない儘過ぎたが偶々芦溝橋に端を発した華事変は之に拍車をかけた。国家的見地に據る労務の全国的適正配置を図る為には国営にせざるからずとの趣旨を以て昭和十三年七月一日當時東京府市所轄の各紹介所は国営の東京職業紹介所びに東京労働紹介所に統一され、當所も東京職業紹介所上野出張所と名称をかえ、東京府知事の指揮、監督を受ける事となった。事変は益々進展するにつれ国内に於ける労務の需給調整に全力を挙げる国は機構の拡大と能率の倍加を意図して十六年二月一日を以て職業紹介所を国民職業指導所と改称したので當所も「東京国民職業指導所上野出張所」と改めた。然るに労務調整令並びに労務対策の遂行に付国民職業指導所の機構は更に整備充実を必要とせられ、昭和十七年三月十日厚生省告示を以て當所も従来の一出張所より脱皮して独立の職業紹介斡旋機関としての「下谷国民職業指導所」に昇格した。機構として庶務、業務、登録及転職の四部が設けられた。同年十一月一日付を以て警視総監の指揮監督を受けることゝなった。職員は待遇官吏より官吏となった。更に昭和十九年三月一日付「下谷国民勤労動員署」となり戦時下労務行政の第一線官庁として活躍したのであるが遂に終戦に伴ふ平和国家への変革は動員署の機構、業務等にも変化を齎し、斯くして名称は幾変転を経て同年十月六日「下谷勤労署」となった。十二月二十四日付を以て再び東京都長官の指揮、監督を受けると共に敗戦後に於ける労務の監督並びに国民の完全就職を目途とする現業官庁として再発足したのであるが、本年四月八日付上野公共職業安定所と改称するに至った。

年一二月中旬ごろから昨年二月下旬ごろまでの間に、同社の事務所内で、拳や木刀で殴るなど暴行して、佐野さんに顔面打撲などのけがを負わせた疑いがある。更科、御船両容疑者は否認、残り三人は殴ったことをほぼ認めているという。」

(10)『敗北を抱きしめて――第二次大戦後の日本人』上下、岩波書店、増補版二〇〇四年、参照
原文は、*Embracing Defeat: Japan in the Wake of World War II*, by John W. Dower, 1999.

(11)海上輸送についても触れるべきであるが、今は陸上輸送との接点毎に適宜言及するに止めたい。

(12)『日本国有鉄道百年史』一一巻、一三八頁

(13)『貨物鉄道百三十年史』上(日本貨物鉄道株式会社二〇〇七年編刊)、八〇頁

(14)日本通運株式会社『社史』一九六二年。五頁

(15)前掲国鉄史、一三九～四〇頁

(16)とくに日通の役割は次のようなところにあった、「戦時を通じて、現業への進出、軍用品、米麦、繊維等元請の拡大、さらに鉄道当局による『新小口混載制度』(昭和一六年四月)と「新小口貨物取扱制度」(昭和一七年四月)」の採用等により業務内容が著しく変化し、また外地、占領地への進出もおこなわれ、また自動車輸送、倉庫、港湾、海運等の諸部門への事業の拡大など多角経営への移行もはじめられ、現在みるような『運送のデパート』としての日通の原型ができあがったのである」という(前掲日通『社史』五頁)。つまり、通運業の各種部門へと業務を拡大＝多角化しつつ、日本帝国陸海軍の手先として占領地や植民地へ進出したものと見ることが出来よう。
　鉄道は、それ自体では海外へ進出することができないのだから、日通が自動車業や海運業へ進出しつつ海外発展を実践していったことは、ある意味では国鉄の補佐ということでは無くて、その先取りであったと言っても良いかもしれない。

(17)前掲『貨物鉄道史』上巻、八六頁。

(18)前掲『鉄道終戦処理史』一五頁。

(19)九月四日付指令の具体的実行に関する米日軍会談の席上にて。同上同頁

(20)同前書一六頁

(21)『日本国有鉄道百年史』第一〇巻、五編戦中戦後時代第四章営業 第五節特殊輸送第三連合軍輸送のうち、九二〇頁。なお、国内で調達した資材の輸送に関連して、『貨物鉄道百三十年史』に以下のような記述がある。
「二 基地建設の資材輸送
　昭和二〇年秋からアメリカ軍は長期駐留体制を整えるため、全国各地に基地建設の工事がはじめられた。このため、砂利・砕石・セメントなどの資材が大量かつ緊急に輸送さ

れることになった。その一例として、三沢航空基地の建設のため昭和二一年から二二年秋にかけて建設資材輸送は最盛になった。建設工事に必要な砂利は神奈川県相模川で採取され、東海道・東北本線を通って東北本線古間木駅（現在の三沢）まで輸送された。最盛時には一日に三五〇両の貨車を到着せねばならず三〜四本の砂利専用列車が運転された。古間木駅から基地までは専用側線が使用され急勾配が続くためD51形式三重連に後部補機一両を連結した異例な運転であった。取卸しの渋滞のため着駅にはいつも多くの未取卸車が停留していた。

しかも、発地では砂利の発送を停止、もしくは調整するようなことが許されなかったので、専用列車は途中の操車場または駅に抑留され、最悪の時期には抑留貨車は二〜三千両に達し、東海道・東北本線の輸送は大混乱になった。この基地建設の資材輸送は昭和二三（一九四八）年七月に終り、運用貨車は延べ約一五万両に達した」と（同書下巻、八〇七頁）。

(22) 前掲『貨物鉄道史』上、九三〜九四頁。前掲『日本国鉄史』一二巻一章一節も参照のこと。

(23) 一九四八年二月、巨大独占会社の日通が集中排除法の対象とされてほぼ機能不全に陥る中で、同年末「小運送業は一駅複数業者免許制度へ移行」と閣議決定、翌四九年三月から実施されていった（それまでは一駅一店制で日通が独占支配していた）。五〇年二月には独占的な国策会社である日本通運㈱は廃止となり、純粋の一民間会社となった。しかし一九四五年敗戦から四九、五〇年頃までは、有数の小運送業者として国鉄とともにその勢力を誇っていた。とくに「連合軍関係の建材資材、輸入食料及び原綿、輸出繊維製品、住宅営団資材等主要物資の元請契約を次々に締結、これらの輸送」に当たったという。「すなわち、終戦後の極度の物資不足と偏在により、広範にわたる生活必需物資、生産資材の計画輸送が要請され、戦前結んだ元請契約のほかに、輸入食料については、昭和二一年一〇月から小麦輸入協会と、輸入砂糖については、昭和二二年一二月から輸入食糧取扱商業協同組合と、契約を結んだ。さらに、肥料については、昭和二二年七月肥料配給公団と、また、繊維類については、同年同月繊維貿易公団とおのおの契約を結んだ。……」と、『日通二十年』は誇らしげに言っている（一九五七年刊、八二頁）。

この後一九四八年九月頃から翌四九年三月頃以降、近距離のトラック輸送事業に乗り出し、同四九年一二月には路線自動車便への進出が正式に認可された。（同前書八三頁）。『社史』年表によれば、一九五〇年半ば頃から翌年にかけて、豪カンタス、米パン・アメリカン、日本航空、米トランスワールドなどと旅客・貨物の代理店契約を結んでいる。多角化への路へと歩み進んでいたと言えようか。他方、一九四九年には海運業にも進出し、アメリカン・プレジデント・ラインなど外国有力海運会社と代理店業務を結び、他方船内荷役業務も拡充したという。さらに五〇年頃から、保管や営業用途の倉庫を大きく拡充し倉庫業は目覚ましく前進したとされている（『陸と海と空と』一九八七年、六五頁）。つまりは、国策会社から民間会社への脱皮を、営業＝経営の多角化を通じて達成した、と言おうとしているのであろう。

これ以上詳しい検討は、『社史』などを元に今後さらに試みていくこととしたい。ただし、朝鮮戦争には、集排法適用を免れたばかりでもあり、また当時内部に労働問題等を抱えていたなどのため、直接戦争に関わりを持てなかったようである。ぼろ儲けをしたわけではないが、特需景気の余波で業務の多角化へと舵を切ることができたようだ、とは言えるようではあるけれど。

(24) 同書、上巻五章第五節　朝鮮戦争と貨物輸送、一〇一〜〇二頁。

(25) 前掲『日本国鉄史』一三巻、三六〇頁。

第二章註

(26) 芝浦公共職業安定所［執筆］「日雇の労働市場とは」『職業問題研究』一九四八年六月号、三五頁。

(27) 「掴み銭」とは、「日雇労働者を供給又は使用して、賃金支給、災害発生の場合における報償、盆、暮における賞与等、親方負担の支払金を決定又は相互に定められた金額でなく、親方の一方的意志によって、その状況に応じ適当に支払われることをいう」とされる（同上論文）。同じ労働をしても賃金が同一ではないことも、よくあるという。

(28) 引用は「東京・大阪・福岡における失業対策事業の概要」の大阪の部分で、執筆者は大阪府職業安定課失業対策係長・山田時雄。『雇用研究』一九五〇年一二月号、三六〜九頁。

(29) 横浜の「寄場建設」提案の趣旨として次のように語られている。提案の宛先としては、横浜市長平沼亮三、横浜市会議長島村力、神奈川県知事内山岩太郎、神奈川県会議長加藤詮、関東海運局長勝野正恭、横浜税関長伊藤八郎、横浜復興建設会議、横浜市港湾審議会が挙げられていた。ただし、この提案がどうなったかについては今のところ調べがついていない。

「(前略) 講和条約の調印も終り、長らく接収下にあった横浜港が不日解放される希望が持たれ、貿易港たる本然の姿に立ち帰ることは、横浜経済の復興が愈々軌道に乗ることであり御同慶に堪えない所であります。

既に横浜市は国際港都として再発足することになって居ります。接収解除を目前に控える横浜港としては、何を措いても港湾諸施設の整備を図り、名実共に国際港都として恥じざる内容を整えなければなりません。然るに横浜港の現状は終戦以来長期に亘る接収の為これが改善施策の実施を困難とした巳むを得ない事情下にあったとは言え、其の評判は港湾諸費用の高い、荷物の遅い港と言う芳しからざる悪評を得て居ります。港湾としては諸作業料金が割高についたり、荷役遅延の為に滞船日数を多くしたり、或は荷捌きが遅れたりと言う声は致命的なもので、斯くては船も荷物も集る訳はありません。

　港湾の繁栄を求めんとするならば優秀なる港湾設備の活用と相俟って、船内、沿岸及艀回漕等一連の**港湾労務者の素質の向上**、技術の練磨、勤労意欲の昂揚を図って**荷役能率を増進せしめ**、荷役費用を低減し、滞船日数を短縮することに依って始めて港勢の活況を招来することは論を俟たない所であります。

　従ってこの人的活動の根源を培養するため労務者用福利厚生施設の整備を図るは、港湾諸設備の近代化と共に喫緊を要する重要問題であります。

　横浜港の港湾労務者用福利厚生施設は、戦災に依り壊滅し、現在では給食設備等一、二を除きては見るべきものなく、主要港湾特に神戸港の夫れに比すれば著しく立遅れの状態にあります。然し今や国際港都横浜として再出発の機会に之れ等劣悪の施設を改善し、終戦後の悪評を一掃して船舶及貨物の吸引に一大努力を払わねば、横浜港昔日の声価を回復し、経済復興に寄与することが至難であります。

　港湾労務者の福利厚生施設としては、其業態により、船内、沿岸及艀回漕に三別され夫々の立場より別個の施設を要望せられて居りますが、其大要は別紙一覧表の通りであります。

　之等は何れも理想としては全面的に実施を要するものでありますが、就中最も緊急実施を要望されるものは左記の通りであります。関係業者は横浜港発展の為之が実現に付凡ゆる協力を惜むものではありません。

　御当局に於かれても右事情篤と御賢察の上之等施設の早期実現に付格別の御高配下さる様要望致します。」(『横浜商工時報』第三二号　一九五一・一二・一〇)」横浜の空襲を記録する会編刊『横浜の空襲と戦災』第五巻接収・復興編、一九七九年刊、三四〇〜四三頁所載。)

(30)その直接的根拠を今見つけることはできなかったが、「戦後山谷運動略年表」(『黙って野たれ死ぬな 船本洲治遺稿集』れんが書房新社、一九八五年、表紙カバー裏に所載)の一九六二年[山谷]第四次暴動の項目に、「業者の炊き出し廃止(48以降行なわれていた)」とある。

(31)前掲『職業問題研究』誌、三六〜七頁。

(32)同前三七〜八頁。

(33)同三八頁。

(34)『雇用研究』一九四九年一〇月号、五三〜四頁。

(35)同前、五四頁。

(36) 同、五四～五五頁。
(37) 東京都豊島安定所「日雇労務者需給の状況」『雇用研究』一九四九年四月号所載。
(38) 同前二五～七頁。
(39) 『山谷――都市反乱の原点』株式会社全国自治研修協会、一九六九年九月刊、一二二～三二頁。
竹中の話も全くのデタラメとは言えないようだが、詳しい検証の必要はあり事項と時期が他の史料と一致しないこともかなり多い。後にさらに詳しく検討する予定。
(40) 戸崎繁『監獄部屋』二〇一～一七頁を参照せよ。進駐軍関係の土木工事を請け負っていた鉄道工業（株）の新野組飯場において、タコ部屋的待遇が明らかになり、検挙者も出て大きく報道もされた。その所謂真駒内事件については、年報『寄せ場』一二号ですでに触れているので参照されたい。
(41) 財団法人東京市政調査会・東京都総務調査課『都の社会救済に関する調査報告書』一九四七年一二月刊。復刻版『資料集 昭和期の都市労働者1 第七巻昭和二一・二二年』近現代資料刊行会、二〇〇六年、三二九頁。
(42) 『最下層の系譜①山谷戦後史を生きて（上）』積分堂出版㈱、一九七七年、一二～三頁。
(43) 前掲市政会史料、前掲書三三〇頁。他に東京都厚生事業協会は高浜寮、浜岡寮、新宿旭寮、南千住寮、元木寮と

いう五つの施設を持ち、五五三名を泊まらせていた。

民間の施設としては、下記のようなものがあったという。山谷のゴロ・建部順の労働護国会という一九三三創立の施設が気になるところだ。同前書三三一～二頁。今のところ詳細は不明だが、いずれ検討していきたい。浅草労働館と建部順の名が神崎清『山谷ドヤ街』（時事通信社一九七四年）に出てくる（一八五頁）

品川については『都政十年史』（一九五四年東京都刊）に次のような一節があった。曰く、東京養育院が狩りこんだ中に「無宿者・失業労働者」が多かったので、その人たちのために一九四七年浜川寮と命名して、「簡易宿泊所式の施設」を作ったというのだ。品川区勝島町にあった港湾

局職員宿舎を転用したもので、同年四月八日事業開始という（二二三頁）。一例にすぎないのだが。

（44）梶前掲書一六～一八頁。同一八～九頁。同二〇頁。梶の言いたかった山谷の変貌が一九四八年のことなのか、四九年なのか、曖昧である。

（45）『山谷地区の労働事情』一九六二年一月刊、一～三頁。本文で要約したものの原文は下の通り。

民間宿泊事業施設

組織	施設名称	施設場所	代表者名	設立年月日	利用者収容者数	職員数	備考
恩 財	同胞援護会東京第一学生寮	杉並区馬橋	山根耕一郎	昭一四・六・三	六九	三	
同	同 東京第二学生寮	同	吉村勝敏	昭一四・七・一	三九	七	
財	生長の家・社会事業団	港区赤坂檜町	谷口雅春	昭二一・一・八	二四	一二	学生寮
	明照会昭和寮	北多摩郡東村山村久米川	小松雄介		—	—	
会	婦人奉仕会・婦人会館	杉並区西荻窪二丁目	佐藤貞子	大一三・九・一	—	—	婦人宿泊
社	上宮教会・父子ホーム機 口上宮館	足立区梅田町	加藤旅一郎	昭七・二・一	—	—	
会	労働擁護会	台東区浅草山谷町三丁目	建部順	昭八・四・一〇	—	—	
社	興隣館	新宿区西落合二丁目	谷田実	大一五・六・一三	一二	一三	浮浪者救容

（一）　山谷地区における労働対策

労働局が山谷地区においてとつてきた施策のうち　とくに注目されるのは時期的にみて昭和３２年６月以降なので　こゝでは、この時期から現在にいたるまでの労働対策のあらましを時間を追つてのべることにした。

三の輪橋「たちんぼ」解消措置

昭和３２年６月から９月にかけて台東区三の輪町町内会有志から、同地区附近に職を求めて集合する労務者の集団を無くして欲しいとの陳情が当局をはじめ関係機関に行なわれた。この陳情の理由としては　集合する労務者が附近の道路や民家の軒先にたむろするので、商店等では営業上の障害となるといわれ、婦女子その他附近を通交する人々にとつてはいやがらせ等が行なわれ非常に迷惑であるというのが主なる理由であつた。当局では、集まつた労務者に対しては雇用関係の正常化を目的に立看板の掲出、ビラの配布、マイクによる呼びかけ等の方法で職安への求職登録の促進と職安を通じての就労を促がした。また　求人事業所に対しては、まずこの労務者の集合体を利用している事業所の実態は握を行ない　そのうえで利用求人者を集めて正常な方法による募集行為の説明会を開催するとともに、この地区からの募集が道路交通取締法違反ならびに職業安定法違反にてい触するおそれがあるとして　上野公共職業安定所長及び警視庁坂本警察署長の連名で利用求人者に警告文書を発した。これらの措置は昭和３２年７月から昭和３３年春頃まで随時行なわれた。このようなところから三の輪地区における労務者の集合は次第にその数が減り　やがて労務者集合の中心点は浅草泪橋附近に移動した。

山谷地区「たちんぼ」実態調査

昭和３４年７月から８月にかけて　浅草泪橋を中心とする「たちんぼ」の実態調査を行なつた。この調査は、浅草簡易旅館組合、浅草警察署、台東区役所等の協力を得て行なつたもので　この結果確認した事項は、簡易旅館数約２００軒、宿泊者約１３０００人、路上待機者（いわゆる「たちんぼ」）５００人～８００人等であつた。

愛知での反貧困運動の状況——野宿者支援活動の立場から見る

藤井　克彦

二〇一〇年六月の総会・シンポジウムの報告として「愛知での反貧困運動の状況」というテーマを与えられた。三河に「トヨタ」の拠点を擁し、「元気な愛知」と言われ、〇八年秋の「リーマンショック」以降「派遣労働者切り」や「期間工切り」で大量の失業者を生み出した愛知での反貧困運動であるが、ここではその背景にある全国的な反貧困運動の流れも踏まえて、私の活動の視角から報告したい。

㈠　現在の反貧困運動を作り出した運動の流れ

1．日雇い労働者・野宿者支援活動の全国的な流れ

（1）寄せ場・地域の日雇い労働者・野宿者（支援）活動の交流

近年「貧困」が注目されてきたが、「野宿」という状況は「絶対的貧困」と言われるように、寄せ場等での日雇い労働者・野宿者やその支援者の活動は、反貧困運動である。

現在の全国地域・寄せ場交流会の前身である「寄せ場交流会」は毎年一回寄せ場・地域を持ち回りで行われる交流会であるが、その第一回は、二〇〇九年が第二六回という開催回数から考えると一九八四年と思われる（私は第二回から参加している）。各地の活動は部分的には交流があったが[1]、「全国」を視野に入れたものではなかっ

たし、日常的・継続的なものではなかった。寄せ場交流会は交流が中心であったが、そのうちに課題を議論し方向性を探るために分科会方式がとられるようになり、当然生活保護・生活保障に関する分科会もできた。

(2)林訴訟、生活保護行政を問う全国連絡会議、全国懇運動

九〇年代初頭に「あぶく景気」がはじけて深刻な不況となり、日本は大失業時代に突入した。名古屋の我々は失業者の生存権保障を緊急の課題と考え、九三年春から生活保障のたたかいを重点的に始めた。そこから後に「林訴訟」と呼ばれる運動が始まるのであるが、我々は法廷外での当事者運動も重要であると考え、その一つとして再審請求をした直後の九三年一一月に、日雇い労働者や野宿者支援運動を行っている他の地域・団体に呼びかけて、「寄せ場から生活保護行政を問う全国連絡会議」を京都で初めて開催した。その後も名古屋、東京、大阪、神戸と全国会議を続け、各地の生活保障のたたかいの前進に寄与することとなる。[2]

林訴訟は、九六年一〇月第一審勝訴、九七年八月控訴審での不当判決と進むが、この流れと全国地域・寄せ場交流会運動の中から、政府に施策をさせるための運動上の討論を全国規模で行うために、「寄せ場・野宿者運動全国懇談会」(以下「全国懇」という)が立ち上げられ、第一回懇談会が九八年九月に東京で行われた。その後数ヶ月に一度の会議を各地持ち回りで行いながら、情報交換、政府への申し入れと交渉、全国集会・デモなどを行った。[3]そして九八年一〇月には自民党議員の政務次官などが連名で内閣官房長官に対して、ホームレス急増に対して治安対策的な観点から要望書を出し、いろいろな動きが出て、〇二年七月の「ホームレスの自立の支援等に関する特別措置法」制定となるのである。

(3)法律家との日常的な連携へ

林訴訟弁護団は、最終的には名古屋・京都・東京の弁護士から構成されたが、名古屋で司法修習生も加わっていた。林訴訟提訴以降私たちが代理人になり生活保護申請に関わる不服申立を行っていたが、生活保護のわかる弁護士を増やす必要を感じ、九九年頃から新しい弁護士にも不服審査請求にも加わってもらうべく働きかけ、さらに個人としてではなく弁護士会としての取り組みにしてほしいと要望した。こうした中で、〇二年度に名古屋

弁護士会（現在愛知県弁護士会）の人権擁護委員会に生活保護問題チームが発足し、〇三年九月には第一回ホームレス総合法律相談会が開催された[4]。大阪では、林訴訟に刺激を受けて、支援者が代理人となって不服申立を頻発し、そうした中から施設入所でなく居宅保護を求めた佐藤訴訟が九八年一二月に始まり（〇二年三月一審勝訴判決）、弁護士との連携が進む。こうしたした中で、〇〇年一二月に近畿弁護士会連合会は、その二一回人権擁護大会で「ホームレス問題の根本解決を求める決議」を採択し、〇一年三月には大阪弁護士会人権擁護委員会内に野宿者問題プロジェクトチームが創設された（注3の「すぐそこにある貧困」参照）。東京では、NPO法人自立生活サポート・もやい事務局長湯浅誠たちが法律家に働きかけて、〇三年二月に「ホームレス総合相談ネットワーク」ができている[5]。

各地で法律家との連携が進み、二〇〇四年頃から各地の支援者と法律家とで「ホームレス法的支援交流会」という情報交換・連携を中心とするゆるやかな会ができ、生活保護問題、行政による公共施設からの排除問題、多重債務問題などが取り上げられ、排除問題に対しては会としてではなく個人の連名により抗議声明などを出した。また全国一斉ホームレス相談会などにも取り組んだ。数ヶ月に一度集まり、各地の問題や全国的な課題を議論するようになり、いっそう社会問題化するにはどうすればよいかという議論もしていた。

2．多重債務問題と反貧困運動への合流

（1）多重債務問題に対する広範な運動展開とその成果

サラ金・クレジット・ヤミ金・商工ローン問題等の多重債務問題に対しては、被害者救済と金利引き下げ運動が展開されてきた。その運動を牽引・推進してきたのは、七八年に結成された「全国サラ金問題対策協議会」（現「全国クレジット・サラ金問題対策協議会」）と各地の被害者の会などから構成され、八二年に結成された「全国サラ金被害者連絡協議会」（現「全国クレジット・サラ金被害者連絡協議会」）である。多重債務や貸金業者の過酷な取り立てが原因となった自殺や家出、夜逃げ、犯罪などが多発し、大きな社会問題になっていた。多重債務者数は、二〇〇万人といわれるくらい非常に多く、その運動に関わる法律家も非常に多い。

これらの広範な人々による、果敢なたたかいによって、〇六年一二月、ついに画期的な「改正貸金業法」が成立し、一〇年六月に完全施行された。これにより、「グレーゾーン金利」が一定の要件の下で容認されてきた貸金業法の「見なし弁済規定」が撤廃され、出資法の上限金利が年二九・二％から年二〇％に引き下げられ、利息制限法の制限金利（年一五％〜最大年二〇％）を越える貸金も禁止されことになった。また、総借入残高が年収の三分の一を越える貸付を禁止するという「総量規制」が導入されることになった。[6]

この運動は、多くの人の運動であったというだけでなく、被害者が運動の全面に出ることによって社会問題化し社会の共感を得たこと（それまでは借りる方が悪いという自己責任論が蔓延）、法律を改正させるまでに至った大きな政治力（政治家を動かすノウハウ）を獲得したことが、それまでの野宿者や生活保護関係の運動にはないものとして、注目されるのである。

（2）多重債務問題の背後には貧困問題がある

高金利のサラ金・クレジット・ヤミ金・商工ローンの利用者の大半は、低所得者・貧困者であった。従って、多重債務問題の根本的な解決のためには、貧困や格差の拡大問題を解決することが重要な課題であると気づいた法律家たちは、急速に生活保護問題への取り組みへの機運が高まり、その運動母胎の創設を検討し始めるが、ホームレス法的支援者交流会の〇七年一月の会議でもその関連で、生活保護を中心でいくのがいいのか、生活保護と「ホームレス問題」とを課題にすべきかが議論となり、法的支援者交流会自体の組織問題も検討したのであった。

なお、多重債務問題や貧困問題に大きな役割を果たしている日本弁護士連合会（日弁連）は、〇六年一〇月の人権擁護大会で「貧困の連鎖を絶ち切り、すべての人の尊厳に値する生存を実現することを求める決議」を採択したが、これは多くの「消費者系」弁護士と比較的少数の「反貧困系」弁護士とが協力して貧困問題に立ち向かう決意を示したものといえ、その後の運動に大きな影響を与えるものである。

3．生活保護問題対策全国会議の結成へ

反貧困運動である生存権保障を目的とする生活保護運

動としては、各地の生活保護を受けている人たちを中心とする「生活と健康を守る会（生健会）」、福祉事務所などの社会福祉の現場で働く人々や研究者などによって組織されている「公的扶助研究会」、各地の生活保護裁判等の交流・展開を計る「全国生活保護裁判連絡会」などがあげられる。しかし、これらに関わっている法律家は圧倒的に少数であった。

生活保護運動のこの流れと我々の野宿者深遠運動とは、林訴訟を契機として出会い合流していたと言えるが、こうした流れと多重債務運動をしてきた法律家などが新に合流することになるのが、〇七年六月に結成された「生活保護問題対策全国会議」である。その設立集会のテーマは「市民の力で貧困を絶つ！　社会保障運動と消費者運動の出会いと融合」というものであり、きわめて象徴的なテーマである。

全国会議は、生活保護基準切り下げ等生活保護制度の改悪阻止に大きな力を発揮することとなるし、その後各地に生活保護問題に取り組むネットワークが結成される。

4．反貧困ネットワーク結成へ

貧困の拡大に伴い、派遣・請負労働者、生活困窮フリーター、ＤＶ被害者、外国人労働者、障害者などの貧困に対する運動が拡がっていく。〇七年三月に「もうガマンできない！拡がる貧困―人間らしい生活と労働を求める三・二四東京集会」が開かれ、「貧困解決へ大同団結」（〇七年三月二五日朝日新聞）する始まりとなった。

そして、〇七年一〇月に「反貧困ネットワーク」が結成されることとなり、その後各地に「反貧困ネットワーク」が結成されることとなる。

生活保護問題対策全国会議代表幹事尾藤廣喜弁護士は、竹下義樹弁護士とともに生活保護争訟を各地に広めてきた人で林訴訟弁護団メンバーであり、事務局長小久保哲郎弁護士は、佐藤訴訟の中心的代理人で、ホームレス法的支援交流会でも中心的役割も果たした人である（なお、ホームレス法的支援交流会は、〇八年一月に法律家を正会員とする「ホームレス法的支援者交流会」として新たな出発をする）。また反貧困ネットワークの代表は宇都宮健児弁護士で、いうまでもなく多重債務問題に取り組んできた中心人物の一人であり、事務局長の湯浅誠は、我々と一緒に全国懇運動などをしてきた仲間である。あえてこれらに触れるのは、現在の反貧困運動の形成過程を表していると思うからである。

5．「年越し派遣村」による「貧困の可視化」

〇八年秋の「リーマンショック」以降の状況の中で、一二月〜〇九年一月の東京での「年越し派遣村」は貧困を可視化したと言われている。この年越し派遣村は我々が各地で行ってきた越冬闘争・年末年始活動と同様の活動と言える面もあるが、決定的に違うのは、全国的な注目を浴び、政府を引きずり出すことが可能な装置をつくったことであろう。

(二) 愛知県での反貧困運動の始まりと現状

1．全国的な動きの中での共同の取り組みの端緒

名古屋の林訴訟以降、前述したようにホームレス無料相談会実施など法律家との連携が進み、〇二年四月名古屋弁護士会人権擁護委員会は生活保護問題チームを発足させた（〇六年四月からは「生活保護問題部会」に昇格）。もちろん愛知県でも多重債務問題等の取り組みその他もいろいろ進められていた。

〇七年一二月に、生活保護問題対策全国会議名古屋集会「市民の力で貧困を絶つ！瀕死の生活保護制度を救え！」が行われることになるが、弁護士・司法書士、生健会・多重債務被害者団体・我々などの市民団体が協力し、被害体験が報告されるという多重債務問題運動のやり方が継承された。そして、これを契機に、直後の〇八年一月に「東海生活保護利用支援ネットワーク」が結成された。

一方で反貧困ネットワークの呼びかけで、〇八年秋に反貧困全国キャラバンが行われるが、愛知県では東海生活保護利用支援ネットワークの呼びかけで諸団体諸個人が協力して反貧困全国キャラバン愛知実行委員会を結成してキャラバンを受け容れ、九月二三日に屋外で反貧困フェスタを行い、事前に県内の全福祉事務所に生活保護運用に関する要望書を出し、二四〜二六日に名古屋市を含む県内のいくつかの自治体と直接交渉を行った。これは反貧困を掲げて行う初めての共同行動といえる。

2.「リーマンショック」以降の状況の中で

(1)「ミニ派遣村」の状況

○八年末からの「第三四回名古屋越冬実行委員会」による越年活動中、年明けから解雇された派遣労働者などが福祉事務所へ相談に殺到。特に名古屋市N福祉事務所では連日百名前後の相談者で、越冬実を中心に多くの市民が駆けつけて連日支援活動を行った。福祉事務所・名古屋市の宿泊拒否に抗議して区役所に泊まり込んだりし、こうした状況を「ミニ派遣村」と呼ぶ人もいた。その後二月に「名古屋生活保障実行委員会」を結成し、連日の活動は今も続く(支援実は、二〇一〇年四月に「生活保障支援の会・名古屋」に改称)。

愛知県は最も派遣切りが多い地域だが、この状況を踏まえ、また反貧困フェスタの取り組みを一過性の運動に終わらせたくないということで、全国からの支援も受けて○九年二月に「愛知派遣切り抗議大集会」を開催した。集会参加者は五二五名で、「製造業大企業等による解雇・雇い止めに抗議し、政府・行政に対して法的責任、政治的責任を果たすことを求める決議」を採択した。

この準備の過程で、名古屋で派遣村をやろうという声もあったが、筆者は「やるのであればトヨタのお膝元の三河でやるべし」と主張するが、三河で実施する態勢がないとの理由で賛成意見は少数であった。しかし、二・二二集会の報告時に会場の熱気に筆者は思わず「みんなで三河で相談会をやろう」と叫んだが、会場の拍手でその流れがつくられていったようであった。

(2) 愛知派遣村実行委員会の結成と活動

○九年二月末に、「愛知派遣村実行委員会」(代表は筆者)が結成され、三月二一～二二日に岡崎「反貧困・駆け込み相談会」を実施した。相談件数は二日間で一二八件であった。

これを契機に、知立団地一日派遣村実行委員会や豊橋派遣村実行委員会が結成され、知立で「知立団地一日派遣村」(四月二六日、相談件数六七件)を、豊橋でも「豊橋一日派遣村相談会」(五月三一日、相談件数一〇九件)が実施され、愛知実行委員会はそれらに協力した。

愛知県内の三つの相談会を終了し、七月二六日に岡崎で愛知派遣村交流集会を行った。その際やその後の会議で、筆者は相談会活動を総括し次のような提案を行った。「相談会から見えてきた課題」は、①貧困を生み出しているあくどい派遣会社などのやり方をどうやめさせるか、②経営者・資本の意向に引きずられて、社会保障制度をガタガタにしてきた行政のあり方をどう変えるか。③愛知県の各地に活動を広げ、個別に活動している団体・グループ・個人の力を大きくし、またそれらをつないで大きな力にしていくにはどうすればよいのか。④全国各地の動きと連携して、貧困に取り組める政治・社会をどうつくるのか、である。

今後については、①今後相談会を実施する中でその地域での活動が活発になることを目指すこと→相談部会の設置、②派遣会社（寮）の問題、無料低額宿泊所問題、保護行政の問題など、明らかになった問題・課題に取り組むことが重要であるが、あまり取り組めていないこと→諸課題部会の設置、③諸分野で取り組んでいる人たちとの連携・学習が必要→学習部会の設置、④今求められているのは、日本の社会・日本の政治が、拡がる貧困問題に真正面から取り組むことである。そうしない限り、どこかの人々に貧困が押し付けられてしまう。全国的にもそうしたことが追求されているが、愛知においても追求していくことが必要→「反貧困ネットワークあいち」（仮称）の結成を目指すべきである。

こうして三部会制による活動が整い、相談会については一〇月に豊橋市で、一一月に刈谷市で、一〇年一月に一宮市で行われ、それらの相談会を主催ないし後援をした。

無料低額宿泊所（以下「無低」という）問題・派遣会社搾取問題では、杉浦工業やN社問題に取り組み、生活保護行政については岡崎市役所問題を追及、愛知県下の実施機関の運用実態の把握と改善を求めた。

反貧困学習会として、生活保護（〇九年九月）、貧困ビジネス（同年一〇月）、雇用・労働（同年一一月、連合愛知などより講師）、外国人（同年一二月）、女性／子ども／DV問題（一〇年一月）を行った。

3．「反貧困ネットワークあいち」結成と活動

派遣村実行委員会は、〇九年一一月末に、「二〇一〇年二月に反貧困ネットワーク愛知をめざす愛知集会を行う方向を目指し、同時に反貧困ネットワークを準備する」こと決め、広く呼びかけて〇九年一二月に第1回準備会を開き、その後も準備を積み重ね、一〇年二月二八日に「なくそう貧困、つながろう愛知集会——反貧困ネット

ワークあいちに向けて」を開催し、五四〇名の参加の下に「『貧困』をなくすためのネットワークを築く」宣言を採択した。

そして、五月三〇日に、「反貧困ネットワークあいち」総会を開催し、約二〇〇名の参加により、全国で二〇番目の反貧困ネットワークを結成したのであった。「二〇番目とは遅い」という声があるが、愛知の場合は結成を急ぐのではなく、内容的な運動を重視し、その上で形をつくるという方法をとっていたからである。

活動方針としては、諸課題への取組みや、国・地方自治体・企業に対する提言と要請を行うことを主要な課題と認識し、国、地方自治体、企業の責任の所在を明らかにし、諸機関、諸団体、他職種とも協同して、「貧困」をなくすため積極的に取り組むこと。来年は、反貧困ネットワークの全国的な集会である「反貧困フェスタ」を愛知で行うこと、を決定した。

具体的には、（1）相談体制の整備・強化（相談部会が中心）、（2）情報交換、経験交流、意見交換、討論（学習部会が中心）、（3）諸課題への取組み、国・地方自治体・企業に対する提言・要請（諸課題部会が中心）など、である。

学習会は、自死問題、多重債務問題、子どもの貧困、野宿者と考える、社会的排除と社会的事業所というテーマで、現在まで二ヶ月に一度開催している。

相談会は、一〇年一一月に豊橋の相談会に協力しただけで終わっているが、各地の問題を掘り起こす活動でもあるので、もう少し積極的に取り組むべきと思われる。

諸課題部会は、中心メンバーが後述する杉浦工業の宿泊所問題訴訟に関わっており、また全国的な無低問題の取り組みとも連携し、相談会や聞き取りを行っている。また無低からのアパート等への転宅問題に関して愛知県と名古屋市とに質問書を提出し、話し合いを行ったりしている。

現在三月一三日の全国規模での「反貧困フェスタinあいち」の準備を精力的に行っている。

(三)「リーマンショック」以降に見えてきたもの(7)

1．N福祉事務所での支援活動から見えること

（1）〇九年一月の相談状況

一月五日朝、N福祉事務所の状況を見て誰しも驚いた

だろう。続々と来る相談者が福祉事務所のカウンター前のソファーに座り切れないので、立って待ち騒然としている。職員も右往左往し、支援者の声に慌てて椅子をだす（翌日から二階の講堂の前のロビーが待合室代わりになった）。相談者数八六人。緊急一時宿泊施設（シェルター）・自立支援センター・一時保護所・緊急宿泊援護施設（緊泊）という既存の施設は一杯となり、福祉事務所は午後四時頃「もう宿泊の紹介はできない」と宣言し、われわれと当事者は激しく抗議。本庁は「今日のみの特例」としてカプセルホテルを確保し、一三人が宿泊（他区から緊急宿泊者を含めて新規宿泊者は三六人）。翌六日の相談者数は一〇七人（新規宿泊三〇人）。名古屋市は「一時的な緊泊」（特例緊泊）として元民間社員寮を八〇人分確保し（市の単費）、六日よりそこでの宿泊を開始（ただし、入所は九日まで）。七日は相談者数一二一人で新規宿泊者は何と六八人となる。週明けの一三日は相談者数が一三一人となり、三〇人が宿泊紹介を拒否された。一四日も相談者一〇七人で一五人が紹介拒否された。両日とも、我々は抗議を込めて当事者とともに区役所講堂のロビーで宿泊し、一時は退去命令が出て騒然となったが、各方面からの抗議・要請もあり退去せずにすんだ。

こうした中で福祉事務所は、一月一五日より元社員寮などを利用した食事つきの寮（個室で、保証人や入居時の頭金は不要。これを名古屋市は「特例福祉アパート」と呼んでいる）を活用し、生活保護申請者に対して紹介して入居させ、審査して生活保護を適用するというやりかたを開始したのである。しばらくすると満室となるので、別の寮の情報を集めて紹介するということを続けた。

ここで一月を例に福祉事務所の対応状況をもう少し詳しく見たい（表1）[8]。

相談者総数は一九二六人（一日平均一〇一人）、新規相談者のうち緊泊になった人は三六六人（そのうち特例緊泊が一〇二人）、特例福祉アパートが八三人、一時保護所が二八人、更生施設・無料低額宿泊所が一四人で、宿泊紹介を拒否された人が四五人となる。一時保護所や緊泊などにいる非新規相談者の相談は緊泊の更新が三六三人（元の表にある緊泊総計七二九人から新規の三六六人を差し引いた数）、その他の相談（受診を含む）が一〇二七人（相談者数から以上の人の合計を差し引いた数値）である。なお緊泊の利用者総数は二八一七人であり、一日平均一四八人となる。入院者数などはここに記載されていない。

（2）N福祉事務所の相談者がおかれている状況

表2は、福祉事務所の受付で行われている相談者のアンケート結果（〇九年二月〜二〇一〇年三月）である。その他の集計表も参考にすると次のようになる。

まずこの時期の月平均を見ると、派遣切りにあった人が四二％もいることが注目される。その月別変化は、〇九年二〜五月は五〇〜五四％であったが、その後は多少の増減はあるが減少気味である。

住居を失った場所は、名古屋市内が四三％、愛知県内が二二％、愛知県外が二四％と名古屋市外が過半数を占めるが、県内では豊田五六人、岡崎と豊橋が各々四五人、続いて春日井四二人、小牧三八人、安城三三人、東海市二六人、刈谷二二人であり、三河地方が多い傾向にある。

失業時期は、「今月」の人は八〜一九％の範囲内で変化し（平均一四％）、「三ヶ月以内」は〇九年二月が四七％だったがその後割合は減少し（平均は三一％）、「もっと前」の人は三一％から次第に増える傾向にある（平均四三％）。

派遣切りと答えた人（以下「前者」）とそうでないと答えた人（「後者」）とを比較すると、まず派遣切りの人は、前日の宿泊場所がネットカフェでやや多く（前者一〇・八％と後者六・三％）、野宿の割合がやや少ない（前者五二・九％、後者五八・〇％）。派遣切りにあった人の過半数が野宿にまで追い込まれていることは驚きである。最後の住居は、派遣切りの人は市内三八・三％、県内三〇・二％、県外二一・一％と市外が六割以上であり、派遣切りでない人は、市内四七・九％、県内一五・四％、県外二六・八％と市内の人が半数近く、明らかに違いを見せている。来名時期はこの区分ではほとんど同じであるが、失業時期は三ヶ月以内が前者三九・三％、後者二六・二％と、派遣切りの人は三ヶ月以内の人が多い。どこで知ったかは、派遣切りの人は、テレビ・新聞が多く（前者一四・四％、後者五・七％）、既知が少ない（六・八％と一〇・八％）。

（3）N区役所方式の意義と限界

〇九年一月五日以降の相談者の宿泊場所をめぐる連日の「攻防」の中で、区役所・福祉事務所も必死で利用できる宿泊場所を探したようである。(9) この事態に派遣会社寮を改装した宿泊所を申し出た会社があり、行政は渡りに舟でそこを利用することとなった。高齢者等向きの食事付き宿泊施設を名古屋市は「福祉アパート」と呼ん

表１　Ｎ区社会福祉事務所における、住居のない人の相談状況（2009年1月～2010年4月）

緊急宿泊施設（緊泊）には、他区福祉相談後中村福祉で緊泊手続きをした人を含む。　　中村福祉作成の毎月の相談状況表から藤井が作成したが、計算の誤りと思われるヶ所は修正した。

月（開庁日数）	1月（19日間）			2月（19日間）			3月（21日間）			4月（21日間）			5月（18日間）			6月（22日間）			7月（22日間）			8月（21日間）		
	新規	非新規	合計	新規	非新規	合計	新規	非新規	合計	新規	非新規	合計	新規	非新規	合計	新規	非新規	合計	新規	非新規	合計	新規	非新規	合計
相談者数（中村区）			1,926			1708			1448			1405			1058			1102	218	789	1007	182	778	960
初めての相談者割合																			22		100	19		100
相談者1日平均（人）			101			90			69			67			59			50	10	36	46	9	37	46
緊急宿泊施設（注1）	366	363	729	267	208	475	268	232	500	263	294	557	224	272	496	257	347	604	243	261	504	209	178	387
緊泊なしで直接入所・入居　一時保護所	28		28	14		14	15		15	21		21	8		8	15		15	8		8	11		11
特例福祉アパート	83		83	130		130	247		247	253		253	173		173	168		168	106		106	103		103
その他（注2）	14		14	3		3	2		2															
小計	125		125	147		147	264		264	274		274	181		181	183		183	114		114	114		114
宿泊新規・延長手続者	491	363	854	414	208	622	532	232	764	537	294	831	405	272	677	440	347	787	357	261	618	323	178	501
相談者中の新規宿泊者																27%			23%			24%		
宿泊拒否	45		45																					
緊泊総利用者数			2817			2042			1958			2330			1943			2655			2082			1605
緊泊総利用者1日平均			148			107			93			111			108			121			95			76

月（開庁日）	9月（19日間）			10月（21日間）			11月（19日間）			12月（19日間）			010年1月（19日間）			2月（19日間）			3月（22日間）			4月（21日間）		
	新規	非新規	合計	新規	非新規	合計	新規	非新規	合計	新規	非新規	合計	新規	非新規	合計	新規	非新規	合計	新規	非新規	合計	新規	非新規	合計
相談者数（中村区）	199	766	965	191	888	1079	151	741	892	146	669	815	174	687	861	122	655	777	143	889	1032	182	797	979
初めての相談者割合	21		100	18		100	17		100	18		100	20		100	16		100	14		100	19		100
相談者1日平均（人）	11	40	51	9	42	51	8	39	47	8		37	9	36	45	6.4	34.5	41	7	40	47	9	38	47
緊急宿泊施設（注1）	205	209	414	259	319	578	224	230	454	201	200	401	226	268	494	217	231	448	277	276	553	292	271	563
緊泊なしで直接入所・入居　一時保護所	9		9	8		8	10		10	9		9	10		10	4		4	2		2	8		8
特例福祉アパート	104		104	92		92	73		73	82		82	83		83	41		41	58		58	64		64
小計	113		113	100		100	83		83	91		91	93		93	45		45	60		60	72		72
宿泊新規・延長手続者	318	209	527	359	319	678	307	230	537	292	200	492	319	268	587	262	231	493	337	276	613	364	271	635
相談者中の新規宿泊者	23%			21%			24%			23%			24%			20%			21%			23%		
緊泊総利用者数			1651			2404			1748			1681			1950			1773			2175			2171
緊泊総利用者1日平均			87			114			92			88			103			93			99			103

（注1）　緊泊は、他区福祉扱いで中村福祉で緊泊の手続きをした人含む。1月の緊泊は特例緊泊に新規102人、非新規134人、計236人を含む。（注2）その他の入所・入居先は、更生施設・無料低額宿泊所。

（注3）　09年6月より、中村福祉事務所に初めて来た人の人数や中村福祉分の新規宿泊者数が記載され始めた。

（注4）　「新規」とは、相談者においてはこの間の来所は初めてという意味。「非新規」は新規でない人であり、宿泊の「非新規」とは宿泊更新等の人を意味する。

（計算方法）　相談者数・緊泊の「非新規」数：合計から「新規」数を引いたもの。緊泊なしで直接入所・入居する人は、新規相談者との説明なので「新規」扱いとした。新規宿泊でも宿泊更新でも直接入居・入所でない人の相談者（宿泊中の人も含む）や入院した人は、宿泊確保者には入っていない。

表2　住居のない人の新規相談者　アンケート結果（中村区社会福祉事務所）　　単位：上段は(人)。下段は(%)　　（注）09年2月：2/19～2/30

月日	回答者	昨夜の宿泊場所							最後の住居地				来名時期				派遣切り			失業時期				どこで知ったか							平均年齢
		野宿	ネットカフェ	サウナ	ホテル	友人宅	その他	回答なし	市内	県内	県外	回答なし	今月	3ヶ月以内	それ以前	回答なし	はい	いいえ	回答なし	今月	3ヶ月以内	それ以前	回答なし	TV	新聞	友人	行政	既知	その他	回答なし	
09年2月(注)	77	42	7	4	9	7	7	1	30	26	15	6	27	9	32	9	39	35	3	9	36	24	8	7	4	24	11	5	23	3	47.6
	100	55	9	5	12	9	9	1	39	34	20	8	35	12	42	12	51	46	4	12	47	31	10	9	5	31	14	7	30	4	
09年3月	361	216	24	16	16	30	51	8	147	97	94	23	87	53	176	45	181	166	14	69	138	125	29	35	12	116	56	19	115	8	47.3
	100	60	7	4	4	8	14	2	41	27	26	6	24	15	49	13	50	46	4	19	38	35	8	10	3	32	16	5	32	3	
09年4月	354	202	27	27	8	25	44	21	156	69	62	67	107	25	164	58	183	143	28	56	132	129	37	27	12	129	51	28	88	19	48.8
	100	57	8	8	2	7	12	6	44	20	18	19	30	7	46	16	52	40	8	16	37	36	11	8	3	36	14	8	25	8	
09年5月	237	147	21	12	7	21	19	10	98	51	41	47	30	29	131	47	127	86	24	18	86	101	32	17	5	91	45	13	52	14	49.2
	100	62	9	5	3	9	8	4	41	22	17	20	13	12	55	20	54	36	10	8	36	43	14	7	2	38	19	6	22	7	
09年6月	261	169	13	9	14	17	32	7	111	52	59	39	54	47	119	40	120	112	29	31	79	109	42	14	6	90	39	16	83	13	47.7
	100	65	5	3	5	7	12	3	43	20	23	15	21	18	46	15	46	43	11	12	30	42	16	5	2	35	15	6	32	5	
09年7月	215	105	15	14	10	28	36	7	91	40	57	26	51	23	102	39	77	116	22	22	57	99	37	14	2	72	34	24	55	14	49.5
	100	49	7	7	5	13	17	3	42	19	27	12	24	11	47	18	36	54	10	10	27	46	17	7	1	34	16	11	26	7	
09年8月	180	108	10	7	12	10	28	5	65	33	44	38	41	29	81	29	67	96	17	35	45	78	22	7	2	57	34	18	50	12	48.5
	100	60	6	4	7	6	16	3	36	18	24	21	23	16	45	16	37	53	9	19	25	43	12	4	1	32	19	10	28	7	
09年9月	199	97	16	15	6	25	29	11	92	33	48	26	50	18	103	28	72	109	18	30	48	97	24	13	6	72	27	23	47	11	48.3
	100	49	8	8	3	13	15	3	46	17	24	13	25	9	52	14	36	55	9	15	24	49	12	7	3	36	14	12	24	6	
09年10月	191	115	15	13	8	17	19	4	84	39	62	6	43	29	94	25	64	119	8	28	49	97	17	24	0	58	36	20	46	7	49.3
	100	60	8	7	4	9	10	2	44	20	33	3	23	15	49	13	34	62	4	15	26	51	9	13	0	30	19	11	24	3	
09年11月	150	85	11	13	7	18	14	2	67	26	46	11	35	20	79	16	52	93	5	26	35	81	8	9	3	51	27	15	43	2	47.7
	100	57	7	9	5	12	9	1	45	17	31	7	23	13	53	11	35	62	3	17	23	54	5	6	2	34	18	10	29	1	
09年12月	146	69	20	5	13	14	23	2	57	43	37	9	32	20	75	20	59	81	6	22	38	79	7	12	1	47	32	16	34	4	47.0
	100	47	14	3	9	10	16	1	39	30	25	6	22	14	51	14	40	56	4	15	26	54	5	8	1	32	22	11	23	3	
10年1月	173	82	13	9	10	25	32	2	87	38	41	7	30	29	89	25	57	110	6	19	48	85	21	7	8	42	45	24	41	6	47.5
	100	47	8	5	6	15	19	1	50	22	24	4	17	17	51	15	33	64	4	11	28	49	12	4	5	24	26	14	24	4	
10年2月	119	46	17	9	5	27	13	2	59	27	23	10	20	12	68	19	47	70	2	15	31	59	14	7	2	41	31	11	25	2	47.5
	100	39	14	8	4	23	11	2	50	23	19	8	17	10	57	16	40	59	2	13	26	50	12	6	2	35	26	9	21	2	
10年3月	132	56	14	6	9	17	28	2	50	26	43	13	40	16	58	17	39	84	9	19	43	51	19	3	2	43	34	19	28	3	48.3
	100	42	11	5	7	13	21	2	38	20	33	10	30	12	44	13	30	64	7	14	33	39	14	2	2	33	26	14	21	2	
09/2/～2010/3	2795	1539	223	159	134	281	375	84	1194	602	667	332	647	359	1371	417	1184	1420	191	399	865	1214	323	196	65	933	502	251	730	132	48.2
	100	55	8	6	5	10	13	3	43	22	24	12	23	13	49	15	42	51	7	14	31	43	12	7	2	33	18	9	26	5	

でいるが、今回は保護開始が認められた人は原則として二ヶ月以内にアパートに転宅するという期限付きなので「特例福祉アパート」と呼んでいる。こうしたやり方でも相談者数に追いつかず、別の「特例福祉アパート」を探すという綱渡りをしていたのであった。毎日のように、今日は「宿泊場所が一杯になった」と福祉事務所が言い出さないか、と心配していた私たちは、とりあえず相談者が宿泊でき、転宅もできるので一つの方式として当初は評価していたし、筆者は、他都市でもこの方式を採用し、相談者を受け容れる場所がないということで追い返したり他都市に行けということをやめるべきだと、機会があれば訴えた。

しかし、保護費からいろいろ引かれ、手元に残るのは約二万円くらいで、寮によっては、エアコンや洗濯機を使うのにお金が必要という状況で、「貧困ビジネス」ではないのかという疑問が出てきた。数ヶ月以内に転宅ということがあるので、貧困ビジネスと同じではないが、[10]我々は福祉事務所等に改善を求めてきた。

(4) 施設入所ではなくアパート入居を求めて

名古屋市では、生活保護申請後は、不十分な生活環境である一時保護所や緊泊で生活をさせ、その後生活保護施設に入所させるという運用を今まで行い、保護開始決定後すぐに居宅保護となるのはごく例外的であった。

〇九年一月以降は、私たちがアパート生活可能な人には敷金支給によるアパート入居を申請すればよいと呼びかけ、また連日支援しているためか、保護開始時にアパート入居が認められることが当たり前のようになりつつある。こうしたことは法的に当然のことであり、適正な運用に近づきつつあり、この点は評価している。

しかし、生活保護申請をしているのに自立支援センターやシェルター入所を強くすすめられることもあり、他の区においては、敷金支給によるアパート入居の申請をさせずに(「アパートではなく、原則として生活保護施設入所」というT福祉、S福祉)、自立支援センターやシェルターへの入所、あるいは更生施設への入所を強要したりしており問題である。それでも各区でアパート入居となる人は増えているようである。

(5) 周辺自治体の誤った保護行政

名古屋市外の派遣会社寮にいる労働者が相談に来ることもあるが、われわれはその自治体に電話をしたり申請同行した。愛知県海部福祉相談センター（福祉事務所）は、派遣会社寮を出なければならず所持金も少ない労働者が窓口であるM町役場やO町役場で生活保護申請をしようとしても、「県職員がいない時は役場で申請はできない」、「まず寮から出てくれ」、「アパートを見つけてから申請してくれ」という対応をし、また寮にいる間の生活扶助費を出そうとしなかったりした。われわれはその都度愛知県庁にこうした実情を伝え、改善を求め、愛知県は○九年七月二三日付で各福祉相談センターに、地区担当員の都合を理由に相談、申請を忌避あるいは先延ばしすることを厳に慎み、申請意思を示している場合は、最初の役場来庁時に申請を受け付けることなどを通知した。東海市役所は、保護申請の前に就職安定資金融資を受けないといけないとの対応をしたが、われわれは保護申請は可能と主張して認めさせた。

（6）その後の状況も含めて考える

表3に、○八〜一○年度N福祉事務所での住居の有無別相談者数変化を示す。○九年一月に住居の有無にかかわらず相談者が急増している。

住居のない相談者数の一日平均は○九年七月までは徐々に減少して一月の半分になっている。その後は多少増減はあるが、○九年一二月を除けば一○年六月までは四○〜五○人の範囲であり、その後は徐々に減少気味で、三○人前後になってきている。また初めての相談者数は、○九年七月〜一○年一月は一七〜二二％だったが、一○年二月〜一二月は一三〜一九％と減り気味である。

表1を見ると、一○年四月までの宿泊措置状況は、緊泊が一番多いが、次は特例福祉アパートであり、この両者で大半を占める。特例福祉アパートを抜きに受け入れは考えられない状況となっている。

保護申請後とりあえずどこかに入って求職活動等を行い、その後保護の決定が出るが、どの程度保護施設や病院を経由しないで居宅に入っているのであろうか。N区の「平成二○年度　住所のない者の相談及び措置状況報告書」をみると、「保護開始時の転宅」（引用者注：一時保護所等からの転宅）と「特例福祉アパートからの転宅」という項が新たに設けられ、それらは各々、○九年一月：二○人、○人、二月：一○二人、○人、三月：五六人、五六人、合計一七八人、五六人である。平成二一年度は、「その他からの転宅」としてこの二つが一緒に集計され、○九年四月から一○年三月までの数を挙げると六一人、

表３　名古屋市Ｎ区福祉事務所での相談者数（注）

年度	住居	相談者数	4月	5月	6月	7月	8月	9月	10月	11月	12月	1月（19日）	2月（19日）	3月（21日）
2008年度	住居なし	人数	436	617	585	562	414	486	547	551	731	1926	1708	1448
		一日平均										101.4	89.9	69.0
		初めての人の割合												
		相談者中の新規宿泊者												
	居宅	人数	78	89	89	103	97	90	107	101	91	175	166	186
		一日平均										8.2	8.7	8.9
	合計	人数	514	706	674	665	511	576	654	652	822	2101	1874	1634
		一日平均										110.6	98.6	77.3

年度	住居	相談者数	4月（21日）	5月（18日）	6月（22日）	7月（22日）	8月（21日）	9月（19日）	10月（21日）	11月（19日）	12月（22日）	1月（19日）	2月（19日）	3月（22日）
2009年度	住居なし	人数	1405	1058	1102	1007	960	965	1079	892	815	861	777	1032
		一日平均	66.9	58.8	50.0	45.8	45.7	50.8	51.4	46.9	37.0	45.3	40.9	46.9
		初めての人の割合				21.6%	19.0%	20.6%	17.7%	16.9%	17.9%	20.2%	15.7%	13.9%
		相談者中の新規宿泊者			27%	23%	24%	23%	21%	24%	23%	24%	20%	21%
	居宅	人数	255	202	256	207	175	172	183	170	152	175	167	186
		一日平均	12.1	11.2	11.6	9.4	8.3	9.1	8.7	8.9	6.9	9.2	8.8	8.5
	合計	人数	1660	1260	1358	1214	1135	1137	1262	1062	967	1036	944	1218
		一日平均	79.0	70.0	61.8	55.2	54.0	59.8	60.1	55.8	43.9	54.5	49.6	55.3

年度	住居	相談者数	4月（21日）	5月（18日）	6月（22日）	7月（21日）	8月（22日）	9月　（20日）	10月（20日）	11月（20日）	12月（19日）	1月（日）	2月	3月
2010年度	住居なし	人数	979	896	1008	789	698	641	598	650	518			
		一日平均	46.6	49.8	45.8	37.6	31.7	32.1	29.2	32.5	27.3			
		初めての人の割合	18.6%	17.2%	15.6%	15.2%	15.8%	15.1%	12.7%	16.2%	14.7%			
		相談者中の新規宿泊者	23%	21%	21%	20%	23%	20%	17%	24%	22%			
	居宅	人数	209	176	173	172	148	173	160	165	118	151		
		一日平均	10.0	9.8	7.9	8.2	6.7	8.7	8.0	8.3	6.2	8.0		
	合計	人数	1188	1072	1181	960	846	814	758	815	636			
		一日平均	56.7	59.6	53.7	45.8	38.5	37.0	37.9	40.8	33.5			

（注）①2010年9月25日の研究会でのＮ区福祉事務所職員の発表資料（表）及び後日入手資料を基に改変。もとの表には、相談者数は住居なしと居宅の数値が記載され、他に両者合計の一日平均相談者数の記載があった。この一日平均相談者数と計算した月ごとの両者の合計から各月の開庁日を計算し、それを使って住居なしと居宅のそれぞれの一日平均相談者数を計算した。②表１の「初めての人の割合」と「相談者中の新規宿泊者数」も引用した。

四四人、三九人、三五人、四八人、六二人、九二人、一〇二人、八一人、九四人、一〇六人、八九人、合計は八五三人となっている。ちなみに病院からの転宅は合計二六人、施設からの転宅は合計七八人であり、保護開始時の転宅がいかに多いかがわかる。数年前に比べると大きな変化である。

表2の相談者の状況（〇九年二月〜一〇年三月）をまとめると、〇九年当初は派遣切りされた人が五割いたが、徐々にその割合は減少し、四〜三割位になってきたこと、住居を失った場所は、〇九年度は名古屋市以外が六割近くで名古屋市以外の県内は三河地方が多かったが一〇年度は県外が増えていること、相談に来る前夜が野宿であった人が一〇年度は四六・七％と約一〇ポイント減少している、ということになる。三河を中心とする派遣切りされた人の相談者が徐々に少なくなり、派遣切りの人も含めて過半数の人が野宿を強いられてから相談に来ていることなどがわかる。

この時期と、最近入手した二〇一〇年四月から一二月の結果とを比較すると、相談前夜野宿となった人が五五・一％から四六・七％と減少していること、住居を失った場所が愛知県外の人が二三・九％から三三・〇％と増えていること、派遣切りの人が四二・四％から三一・〇％に減少していることが、わかる。

話が変わるが、住居のない人の相談が多いだけではない。表3を見ると、N福祉事務所での居宅者の一日平均相談数は、住居がない人の場合とは異なり、ピークは〇九年一月ではなく〇九年四月であり、一一世帯となる。その後増減を繰り返しつつ、大きくいうとやや減少気味だが、〇九年一月以前の水準にはなっていない。

以上、N福祉事務所での相談者の状況では、〇九年一月のような派遣切り等の解雇・失職の相談者は当時よりは少なくなってきているが、相変わらず生活に困窮する人は多い状況である。

2．三河での相談会を通して見えてきたこと

（1）相談者の状況と相談内容

前述した〇九年三月岡崎市、四月知立団地、五月豊橋市での相談会の結果は、三実行委員会が作製した報告書[1]にまとめられているので、それをもとに私なりに特徴をまとめたい。表4に、三相談会の状況の一部を示した。

トヨタ系企業が多い三河地方であるためか、外国人労

働者の割合が多いこと、平均年齢はほぼ四〇歳代前半であり、働き盛りの人々であることが注目される。

岡崎では相談内容が労働・雇用、生活、住まいの三つの割合がバランスよく並んでいるが、知立団地（全員外国人）では生活相談が九〇％で、多重債務が他地域にはない高率を示し、（日系）外国人の苦境を示していると思われた（知立は最も女性の割合が多く、家族で相談に来ている割合が多いことも、数値に影響している要因と思われる）。豊橋では生活相談が八二％と知立に次いで高率で、相談内容からみると岡崎と知立の場合との中間の位置を占める。これらは、外国人の多さを反映しているのであろうか。

（2）生活困窮状況と同行支援結果

収入源の記載があった岡崎八九人、豊橋六〇人のうち、有職者（岡崎五五人。豊橋三一人）に占める収入源別の割合は、岡崎では派遣労働三八％、失業給付一八％、アルバイト一六％、正社員一五％であり、豊橋では、失業給付五五％、派遣労働一六％、アルバイト一三％、正社員三％であり、派遣労働者が多く、特に豊橋では時期の関係もあるかもしれないが派遣切りにあって失業給付を受けている人が多い。

相談会では、本部に設置した「まとめ」の窓口で生活保護の要否を検討しているが、その結果「要保護」と判断された人の割合は、岡崎四一％、知立四三％、豊橋四七％であった。四割以上が生活に困窮していると思われ、事態の深刻さを示している。

各相談会後、各々の実行委員会は福祉事務所（三自治体に限らず周辺自治体も含む）に同行し生活保護申請の支援を行った。

表4　愛知県内の「派遣村」相談会の状況

「<資料>愛知県内におけるこれまでの「派遣村」相談会」（2009-7-26、3実行委員会作成）より藤井作成。

	相談者	男性の比率(%)	[illegible]のおよその割合	住居あるいは前日の宿泊場所	平均年齢	主な相談内容（有効数に占める割合%）					要保護と判断(%)	生活保護申請者数
						労働・雇用	生活	住まい	多重債務	健康		
岡崎	128	85	2割	西三河9割(岡崎7割)	44.7	64.1	51.3	48.7	6.8	8.5	41.4	42
知立	60	51	全員	全員知立団地	40.9	44.1	89.8	22	47.5	16.9	43.3	16+22
豊橋	109	70	6割	東三河9割(豊橋7割強)	45.1	54.9	82.4	39.6	13.2	19.8	46.8	31

（注1）要保護と判断：本部に設置した「まとめ」の窓口で生活保護の要否を検討している。

（注2）生保申請者数：岡崎は5/13現在(調査中も含む)、知立は5/8現在16人で、さらに22人の申請予定あるいは必要、豊橋は6/10現在の結果。

（注3）男性の比率、住居あるいは前日の宿泊場所、平均年齢：　いずれも母数は記載のあったものの数

岡崎では四二人（要保護判断のうち八割）が申請し、その八割（三七件）が保護開始決定、知立では一六人（要保護判断のうち六割）が保護申請し（その後二二人が申請予定あるいは申請が必要）、豊橋では三一件（要保護判断の六割）が申請をした。

（3）派遣会社問題

相談会に来た相談者の中にかなり多くの人が派遣会社で働いていたが、相談時に聞いた派遣会社のやり方は、ある弁護士がタコ部屋だというように、酷いものであった。

【杉浦工業問題】

杉浦工業の元派遣社員Aさんの話では、業務中の自動車事故による損害金名目で金銭支払いを請求され、弁済のために解雇扱いで失業保険受給を指示され、その後生活保護受給を指示され、大半の金額を会社に徴収されていた。しかも、その内二ヶ月間は会社の指示で生活保護と失業保険を二重に受給させられた。金銭請求の際、会社従業員が集団で相談者に暴行・脅迫行為を行った。その後生活保護のみを受給している本人が弁護士の支援で転居する際も、「残額数十万円を支払ってからだ」などと本人を脅迫した、とのことである。Aさんは、損害金の弁済名目で失業保険や生活保護費から徴収されていた金額を不当利得として返還をすることを請求して、後述する他の二人と共に杉浦工業を一〇年二月に提訴。被告杉浦工業は一〇年五月に弁済した。

杉浦工業は〇九年三月より派遣社員寮の空き部屋を利用して無届宿泊施設を開始し（派遣村相談会に合わせたと思われる）、同年八月に無料低額宿泊所の届け出をした。岡崎市役所を通してここに入居した二人は、Aさんと共に不相当に高額な代金を徴収されたのは不法行為であるとして、損害賠償と不当利得返還を請求して杉浦工業を提訴した。この訴訟や岡崎市役所の様々な問題は、船崎弁護士の論文[12]を参照していただきたい。

【N社問題[13]】

派遣会社N社で働いていたBさん（三〇歳代）の話では、〇八年末頃より減産で収入が減少し、〇九年一月頃から賃金の明細上の支給額は一三～一五万円程度だが、寮費五万八〇〇〇円、布団代三五〇〇円、備品代三五〇〇円、昼食代一万三〇〇〇円、管理費一〇〇〇円、前貸三万円、社会保険料三万円等の名目で諸費用を差し引かれ、実際の手取収入が三ヶ月連続で〇円~三〇〇円であった。派遣村相談会後弁護士の支援を受けて生活保護申請をしようとしたが、一ヶ月岡崎市の水際作戦のために難航し、その後やっと生活保護が受けられた。

その後N社を退職し、従来から働いていた派遣先X社と期間従業員として直接雇用契約を締結したが、今度はX社が、N社からの要求に従い、寮費などの名目で毎月九万円以上のお金を賃金から控除してN社に支払ってしまうため、結局Bさんは生活保護水準以下の生活を余儀なくされ、N社の運営する寮から退去もできず状況は好転しなかった。X社は、トヨタ自動車の部品製造を扱う規模も大きい会社だったため、弁護士はまずX社がニューエアーの要求に従いBさんの賃金から勝手に派遣会社に支払をすることについて、労働基準監督署に違反申告をし、また賃金の不当控除の中止要請と控除した未払賃金を請求した。交渉の末X社は控除した金額合計三〇万円弱を全額返還してきた。Bさんはこのお金の一部を元手にN社の寮から転居した。

その後、N社が従業員に積極的に給料の前借りを推奨し、その際利息を賃金から控除するシステムをとっていることが分かった。弁護士が計算したところ、この利息は利息制限法を超える高金利で、利息を元金に充当すると払いすぎているお金が約二八万円あることが分かった。そのため、N社に、Bさんが支払うべきお金はないこと、法的に手続き起こせばこちらも直ちに応訴し、刑事告訴もすることを文書で伝え、終結することとなった。Bさんは、弁護士が介入

表5　建設日雇労働者と派遣労働者—状況の類似性—

	建設日雇労働者	派遣労働者
日雇	日雇労働者	日雇派遣、登録日雇
求人求職	寄せ場で業者の車待ち	駅前などで派遣業者の車待ち
求人	手配師・建設業者	人材派遣会社社員
住み込み	飯場(「タコ部屋」?)	会社の寮(「現代のタコ部屋」?)
	経費をがっぽり取られる	経費をがっぽり取られる
寝泊り	簡易宿泊所(ドヤ)、サウナ	ﾈｯﾄｶﾌｪ、漫画喫茶・ﾚｽﾄﾎﾞｯｸｽ

したことで、現在勤務するX社が期間後の契約更新をしてくれないのではと心配していたが、八月末の期間後も無事更新された。

Bさんは、当時岡崎市の厳しい水際的対応に絶望し、「真面目に生きても馬鹿をみるだけですね」と涙をためて話し、その後「派遣村で相談していなかったら、野垂れ死ぬか犯罪者になるかしかなかった」と話していたとのことである。

おわりに

今までは少数派の運動と見られていた我々の活動が、〇九年以降にわかに注目され始めた。仕事と住居を失った労働者という意味から、我々が一九七〇年代から関わってきた日雇い労働者の苦境と、解雇された派遣労働者の苦境とは同じと言える。わかりきったことであるが、その置かれた構造が同じであることを表5に示す。

それにしても、あまりにも課題が多すぎる。失業問題、結局生活保護しかないのかと思われるような貧しい社会保障制度、現場の態勢が追いつかずいろいろな問題が生じてきている生活保護の現状、生活保護制度そのものをバッシングする人々や大阪市を筆頭とする大都市[14]、多く

い公営住宅政策……。の人々が安定した住居に住めないのに役に立たない貧し

反貧困運動といっても、真価を問われるのはこれからであるが、果たしてその役割を果たせるのであろうか。全国的に「反貧困」に対する熱意が失せてきているように思えるが、それが杞憂であれば幸いである。

注

(1) 例えば、私たちが名古屋で活動を始めた二年後の七八年初めに寿・釜が崎・山谷の活動者が名古屋に来て、労働省交渉への参加を呼びかけに来たので、参加し交流を行ったこともある。

(2) 林訴訟やその運動過程については、藤井克彦・田巻松雄『偏見から共生へ――名古屋発・ホームレス問題を考える』(二〇〇三年、風媒社)一八四頁「生活保護行政を揺り動かした林訴訟」や、小久保哲郎・安永一郎『すぐそこにある貧困――かき消される野宿者の尊厳』三〇頁「日雇い労働者の生活保障をめざして」を参照されたい。

(3) 寄せ場・野宿者運動 全国懇談会『全国各地討議のための基礎資料』(二〇〇二年一〇月)、一頁。

(4)『名古屋弁護士会会報』第四九八号(二〇〇二年八月)及び同会報第五一一号(〇三年九月)の森弘典弁護士報告。

(5) 湯浅誠「『格差』に抗するネットワークと法律家の役割――野宿者支援における連携の現場から」『リーガルエイド研究』一二号(法律扶助協会、二〇〇六年)、四一頁。

(6) 宇都宮健児「多重無債務対策の今後の課題と貧困問題」『二〇一〇年クレサラ白書』(第三〇会全国クレサラ・ヤミ金被害者交流会実行委員会、二〇一〇年一一月)、六八頁。

(7) 愛知の状況については以下でも報告した。「名古屋での越年から三河での春の『派遣村』の状況」『ホームレスと社会』第1巻(二〇〇九年一〇月)、二四~三一頁。「愛知派遣村からの報告――アメリカ発金融危機で何が愛知で起こっているのか」『総合政策フォーラム二〇一〇』通巻五号(二〇一〇三月、中京大学総合政策学部)、一一七~四五頁。「仕事と住居を失った人々の支援活動から、貧困とセーフティネットを考える」『第三三回地方自治研究全国集会自治研報告書集第七分科会「貧困社会におけるセーフティネットのあり方」』(自治研中央推進委員会、二〇一〇年一一月)、九~二一頁。

(8) 福祉事務所が毎日の集計結果を月ごとに表にしたものを、筆者が一部解釈をして内容がわかるように作成したもの。緊泊になった人の数は、他区の福祉事務所で相談し、中村福祉事務所で緊泊の手続きをした人も含まれるが、この相談者数には入っていないので注意を要する。

(9) 福祉事務所職員は、生活保護申請をしている人を追い

返してはいけない、当面の宿泊できる場所を確保して頑張ってやっていこうということになった、と報告している（津田康裕「生活保護を受けて自立へ。名古屋市の取り組みから」、生活保護問題対策全国会議編『カウンター越しの対立を越えて』（二〇一〇一月、全国クレジット・サラ金問題対策協議会）、六九頁。私たちは、一九七七年に保護行政の改善を求めてN福祉事務所で集団生活保護申請・泊まり込み闘争を行ったが、その当時と今回との違いはいくつかあるが、ここでは「カウンター越し」の職員とある種の連帯感を覚えながら「闘った」ことを付け加えておく（同書六二頁の筆者報告も参照されたし）。

（10）「貧困ビジネス」という言葉をつくった湯浅誠は、「貧困ビジネスとは、貧困層をターゲットにしていて、かつ貧困からの脱却に資することなく、貧困を固定化するビジネスを言う」と定義している（『世界』二〇〇八年一〇号、一九一頁）。名古屋の宿泊所の問題については、日本住宅会議二〇〇九年度総会（〇九年一二月五日）での筆者報告資料「名古屋における『ホームレス』関連の居住貧困問題について」を参照されたい。

（11）「〈資料〉愛知県内におけるこれまでの『派遣村』相談会」（愛知派遣村実行委員会・知立団地一日派遣村実行委員会・豊橋派遣村実行委員会、二〇〇九年七月）。

（12）船崎まみ「愛知県岡崎市の無料低額宿泊所問題」（『賃金と社会保障』一五〇七号（二〇一〇年二月上旬号）、一一頁。

（13）この項は、船崎まみ弁護士からの情報をもとに筆者がまとめたものである。

（14）厚生労働省は、昨年一〇月に指定都市市長会が稼働年齢層について三年から五年の有期保護制や医療費の一部自己負担制の導入などの給付抑制策を提言したことを踏まえ、生活保護法の改正に向けた地方自治体との検討会を近々立ち上げると報道されたことに対して、生活保護問題対策全国会議をはじめとする全国の諸団体が厚労大臣に提出した「生活保護法改正案の検討にあたって当事者・支援者の声を反映させるよう求める申入書」（一一年二月一五日）は、次のように述べている。「生活保護制度は、戦後一度も改正されていないから制度疲労を起こしていると言われることがある。しかし、現在，生活保護利用者が急増しているのは、生活保護制度や生活保護利用者に問題があるからではない。高齢化が進展しているのに年金制度が不十分であるため無年金・低年金の高齢者が増大していること、労働法制の規制緩和で雇用が不安定化しているのに失業者の二割程度しか失業保険を受給できていないこと、など先順位の社会保障制度が機能していないことのしわ寄せが生活保護制度に集中しているのである」

〈笹島診療所〉

●労働者の使い捨てを許さない！

トヨタ生産システムと人事管理・労使関係——労働者支配の仕組み

猿田 正機

はじめに

筆者に与えられた課題は、「トヨタにおける労働者支配の実相についての全体的略述」「とくに本工、各種非正規労働者、下請企業とそこの労働者といった、おそらくピラミッド状の支配構造……そこいら辺の成立過程をも含めて解明」ということであるが、本稿は、トヨタ生産方式と人事管理・労使関係およびそこで働く労働者の労働・生活実態を明らかにすることでその課題に応えたい。まず第一に、トヨタ生産方式とトヨタウェイについて触れ、第二に、トヨタで働く労働者がどこから採用されているのか、そして離職した多くの労働者がどこへ流れていくのか、という点である。第三に、トヨタシステムの要ともいえるトヨタの人事管理と「人づくり」について、そして第四に、それを許しているトヨタの労使関係について論ずる。第五に、トヨタ生産方式・人事管理・労使関係の結果として余儀なくされるトヨタおよび関連企業労働者の働かされ過ぎのメカニズム、「動機づけ管理」について明らかにする。そして第六に、トヨタ生産方式と下請労働者管理の重要性について論ずる。

これらを明らかにした上で、トヨタシステムと労働者・市民への影響について触れたい。第七が、トヨタの働かせ方、とりわけ長時間過密労働と健康問題についてである。労働者の健康破壊、人命軽視の風潮については本文で「過労死」などの事例を挙げ、少し詳しく触れた。第八に、トヨタシステムがもたらす雇用・生活不安について最近の事例を含めて報告したい。市民への影響という点については、第九として、トヨタの「人づくり」を容易にしている社会的条件としての地域の「管理教育」について触れたい。これは筆者が「教育」をその社会を考える上での基本と意識しているからである。第一〇には、トヨタ「企業城下町」・豊田市の市民生活について簡単にみておきたい。本稿ではトヨタについて広範囲に論ずることになるが、可能な限り「労働者支配」を意識しつつ論を進めたい。

I　トヨタシステム

(1) トヨタ生産システムと人事管理・労使関係

①トヨタの何が注目されるのか

トヨタシステムとして世界的に注目されているものを筆者なりに整理すると次の三つのレベルに分けて考えることができる。第一には、言うまでもなく、トヨタ生産方式である。第二が、労働の柔軟性やQCサークルなどを含むトヨタの人事管理である。そして第三に、トヨタの労使関係を挙げることができる。

自動車産業の生産方式としては戦前以来、アメリカのフォードが開発したベルトコンベアを使った流れ生産方式が世界を席巻していた。フォードは一時期T型車の一車種大量生産の下で、高賃金・低労務費・低価格によって世界市場を制覇したのである。この生産方式は世界の自動車企業に採用された。

しかし、フォードの市場支配は長く続かず一九三〇年代になるとGMに追い越されることになる。一車種大量生産にこだわるフォードの間隙をぬってGMはフォード生産システムを採用しつつも、変化する市場に柔軟に対応する経営政策で対抗した。当時、GMがとった六車種体制の確立やフル・ライン(シャシー・レベルの製品差別化)およびワイド・セレクション(車体レベルの製品差別化)政策の実現、さらにはフル・モデル・チェンジとアニュアル・モデル・チェンジによる計画的陳腐化政策の展開がスローンによる組織改革とともに展開された(猿田、一九九八)。かくしてGMはその後、世界一の座に君臨することになる。

ところが一九七〇年代後半頃からGMなどのいわゆる「アメリカ・ビッグ3」は日系自動車企業の追い上げを受け急速にその地位を低下させることになる。その際に、注目されたのが「日本的経営」、とりわけ第一の「トヨタ生産方式」であった。石油危機をものともせずに躍進を続けるトヨタに世界の注目が集まることになった。その視線は主として「生産方式」に注がれた。同じ流れ生産とはいえ、一つのラインで「多品種少量生産」を行い、倉庫を持たない無在庫方式によるジャスト・イン・タイム生産や検査工程をほとんど不要にしたいわゆるニンベンのついた「自働化」は世界を驚かせた。「主査制度」や下請サプライヤーによる部品供給の「承認図方式」や「貸与図方式」などの駆使も注目された。これらの方式がトヨタ躍進の秘密と考えられたからである。

第二の人事管理については、TPS下での労働者の働き方が注目されることとなった。フォード・システムの場合には、分業を徹底し、テーラーの科学的管理を応用した構想と実行の分離にもとづく人事管理方式が支配していた。F・W・テーラーは課業（task）の決定手続きとしてのストップウォッチをつかった時間・動作研究による作業分析を行ない、機械・工具の標準化を進め、また計画と執行を分離するため企画部制度や旧熟練親方にかわる職能的な職長制度をつくり、作業指図票制度、差別的出来高給による能率賃金制度など、これまでの経験的な労働管理の諸施策の「科学化」を進めたのである。さらには「精神的態度の革命」を主張した。「科学的管理」に対して、労働組合側からは①生産における人間的要素の無視、労働者の機械視、②産業独裁制の提唱、③所得の不公平な分配、④労働組合の否定などを理由に反対運動が繰り広げられた。

フォードは「ベルト・コンベア・システム＝流れ生産方式」を取り入れるとともに「科学的管理」の手法を採用した。「高賃金・低価格」での大量消費、公衆奉仕を謳い徹底した「生産の標準化」を推し進めた。製品をできるだけ単純化する「単一製品の原則」を貫き、最終的にはT型車に特化することになる。部品の規格化を進め「互換性部品の製造」を実施し、そのための工場・職場の専門化と品種別加工ラインを作った。加工ラインでは単一目的機械すなわち専用機械の採用によって特質づけられ工具の単一目的への単一化がはかられた。製品の単純化・部品の規格化のための機械および工具の特殊化である。そこでの労働は徹底して細分化・断片化され、構想と実行は完全に分離されることになった。労働の単純化の下で労働者の「単能工」化が図られ職務分析と職務評価による職務給が取り入れられた。フォードが労働力として主として採用したのは極端に細分化された「単純肉体労働」の担い手としての「単能工」であった。

それに対して、トヨタの人事管理は柔軟な配置の下で、多工程をこなす、いわゆる「多能工」を基本としたのである。しかも、職場では組などを単位とするQCサークル＝小集団（チーム、グループ）で生産や品質を担うこととし、個人や集団による創意くふう提案を奨励したのである。欧米各国の企業とは異なるこれらの制度が「日本的経営」や「トヨタ的経営」の秘密として注目され各国で導入されたのである。

第三のトヨタの労使関係は、現在も韓国企業などから大いに注目され続けている。欧米と日本では資本の原始的蓄積期がことなり、たとえばヨーロッパでは貧困化した農村から一家を挙げて町へ出る、いわゆる「挙家離村」が一般的で、賃金も家族を養うには十分ではないにしても、工場では賃金＝労働力の価値＝家族賃金として形成された。また、同じ仕事をする者には同じ賃金をという同一労働同一賃金がルールとしてつくられ産業別労働組合も職務・職種給を要求してきた。これに対して、日本の場合には農家の次男・三男や子女などが紡績・製糸などの繊維産業や造船・鉄工業などへ口減らしとして若年単身で流出した。その結果、若者が一人で生活するのにギリギリの低い水準を出発点とするいわゆる「年功賃金」が「終身雇用」「企業内教育」と相まって形成され、これを「企業別組合」が支えるシステムが確立された。この日本的労働組合としての「企業別組合」の一典型としての「トヨタ的労働組合」がTPSを支える労使関係として注目されることになったのである。

②トヨタ生産方式とトヨタウェイ

TPSやトヨタウェイというのは、トヨタ的な「人間性尊重」を容認し、企業のために継続的な改善・学習を続ける「人づくり」（「トヨタマン」づくり）のための人事管理（五回のナゼ、5S、ムダの排除など）と経営者と共通の価値観をもち「相互信頼・相互責任」で企業のために尽くす労働者・労働組合によって支えられている。

本項では、トヨタが海外へ広げようとしている「トヨタウェイ」とは何か、それとTPSの関係について触れたい。トヨタは「トヨタウェイ」を労働者ひとりひとりに理解させることを「競争力の基盤」と考えており、それを浸透させるために多大の労力を注ぐことを厭わないことを宣言している。

では今なぜ「トヨタウェイ」なのか。その点は、ジェフリー・K・ライカー『ザ・トヨタウェイ』（二〇〇四）が明らかにしている。アメリカのほとんどすべてのリーン企業は四段階のCレベル（図表1）であり、トヨタなど日本企業から学んだとされるフォードやGMですら、経営危機に陥った。それは何故なのか。リーン企業としてのレベルを上げるためには「トヨタウェイ」の経営者の理解と労働者への浸透が欠かせないことをライカーは指摘している。

トヨタの「トヨタウェイ二〇〇一」のなかで、張富士夫社長（当時）は次のように述べている。トヨタは創業以来、独自の経営上の信念や価値観、また経営管理や実務遂行上の手法を編みだし、「トヨタの競争力の源泉として伝承」してきた。「今回、『暗黙知』としてトヨタの中に受け継がれている経営上の信念・価値観を、誰の目にも見え、体系だって理解できるよう、『トヨタウェイ二〇〇一』として整理・集約」した。これは、「トヨタに働く我々の、行動原則となる」ものである。グローバル化の下で、「経営上の信念・価値観を共有することがグローバルトヨタとしてのアイデンティティを確保していく上で必要不可欠」であり、これを「維持・伝承・進化」させていくことが、これからのトヨタの発展にとって非常に重要である。張氏はTPSの「家」を図表2のように描き、そこでは「トヨタウェイの思想」をその土台としている。この点は、トヨタの企業内高校である「トヨタ工業学園」の「学園生版トヨタウェイ」には次のように書かれている。「『トヨタウェイ二〇〇一』とはトヨタで働く人がどのような価値観を共有し、どのような行動をとったらよいか、またとるべきかを示したものであり、トヨタで仕事をしていく上での基本的な考え方」（三ページ）である。トヨタウェイの二本の柱が「知恵と改善」（Respect, Teamwork）と「人間性尊重」（Challenge, Kaizen, Genchi Genbutsu）である。

トヨタは「トヨタウェイ二〇〇一」でトヨタの価値観をはっきりと明示し、徹底的なコミュニケーションをもとに、すべての労働者に浸透を図ろうとしている。これが、TPSによる「高品質・低コスト」「高い生産性と高収益」を支えていることを強く自覚している。「トヨタウェイ二〇〇一」はトヨタの海外工場で働く現地労働者にトヨタの考え方を理解してもらうことを意図するものであるが、同時に海外に赴任する日本人リーダーにトヨタの価値観をより良く理解してもらうためのものでもある。最近、公にされている『トヨタの概況　二〇〇九年』

図表 1　4Pモデルと大半の企業がいる場所

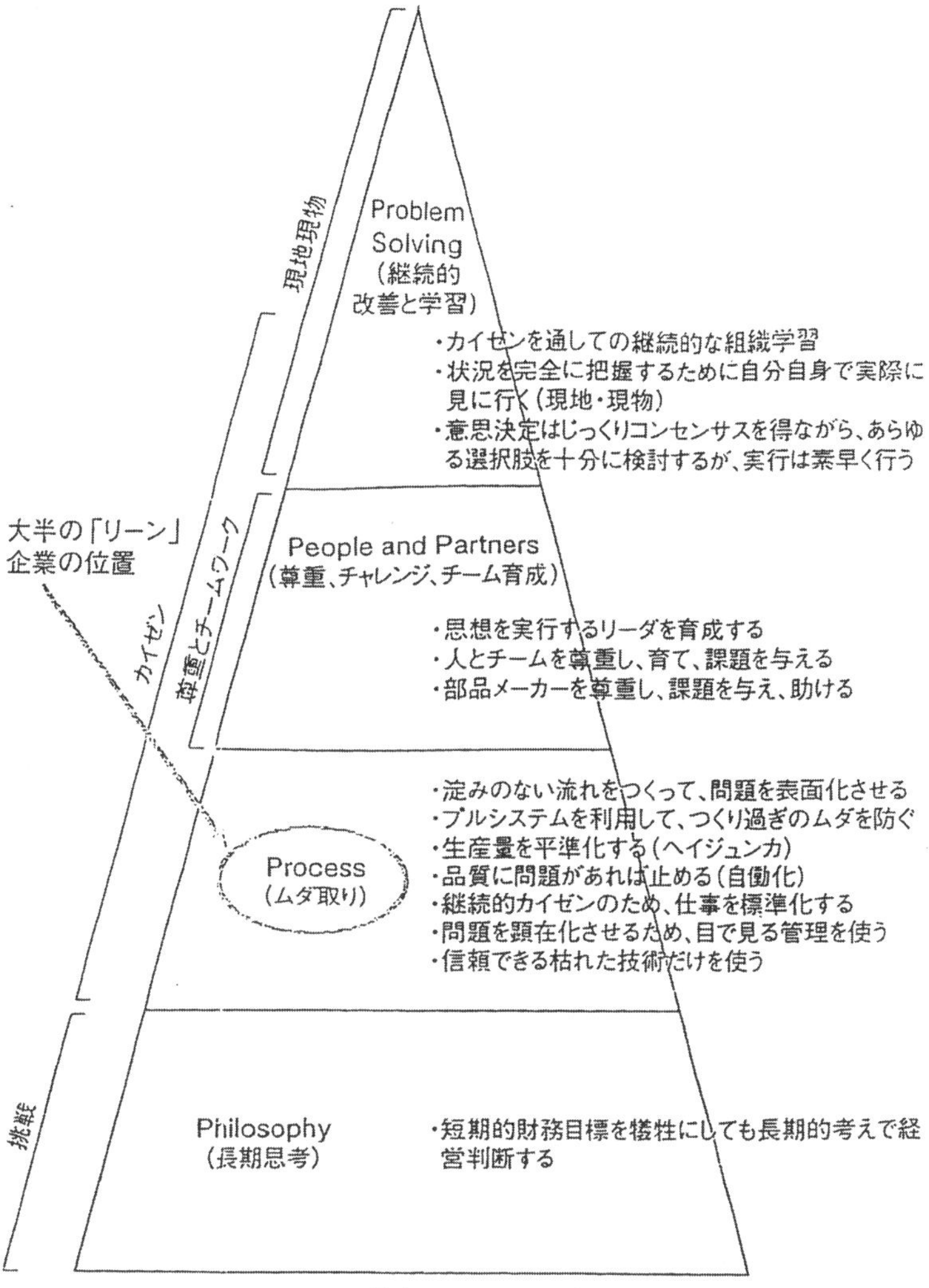

現地現物
Problem Solving (継続的改善と学習)
・カイゼンを通しての継続的な組織学習
・状況を完全に把握するために自分自身で実際に見に行く(現地・現物)
・意思決定はじっくりコンセンサスを得ながら、あらゆる選択肢を十分に検討するが、実行は素早く行う
大半の「リーン」企業の位置
カイゼン
尊重とチームワーク
People and Partners (尊重、チャレンジ、チーム育成)
・思想を実行するリーダを育成する
・人とチームを尊重し、育て、課題を与える
・部品メーカーを尊重し、課題を与え、助ける
Process (ムダ取り)
・淀みのない流れをつくって、問題を表面化させる
・プルシステムを利用して、つくり過ぎのムダを防ぐ
・生産量を平準化する(ヘイジュンカ)
・品質に問題があれば止める(自働化)
・継続的カイゼンのため、仕事を標準化する
・問題を顕在化させるため、目で見る管理を使う
・信頼できる枯れた技術だけを使う
挑戦
Philosophy (長期思考)
・短期的財務目標を犠牲にしても長期的考えで経営判断する

（注）ジェフリー・K・ライカー『ザ・トヨタウェイ上』日経BP社、2004年、61ページ

図表2　TPSの家（張）

（注）ジェフリー・K・ライカー『ザ・トヨタウェイ上』
日経BP社、2004年、93ページ

版などでは「人間性尊重」は、「あらゆるステークホルダーを尊重し、従業員の成長を会社の成果に結びつけることを意味して」おり、また「知恵と改善」は、「常に現状に満足することなく、より高い付加価値を求めて知恵を絞り続けること」（六ページ）と説明されている。

「トヨタウェイ」というのはトヨタの「人づくり」そのものであり、そのための教育システムづくりである。それはトヨタの人事管理のみならず労使関係全般にわたる広範かつ緻密なシステムを含んでいる。「トヨタウェイ」というのは、筆者なりに言うと、「トヨタ生産方式を支えるために、トヨタで働く労働者ひとりひとりにトヨタの価値観や理念を徹底的に理解してもらうこと、そして、それを浸透させるためのシステムを人事管理や労使関係のなかに組み込むこと」である。そのための支柱として、トヨタはトヨタウェイの理解度を人事考課の尺度にすることを明らかにしている（図表3）。

（2）トヨタの雇用管理——労働力の吸引・反発と矛盾の他地域への拡散

トヨタは、高度成長期以降、主に地元東海三県や九州各県から従業員を採用し、季節工・期間工は九州や東北・北海道などから採用してきた。また、トヨタや関連下請企業は好景気の時代にはいつも多数の季節工・期間工やパートなど非正規労働者を利用してきた。新規学卒者を正規社員として採用した場合にも、多い時には一年で二〜三割程度退職という時期もあった。入社してすぐ止める労働者をわれわれは「流動的労働者群」と呼び、残って耐えて働き続け昇格・昇進していく労働者を「中核的労働者群」と名づけた。そういう点では、二〜三割の非正規などの未熟練な不安定労働者というのはトヨタや関連企業にとってはそう異常なことではない。しかし、トヨタにとって従来と異なったのは非正規労働者が歴史的にみても量的にピークの状態にあったことと、とりわけ下請企業を含めた派遣労働者の異常な増大であり、その任期切れが「一〇〇年に一度」といわれる急速な経済・経営危機、さらには「リコール事件」と重なったことであった。これまでトヨタは一九七三年末の石油危機も

図表3　評価制度の狙いと概要

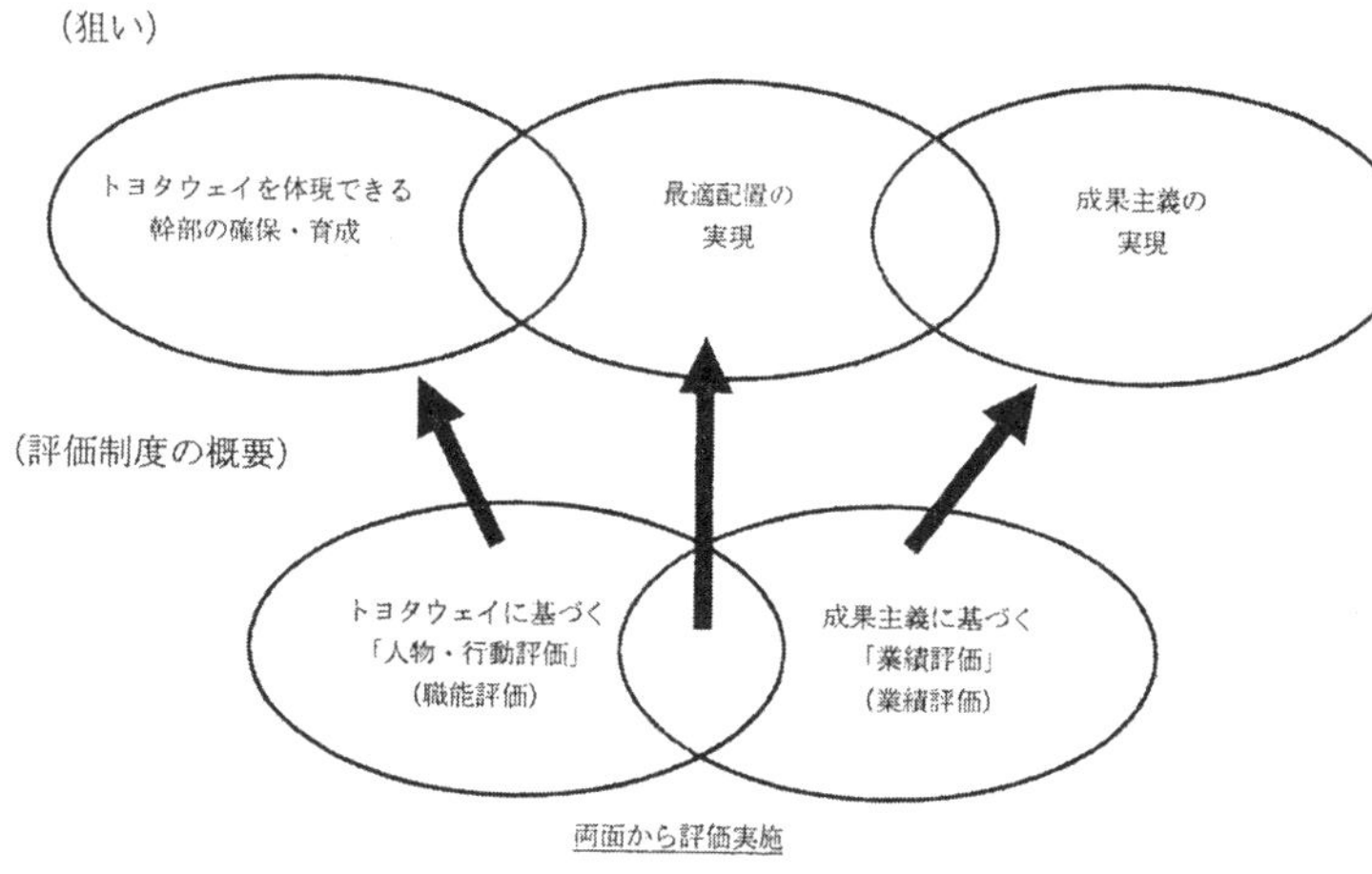
（狙い）
トヨタウェイを体現できる幹部の確保・育成
最適配置の実現
成果主義の実現
（評価制度の概要）
トヨタウェイに基づく「人物・行動評価」（職能評価）
成果主義に基づく「業績評価」（業績評価）
両面から評価実施

（注）「（事例3 トヨタ自動車）経営哲学「トヨタウェイ」を軸に世界的な配置，育成，評価制度を構築」（『賃金実務 No.903』2002年5月1日号）24ページによる．

一九九〇年代の、いわゆる「失われた一〇年」も、赤字を出すことなく無難に乗り越えて高収益を上げ続けてきた。最近の有効求人倍率は**図表4**のごとくであり、二〇〇四年以降は二倍を超えていた。愛知県内を除く県外からの豊田職安による「受入数」（**図表5**）は、二〇〇〇年以降は常用、季節、中卒者、高卒者を合わせると六〇〇〇人から九〇〇〇人に上っていた。このほか、特にデンソー以下のトヨタ関連下請企業は民間の求人誌などにより沖縄、九州、北海道など雇用情勢の厳しい県から多くの派遣労働者を受け入れていたのである。金融危機の影響が及ぶまではトヨタは期間従業員の選考会を、たとえば杉山直氏の整理によれば、二〇〇八年三月三日から一八日の一六日間に、全国で七九五回、一日平均五三回行っている。(注1) その上、事業協同組合を利用して中国やベトナムなどの研修生・実習生を無権利の低賃金労働力として長時間酷使していた（博松佐一、二〇〇八）。これらからも明らかなごとくアメリカの金融危機以前は、本工の採用を極力抑え、非正規労働者の雇用を拡大したが離職者は後を絶たず、期間工を募集しても募集しても足りない状況であった。そのため、労働力の豊富な九州や東北・北海道への工場進出を図り「国内三極体制」の確立を狙

図表4　有効求人倍率

年度別	有効求人倍率
1990	3.48
95	0.45
96	1.02
97	0.94
98	0.56
99	0.54
2000	0.95
01	1.04
02	1.16
03	1.59
04	2.05
05	2.13
06	2.09
07	2.14
08	1.08
09 3月	0.36

(注)豊田公共職業安定所『業務年報』各年度版、による。

図表5　受入数（愛知県を除く）

受入数年度別	常用	季節	中学	高校
1990	1,284	5,254	159	2,723
95	69	279	96	585
96	228	2,228	97	868
97	2,094	2,585	89	1,431
98	241	732	84	1,374
99	1,292	458	44	747
2000	4,702	1,938	45	734
01	6,295	2,510	40	856
02	3,385	2,380	6	632
03	3,519	1,614	0	656
04	3,316	1,362	45	736
05	3,682	1,016	36	981

(注)豊田公共職業安定所『業務年報』各年度版、による。

うことになったのである。

西三河地域や豊田市にはトヨタを頂点とする階層的労働市場が形成されているが、それに沿った賃金・労働条件の格差構造(図表6)をトヨタは長い利用してきた。その底辺では、最近の労働力不足時には日系ブラジル人などを中心に多くの外国人労働力が利用されてきた。そのため図表7にみられるごとく、豊田市内の外国人は年々増加し、二〇〇八年度で総数一万六八〇〇人にのぼり、その内七九一七人がブラジル人であった。それが金融・経済危機以降は一転して、後に述べるごとく、トヨタや関連企業は期間工や派遣労働者の「雇い止め」「派遣切り」に先頭切って突っ走ることになるのである。これまでもトヨタは離退職者の多くを出身地や名古屋などの他地域へ排出してきている。外国人、たとえば日系ブラジル人の場合には、帰国できない、あるいはしない人々は豊田市内の保見団地や知立団地、西尾市県営住宅などに多数滞留している。

保見団地には、二〇〇九年六月一日現在で四三〇六人(四九・二%)の外国人(ほぼ日系ブラジル人)が居住している。企業は外国人労働者を非正規雇用で雇い、景気の調整弁として利用してきたため、この不況で雇用問題が

図表6　平均年収の格差

	平均年収	格差(円)	指数
トヨタ	8,222,000	—	100.00
500～999人	5,829,612	-2,392,388	70.90
300～499人	5,949,934	-2,272,066	72.37
200～299人	5,025,081	-3,196,919	61.12
100～199人	5,129,993	-3,092,007	62.39
50～99人	3,982,791	-4,239,209	48.44
30～49人	3,742,680	-4,479,320	45.52
20～29人	3,372,637	-4,849,363	41.02
10～19人	3,480,681	-4,741,319	42.33
4～9人	3,095,262	-5,126,738	37.65
1～3人	3,255,254	-4,966,746	39.59

出所）1. トヨタの年収は2004年度の『有価証券報告書』による
2. 豊田市のデータは豊田市『豊田市統計書 平成17年度版』から

(注) 杉山直「トヨタ関連企業の賃金格差」
(猿田編著『トヨタ企業集団と格差社会』ミネルヴァ書房、157ページ)

劇的な形で顕在化したという。その多くが職を奪われ、収入がないため、ＮＰＯ「保見ケ丘ラテンアメリカセンター」は「緊急食糧支援」「一日派遣村」など様々活動を行っている。失職して寮の退去を求められ友人・知人宅に身を寄せている人も少なくない。空き部屋があるにもかかわらず県営住宅などは外国人の入居を制限している。また、外国人の児童・生徒が学校教育から排除されている深刻な実態もある。

また、知立市の知立団地には二〇〇九年四月一日現在で二四四五世帯、四八九一人が住み、うち一二五七世帯二六三四人（五三・九％）が外国人登録者で、そのほとんどが日系ブラジル人である。支援者たちは四月二六日に「派遣村」を実施したが、その際「一番心配したのは相談者の数」だったという。「岡崎の相談会には二日間で一二八名の相談者が来た」という。知立では「異常な混乱が予想されたので、相談は団地住民のみとし、受付も一〇時からの相談なのに九時から二時間のみとしたうえ、宣伝もほとんどせず、チラシを描き階段の掲示板に張っただけ」と自粛したという。結果として、相談に来た人は六六人で、全員が団地在住のブラジル人と少数のペルー人であった。

図表7　外国人国籍別人口・世帯数

年度別	総数	うちブラジル	韓国・朝鮮	中国	フィリピン	世帯数
1996	7,219	3,806	1,940	462	259	3,721
1997	8,535	4,976	1,942	547	300	4,201
1998	8,774	4,972	1,887	587	338	4,262
1999	8,561	4,613	1,847	611	455	4,167
2000	9,190	5,074	1,786	695	502	4,513
2001	10,581	5,883	1,794	875	597	5,310
2002	11,162	6,065	1,790	974	659	5,656
2003	11,789	6,270	1,735	1,118	797	6,157
2004	12,717	6,497	1,663	1,410	963	6,878
2005	14,458	7,006	1,675	1,741	1,161	7,984
2008	16,800	7,917	1,567	3,092	1,158	9,269

（注）1. 2005年4月1日に藤岡町などと合併。
2.『豊田市統計書』による。

ふとしたことから救助に立ち上った「知立派遣村実行委員会代表」の高須優子さんは「派遣村から見えたこと」として、次のように述べている。「私たちが支援したのは、偶然外国人労働者であり、そのほとんどが、車の部品工場で働く派遣労働者でした。正直言って、派遣村を開き直接そうした人々と話をして初めて、ミルクを買うお金もなく一週間も食べていないという人たちが、自分のすぐ隣に住んでいることに気が付きました。……派遣村でこうした人々と接することによって、企業も国も、日系の人々や派遣労働者を安く上がる労働力としてしか見ていないということを、嫌というほど知らされました。彼らは人間であることを忘れられていたのです。……しかし彼らは要らなくなったからと簡単に職を奪われ、文字通り荷物を放り出されて社員寮を追われ、一週間も食べることすらかなわず、子どもたちにきちんとした教育を受けさせることも出来ない。いいえ、多くの派遣切りの労働者は結婚することすらままならないのです」（高須優子「トヨタ城下町知立団地での派遣村」〇九・〇九・二二）

現在、日本やトヨタなどは派遣労働者などの非正規労働者や外国人労働者の処遇や対策が「人間的観点」から真に問われているのである。

（3）トヨタの人事管理と「人づくり」

この生産システムをスムーズに運行するにはトヨタが重視してやまないトヨタ的な「人づくり」が必要になる。家庭生活などを犠牲にしても、トヨタのために日々、継続的な改善を続け生産性向上に邁進する「トヨタマン」の育成が課題となる。そのためにはトヨタでは徹底した人事管理がなされ、「人間性尊重」という概念の意味すらトヨタ的に歪めて使用されている。

トヨタの「人間性尊重」の意味は門田安弘氏の次の言葉が端的に表現している。「トヨタでは、人間性の尊重とは、ムダな作業を排して、人間のエネルギーを意義ある有効な作業に結びつけることにほかならない、と位置づけられている。もし作業者が自分の職務は重要であり、自分の作業には確かな価値があると感じるなら、その作業者の職場志気（モラール）は高まる。逆に、自分の時間は無意味な職務に費やされていると感じれば、その作業者の職場志気は損なわれるだろうし、職務の遂行も不十分なものになろう」（注2）。このような「人間性尊重」と「継続的改善」、つまり「トヨタウェイ」の体得がトヨタマンになるには不可欠とされている。そのための様々な手法が人事管理システムとして用意されている。その一つを紹介したい。

人事管理の重要な一環としての企業内教育はトヨタの高蓄積を支えてきた主要な要因である。トヨタでは教育訓練の分野を単に職能教育のみに限定せず、いわゆる「インフォーマル教育」をつうじて労働者個々人の生活分野にまで拡大している。トヨタの教育理念は後にもみるごとく、「やる気を引き出す」ことを核心としており、その体系は図表8にみるごとく「職場教育」を中心とし、これを「フォーマル教育」と「インフォーマル活動」が側面から支えることによって成り立っている。この教育体系によってトヨタは「意欲あるトヨタマンの育成」に成功してきたのである。

トヨタの人事管理の中心をなしているのは「能力開発主義」である。この「能力開発主義」というのは「企業活動の担い手である『人の能力』を企業目標に結集していくために、長期的な見通しにたって、人材の確保・育成をはかり、その能力を最大限に発揮させることを重点とした人事諸施策である」。トヨタの伝統精神、社風を体現していく人材の育成が能力開発の基本的なねらいとなっており、それは次の三つにまとめられている。(一)

図表8　意欲あるトヨタマンの育成の体系

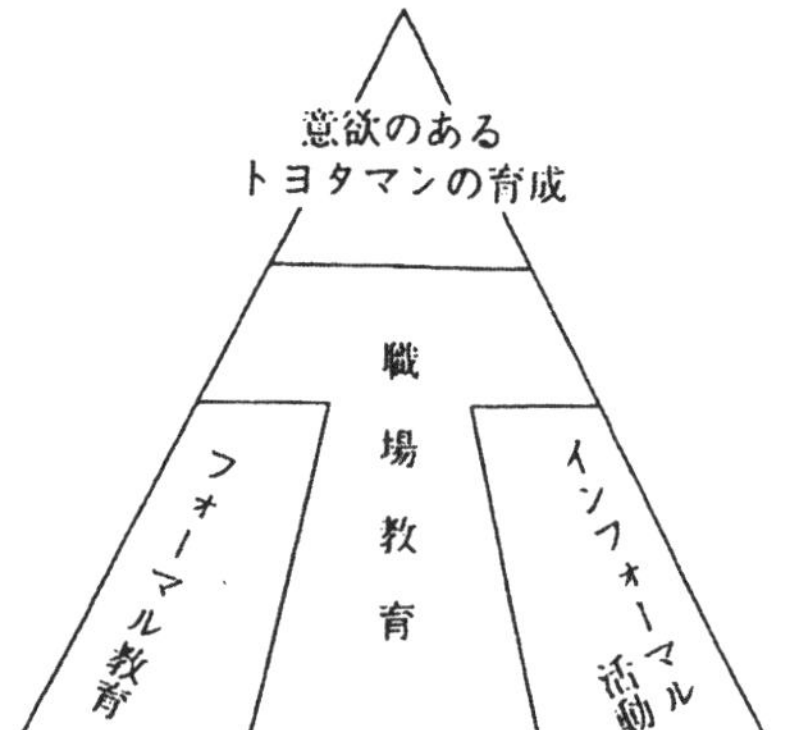

(注) 坪井珍彦「トヨタ自動車工業の『PT運動をはじめとする諸活動』」(中山三郎編『全員参画経営の考え方と実際』日経連所収) 76ページによる。

「考える人間」づくり、(二)「根性と実行力のある人間」づくり、(三)「企業人意識」の醸成＝「自分の会社意識」の醸成。

第一の「考える人間」づくりについては次のように言われている。「時代の変化を先取りして、顧客に喜んでもらえる商品を市場に提供していくためには従業員一人一人が自ら考えて創造していくことが必要です。魅力ある商品を開発して原価を低減し、品質の向上をはかるには、それぞれの仕事に従事する者が知恵を出して改善を進めていくことが必要です。(『創造と実践』三ページ)そのためにトヨタでは「『自らがアイデアを持ち考える力』を養うことを能力開発の大きなねらい」とされているのである。その実践手段の一つに「五回のなぜ」(5 Why)の徹底指導がある。トヨタではある問題が発生したとき、「なぜそうなったか」を五回繰り返して真の原因を追求することが求められている。また、トヨタは「創意くふう提案活動、QCサークル活動なども考える人間づくりに大いに役立っている」と評価している。

第二の「根性と実行力のある人間」づくりには、労働者の人間性を無視したトヨタにとっての「人間づくり」の非人間性がはっきりと前面に謳われている。独創的な新しいアイディアを出すだけでは駄目で、それを「実践していく実行力・根性・粘り」が必要だとし、「あくまで積極的にやりぬく『ど根性と実行力』を身につけさせることを大きなねらい」としている。『創造と実践』では続けて次のようにはっきりと書かれている。「業務上の目標は必要に応じてズバリ決め、それにむかって、あらゆる知力・体力等をふりしぼってもらうような仕事の与え方が、結局は根性と実行力のある人間づくりに結びつく」。もちろん、ここで言われている「人間づくり」とはヒューマニズム溢れる人間づくり、社会性をもった人間味溢れる人づくりとは異質のトヨタにとっての「企業人間＝トヨタマン」づくりであることは言うまでもない。そのための集合教育としては、例えば、新入社員に対する工場ラインでの作業実習、販売店でのセールス実習などの体験実習や若年層に対する選抜教育である「トヨタ技能専修コース」でのアンケート実習などがある。

最後の「企業人意識」の醸成。「自分の会社意識」の醸成については十一真敏教育部次長(当時)が明瞭に次のように述べている。「昭和二五年の労働争議という貴重な体験以来、労使間に培われてきた労使相互信頼の考え方を基本に、自分の会社を愛するという気持ちだけでなく、『自分の会社は自分たちで守る』という意識の醸成をめざす」、「従業員一人ひとりが、『自分の会社』と思うことにより、みんながムダをみつけ、改善・原価低減に努める。この積み重ねが、会社の発展につながるという仕組みの理解が重要です」（『TOYOTA MANAGEMENT』一九八一年九月）。『創造と実践』においても、「企業人意識の醸成」（四ページ）が強調されている。以上からもトヨタの経営者が五〇年の大争議から経営者なりに学び、従業員が労働者階級意識をもつことを極力警戒し、「自分の会社意識」をもつ人材の育成にいかに力を注いでいるかが明らかであろう。細部にわたる従業員の「しつけ」教育は現在も日常化している。

「能力開発」の日常化・全般化を職場の末端まで浸透させるためにトヨタは職場ローテーション、部門間ローテーションや多能工化計画の推進などに加え、ＱＣサークルなどの小集団活動や創意くふう提案制度などを積極的に利用してきた。これらＯＪＴ方式による教育訓練やＱＣサークル、創意くふう提案制度などは、日常的で連続的であり、一面ではモラール向上、人間関係の改善、「参画意識」の高揚などの教育機能をも果たしているのに反して、「中堅技能者特別訓練」（猿田、二〇〇七）などの階層別教育＝集合教育では階層ごとに各自に特別の自覚を強要され、階層ごとの仲間意識とともに他の階層との差別意識を植えつける場となる。このようなフォーマル教育と職場教育、インフォーマル活動が一体となって、いわゆる「意欲あるトヨタマンの育成」に成功してきたとみることができる。

トヨタは労働者像として、いわゆる「トヨタマン」を描いている。トヨタウェイを身につけた労働者ということだが、「Ｔ字型人材」とか「プロ人材」、「Ｌ字型人材」とか様々な言い方がされている。例えば、現場では「Ｔ字型人材」と呼び、これは色々な仕事が出来て、一つの仕事に精通している、なおかつグローバルであれと教育している。単純に考えても、仕事に必要な技術教育はともかく、人間の成長を経営者に任せるというのは、本来可笑しいことだ。外国人から、「なぜ経営者が人づくりをするのか」と笑って質問されるが、トヨタの場合は本当に、労働者の私生活を含めて何にでも口出しするのが特徴である。その際、一番邪魔になるのが、異質の価値観を持った労働者の存在である。それが集団としての労働組合として存在することをトヨタは最も嫌っている。

（4）トヨタ生産方式と下請労働者管理

①下請企業管理

トヨタは車生産の七割以上を関連企業に依存している。各種部品生産を関連下請企業に依存していることは言うまでもないが、トヨタ車の組立もトヨタ九州や豊田自動織機、関東自動車、セントラル自動車などの子会社や関連企業で行なっている。トヨタは関連企業で協力会＝「協豊会」（図表9）を組織しており、また、トヨタ・グループ企業は各企業が独自に協力会（図表10）を組織している。トヨタ系の主な企業は企業別労働組合を組織しているが、それらを束ねているのが全トヨタ労働組合連合会であり、その主導的位置にあるのがトヨタ労働組合である。

　トヨタ生産方式は下請企業（サプライヤー）の全面的な協力なくしては成立しえないシステムである。トヨタは徹底した下請企業管理（品質、コスト、納期）を通じてトヨタ生産方式を遂行し長年にわたって高蓄積を上げることに成功してきた。下請企業を支配する手段としては、①株式の相互持ち合いなどの資本関係、②下請企業への技術教育や品質管理・不良品対策（変化点管理）の指導、③管理職などの出向・転籍などによる人間関係の強化が挙げうる。このような強固な結びつきを利用して支配を拡大し、高品質の確保、度重なるコスト削減、そして、ジャスト・イン・タイム（無在庫、ムダの排除）に成功してきたのである。

図表9　協力会組織

	部会名	所属企業数		部会名	所属社数
協豊会	ユニット部品部会	109社	栄豊会	ボデー設備部会	20社
				ユニット設備部会	48社
	ボデー部品部会	94社		施設部会	32社
				物流部会	23社
	合計	203社		合計	123社

（出所）『トヨタ自動車グループの実態　2004年版』アイアールシー、2004年、177ページより作成した。

例えば、具体的には、ＱＣサークル活動の関連下請企業への指導、デザイン・インなど企業間の協力・「すり合わせ」なくして高品質の実現は難しいといえる。この度の、金融危機下では、愛労連の調査（「仕事量・単価に関する中小企業アンケート」二〇一〇年）によると、平均すると「仕事量はピーク時の半分以下」で、六割の事業所で「この一年間に単価の引き下げがあった」という。

この下請企業管理には、往々にしてトヨタの「傲慢さ」が垣間見える。中日新聞「結いの心」でその実態の一部が報道されたが、それに対してトヨタは即座に広告費カットで応えたと、担当記者から直接聞いた。また、気に食わない報道をしたマスコミに対して、当時、経団連会長であった奥田（トヨタ取締役相談役）氏が「マスコミに報復してやろうか」（「厚生労働行政の在り方に関する懇談会」にて、Ａ〇八一一一三）と発言したことは有名である。トヨタの要求に忠実に応えていくことが下請企業であり続けるための必須の条件である。

②下請労働者管理

二〇一〇年に頻発した中国の日系企業（トヨタ系など）でのストをみるまでもなく、下請部品企業の労働者の反

図表10 トヨタ・グループ直系12企業の協力会組織加盟企業数

	協力会名	企業数
豊田自動織機	豊永会	69
愛知製鋼	豊鋼会	128
豊田工機	豊工協力会	90
トヨタ車体	協和会	106
アイシン精機	アイシン協力会	86
デンソー	飛翔会	85
トヨタ紡織	不明	不明
関東自動車	NEXT	139
豊田合成	協和会	72

（出所）『トヨタ自動車グループの実態　2004年版』アイアールシー，2004年より作成した。

乱は直接、生産に支障をきたす。そのためトヨタは、下請関連企業の労働者管理に絶えず気を配っている。先に指摘した出向、転籍のみではなく、雇用調整としての応受援や最近では、不要になった期間工への再就職先として紹介までしている。もちろん、「紹介」されたからといって再就職ができるわけではない。

高品質の要求とジャスト・イン・タイム納品の要請は下請企業労働者にも強いプレッシャーとなって圧し掛かることになる。グローバル競争の激化を理由にした部品単価の度重なる引き下げは、当然、労働コストの削減、賃金の引き下げとなって労働者を苦しめている。

トヨタは企業集団として雇用・労働力のポートフォリオを利用してきたと言ってよいだろう。正規従業員と非正規従業員の様々な組み合わせ、例えば、本工、差別的な雇用の女性本工、期間工、パート、派遣、請負、外国人非正規労働者、実習生・研修生などをその時期に合わせて採用・利用してきたと言える。金融・経済危機以降、トヨタや関連企業の「雇い止め」「派遣切り」は、その一部は保見団地や中区笹島、西尾、知立などの派遣村となって現象したのである。

(5) 労働者支配を支えるトヨタの労使関係

このようなTPSやトヨタウェイ、人事管理を許容しているのが図表11にみられるようなトヨタの労使関係である。トヨタは労働者・労働組合に共通の価値観を強要し、あるいは異質の価値観を持った労働組合を極力排除しようとする。トヨタは一九五〇年の解雇争議を教訓として労使関係をきわめて重視していると強調しているが、労使関係を重視する理由はそれだけではない。むしろそれ以上に、現在ではTPSの実践にとって、トヨタが誇る「健全な」労使関係は不可欠なものであると自覚しているからである。

トヨタの労使関係の性格は、いわゆる「労使宣言」に典型的に表現されている。トヨタでは一九六二年に「労使宣言」を結び、会社と労働組合は、「労使関係」は「相互信頼」を基盤とすること、生産性の向上をつうじて企業の繁栄と労働条件の維持・改善を図ること、などを誓った。そして一九七四年になって労働協約が締結され、労使協議中心の「労使協調的」労使関係が確立することになる。労組役員選挙も執行部推薦候補以外は立候補が困難なように「推薦制」をとり少数派が立候補しにくくなっている。

かくして、現在ではトヨタの労使は一歩進んで、一九九六年のいわゆる「新労使宣言」や新「トヨタ基本理念」（一九九七年）にそって、労使で「価値観を共有」し「相互信頼・相互責任」でトヨタの発展に尽すことを約束するまでになっている。このような「労使一体的」労使関係の下で日本国内のＴＰＳは全面的に展開することができているといえる。このトヨタ生産方式を「進化」させる力になっているのが、労働者に企業の利益のための「継続的改善」を強制することを受容させる人事管理・労使関係である。

トヨタ的労使関係の成立の事情に詳しい、五〇年争議当時、人事課長であった山本恵明氏は、トヨタ的労使関係をつくるうえで努力した点として次の三点を挙げている。①「ノーワーク・ノーペイ」、②「話し合いの原則」、③「労職一体の組合づくり」、である。「ノーワーク・ノーペイ」は現在では「相対的高賃金」政策となって継続しており、「話し合いの原則」はその後、トヨタの緻密な労使協議会体制として整備されてきた。なかでも「労職一体の企業別組合づくり」には、その後も最大の配慮がなされ、これがユニオンショップ制による全員加盟の

図表 11 トヨタの労使関係

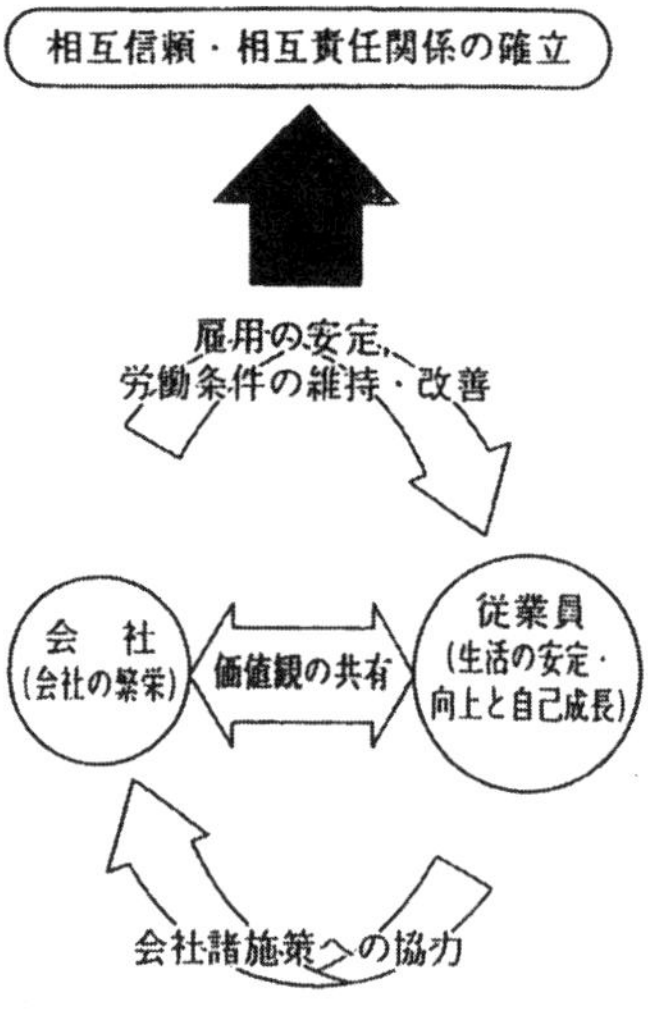

（注）TOYOTA, Enviroment & Social Report 2003、による。

「企業別組合」に道を開いたとされている。当時、トヨタ的労使関係をつくるうえで積極的役割を果たしたと言われている養成工とその出身者でつくる「豊養会」は、今でも重要な役割を果たしており、歴代の組合委員長には養成工出身者が多く就いている。組合役員はトヨタの「昇格・昇進・昇給管理」の下での昇進ルートともなっており、女性が組合役員になることはほとんどない。また、トヨタ労組を中心とする全トヨタ労連は、長い間、下請企業や非正規労働者への格差・差別を容認してきた。

トヨタ生産方式はトヨタ的な労働者支配の仕組みがなければなかなかうまく機能しない。JITによる無在庫方式を追及し続けるトヨタにとっては、トヨタのみならず下請企業の労働者の抵抗（ストライキなど）は最大の障害となる。トヨタ労組はその障害を取り除く役割を果たしてきた。また、かつては地域組織「ゆたか会」をつくり地域に影響力を行使してきた。最近、自公政権から民主党中心の政権へ交代がなされたが、民主党の支持母体である連合、自動車総連やその単組であるトヨタ労働組合がどう動くのか興味あるところである。

（6）モラール・モチベーション管理

日本の労働者の「働きすぎ」については、熊沢誠氏の「強制された自発性」という用語が社会的に認知され一般に広く使用されるようになっている。詳しく論ずる余裕はないが、それによると労働者は「働きすぎ」にもかかわらず、そこに「生きがい」すら見出しているという。湯浅誠氏は『働きすぎに斃（たお）れて』（岩波新書、二〇一〇）の書評のなかで、「社会の中において、『強制的自発性』が暴走しだしているということじたい、その社会の末期的状況を示しているのではなかろうか？」と述べている。熊沢氏の指摘は社会学的には正鵠を得ているといってよいが、人事管理・労使関係という視点からは、それで充分というわけにはいかない。とりわけ人事管理面からは、その具体的な中身を明らかにしなければ、問題の回答にはならないからである。

また、アメリカの学者からは「ストレスによる管理（MBS）」が、労働者に「やる気をおこさせる」と指摘され、日本の多くの研究者に影響を与えている。マイク・パーカー、ジェイン・スローター編著の『米国自動車工場の変貌――「ストレスによる管理」と労働者』（緑風出版、一九九五年）では、次のように指摘されている。

「MBSは伝統的なアメリカ経営者の通念に反してい

る。常識に反しているともいうべきか。起こりうる停止や故障に対する保護として、部品を備蓄したり、欠勤者の穴を埋めるための予備の労働者を雇う方が理にかなっているのではないか。ところが、ＭＢＳは、系統的にそうした保護がどこにあるかをつきとめ、むしろそれをなくそうとしている。このシステムは人間の諸要素を含めて、恒常的な緊張の状態で動いている。システムを緊張のあるものにすることで、弱いところと同時に強すぎるところをつきとめていく。緊張が過度になると弱いところは停止してしまう。それで資源の補強が必要だと分かる。同じく重要なことは、全く停止しないところは資源が多すぎる、つまりは無駄づかいだとみなされる、ということである」（八九〜九〇ページ）。「このＭＢＳの生産システムでは、**プレッシャーこそが労働者にやる気をおこさせる**、と想定されている」（九四ページ）。

「経営者の指令というよりはそうしたストレスが、生産システムのいろいろな部分を調整していくメカニズムになっており、このシステムをマネジメントの目的に向けて『自己規制』しているのである。つまり、トップマネジメントは達成すべき生産量に関して若干の重要な決定をするだけでよい。そうすればこのシステムが自動的に動いていく。トップマネジメントは、各種ごとの生産スケジュールの詳細をつねに監視している必要はない。

だが、このシステムが動いていくためには、材料補給係、供給課、部材供給会社などすべてが、万難を排してＪＩＴで部材を届ける、という態勢が不可欠である。この態勢を長期にわたって維持するために、失敗に対するペナルティがある。」（九四ページ）。

「ここにも**ストレスがこのシステムを動かしている仕掛け**がある。誰かが欠勤すると、そのしわ寄せはそのチームの同僚なり直属の監督にいく。人事課から欠勤補充要員を回してもらえるような仕組みになっていないのである。そういう予算は立てられていない。そこで迷惑を被るのは欠勤者のチームの同僚だということになる。穴埋めに入った人が欠勤者の職務をうまくこなせないと、他の人々の職務のペースも乱されてくる。その結果、チーム・メンバーは欠勤者に反発するようになる。こういうシステムのもとで、チーム・リーダーが欠勤者にあまり同情しなくなることは、ある意味では当然である。ＭＢＳの工場では誰もがすでに激しく働いているので、欠勤者に対しては同僚から大変な圧力がかかるのである。ＮＵＭＭＩで面接した労働者は、欠勤が多すぎる人は自分たちのグループから追い出したいくらいだ、と言っていた。

こうした同僚からの圧力は、職場では強い力となりうる。**われわれの多くは、われわれが仲間と思っている人々に受け入れられ、重んじられたい、というニーズを持っている。**労働者の疎外感や無力感が増している組立てラインなどでは、仲間からの受容や尊敬を失う恐ろしさは大変なものである。仕事がきつければきついほど、労働者は些細でインフォーマルな協力に頼りあう。ちょっとした気ばらし、ユーモア、心理的な助け、等々。**経営者は、仲間の圧力の強さをよく理解しており、それを利用する」**（二〇二ページ）。

マイク・パーカーなどの指摘は、リーン（トヨタ）生産システムでは、「プレッシャーこそが労働者にやる気をおこさせる」と想定されており、「同僚からの圧力」が「職場では強い力」となると認識し、経営者はそれをうまく利用しているとする。この指摘にも筆者は賛同するが、日本の労働者に対する「強制力」の分析としては不十分であろう。

これらの指摘を前提としつつも、筆者は、トヨタのブルーカラーの「動機づけ管理」のポイントは人事管理の側面からみると、次の三つからなっていると考えている（図表12）（猿田・杉山、二〇一二）。第一は、「日本的経営」で最も重視されてきた年功賃金や「終身雇用」などの経済的刺激による動機づけである。つまり、より良い生活のために一生懸命働くようなシステムづくりをするということである。これまで支配的であった、これらの集団主義的管理は、そのためのシステムとして有効に機能してきたということができる。これは従来、日本ではモラル（士気）管理と呼ばれてきたものである。トヨタの場合にも、これまでは「終身雇用」の下での年功的な職能資格制度（図表13）を柱とした「昇格・昇進・昇格」競争によりトヨタで働き続けることを選択した労働者からヤル気を引き出すことができた。ホワイトカラー労働者の場合には、成果主義の導入により大幅な賃金格差のつく刺激策がとられているが本報告では触れない。

第二に、トヨタが労働者のヤル気を引き出し続けるために導入したシステムが、いわゆるＴＰＳのなかに組み込まれている「少人化」であり、小集団管理としてのＱＣサークルや創意くふう提案制度であった。これらを手段とした徹底した要員管理によってトヨタはＴＰＳの二本の柱である「ＪＩＴと自働化」を最少の人員で稼動し

図表 12 トヨタ動機づけ管理の構造（分断=差別・選別と統合）

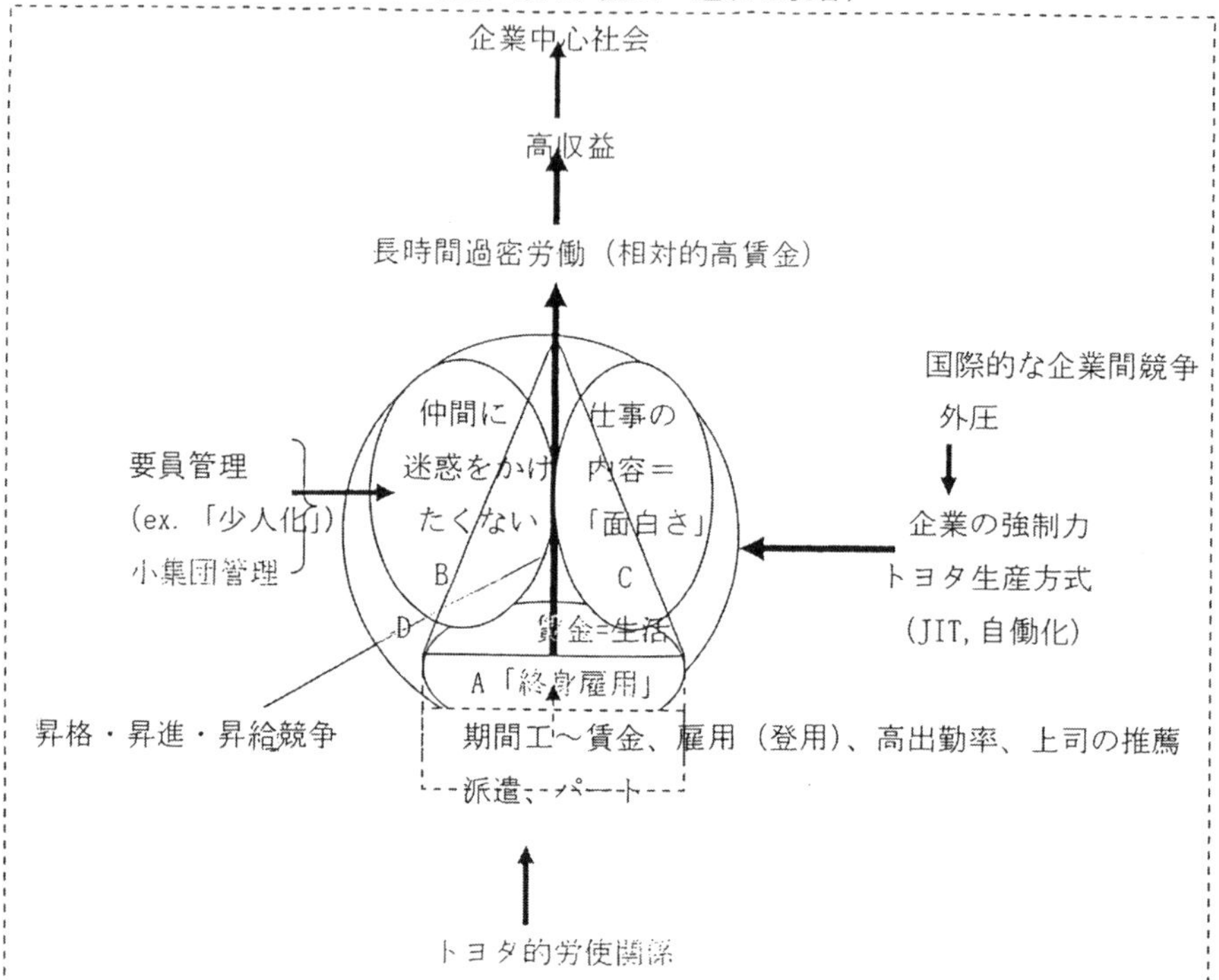

（注）

A：集団主義、「日本的経営」、「能力主義管理」 ｝モラール（morale）
B：要員管理、小集団活動

C：日本的働き方＋行動科学的手法～モティベーション（motivation）

D：いわゆる「管理教育」に代表される愛知県西三河地域の超保守的な社会環境。
現在では日本全体が西三河化しつつある。

図表13　資格体系と賃金等級

（旧資格）	【新資格】	【賃金等級】	【職位】	
CX級（30）	CX級（30）	技能1等級	CL	CX
SX級（50）	SX級（50）	技能2等級	GL	SX
EX1級（60）	EX級（60）	技能3等級	EX	
EX2級（7A）		技能4等級		
指導職（7B）	中堅技能職（70）	技能5等級		
準指導職（80）		技能6等級		
一般職1級（9A）	初級技能職（90）	技能7等級		
一般職2級（9B）		技能8等級		
一般職3級（9C）	基礎技能職（FO）	技能9等級		

（注）『技能系新人事制度』トヨタ・人材開発部，1999年3月，8ページによる。

続けることに成功したのである。この要員管理のポイントは、徹底した労働時間管理・出勤率管理の下で、職場に組や班という小集団をつくり、そこでのQCサークル・提案制度や懇親会などを利用して、休んだりサボったり、ミスしたりしてサークルや組の「仲間に迷惑をかけたくない」という雰囲気（相互監視体制）を意識的に作り出したことである。

第三が、従来、いわゆる「日本的経営」なり「日本的労務管理」の特徴とされてきた労働の柔軟性である。日本的労務管理は従来から配転、ローテーションや職務拡大、職務充実などの内容を含んでいたが、トヨタはそれを行動科学的労務管理の導入によって一層整備する。充実した企業内教育システムを整備しつつトヨタは、「昇格・昇進・昇給」管理の下で、労働者の異動や仕事の範囲や権限の付与を労働者のヤル気を引き出し続ける手段として有効に活用したのである。この点は、いわゆる「フォードシステム」の下での、徹底した分業による労働の細分化によって無内容な労働を労働者に強制し忌避されたのとはかなり異なっている。これら三つがトヨタ労働者を、現在でも相対的高賃金下での長時間過密労働へ追いやる手段として機能し続けている。

また、最近、その多くが「雇い止め」にあったが、傾向的には増え続けてきた、雇用調整弁としての期間工の「動機づけ」について簡単に触れておきたい。

期間工の多くは、求人も少なく就職困難な九州・沖縄や北海道・東北などから働く場所を求めてやって来る。その時の基本的な要求は、安心して働ける場の確保と生活しうる賃金である。採用の際に重視されるのは、「健康診断」と「協調性」である。運よく採用されると初めての人でも月収約二五万円が約束されている。これは基本給、深夜手当、時間帯手当、残業手当を含んだ合計である。その他、満了慰労金や満了報奨金などを加えると年収約四〇〇万円が期待できる。在職年数が増えると日給や基本給は少しずつ増額される。安心して働けるように生活のためは全員に寮が用意されている。これらが当面の期間工の「満足管理」の中味である。

トヨタが期間工にもっとも期待するのは、黙々と休まずに一所懸命に働いてくれることである。そのため仕組みが賃金システムの随所に組み込まれている。その最重要視されている手段が満了慰労金と満了報奨金である。満了慰労金は期間満了者に、契約期間に応じて出勤日数分が支払われる。これは期間満了後に一括して支払われ、途中退社の場合には支払われないことになっている。また、欠勤、遅刻、生理休暇や休日出勤日は支給の対象外となっている。満了報奨金は契約期間満了者に出勤状況に応じて支払われる。欠勤、遅刻、早退のない月のみ、一日当たり一〇〇〇円を当月の出勤日数分が支払われるという厳しいものである。また、この満了報奨金も欠勤、遅刻、生理休暇や休日出勤日は支給の対象外となっている。

トヨタ労組は期間従業員の組合員化の決定などを行なったが、金融不況で、非正規労働者の多くが解雇され、最近一部が再雇用されているが、期間工の労働実態は未組織時代とまったく変わっていない。この間、好況期・不況期に応じて、二年一一カ月まで雇用できる「シニア期間工」制の採用、契約解除・再雇用、登用数の調整、再就職紹介など種々の取り組みがなされているが、これらの施策が期間工の雇用・生活の安定につながっているかは疑問である。期間工の「動機づけ」としては、雇用・生活不安を利用した経済的・社会的「動機づけ」施策が主流といえる。

これらの「モラール・モチベーション管理」を有効に機能させる上で、後に述べる、いわゆる西三河地域の「管理教育」を無視することはできない。

Ⅱ　トヨタシステムと労働者への影響

しかし、このような性格をもつトヨタシステムは、結果として高蓄積・高収益を生み出しただけではなく、労働者や市民へ与える影響も大きかった。それを、筆者の経験などをもとに以下でみておきたい。

（7）トヨタシステムと安全・健康問題

トヨタの「長時間・高密度・不規則労働」が安全・健康問題に与える影響は肉体的にも精神的にも深刻なものがある。筆者が一九七九年に中京大学へ赴任し、トヨタ調査を始めた時に驚かされたことは多い。

トヨタ調査を始めて間もなく豊田市内のお寺で行われたトヨタ労働者との集まりで、ある労働者が「身体の弱い労働者はまだ良い。身体がおかしくなったら働けなくなるので、精神的におかしくなることはない。健康が回復したら再度戻ってくることもできる。しかし、頑健な人は大変だ。肉体的に頑強な人ほど精神的におかしくなるまで頑張って働くので、一度おかしくなったら二度と回復しない」。これを聞いて大変なショックを受けたことを覚えている。

また、当時ベストセラーであった鎌田慧『自動車絶望工場』をゼミのテキストに採用したところ、教え子の学生が親（トヨタマン）から「なんでこんなもの（本）を読んでいるんだ」と怒られたという話を聞いて、これまたショックを受けた。これは大変な所へ来たなという思いであった。

県の労働部に委託されたME化調査でトヨタ関連下請企業を訪問した際に、過労死について質問すると経営者が「うちみたいな企業は死ぬ前に退職するので過労死はない」と答えたので仰天したのを今でも思い出される。並行して愛知の「管理教育」の調査を始めていたのだが、これも北海道の山育ちの筆者には驚嘆することばかりで、よほど覚悟しなければと思ったものである。

トヨタ研究を続けて一〇年を経過して間もなく、豊田法律事務所の弁護士が突然、私の研究室へ訪れてきた。一九九二年八月二七日に起こったトヨタマンよる「妻子（四人）殺人事件」の証言の依頼であった。一瞬「私が何で殺人者のために証言しなければならないのか？」と思ったが、詳しく話を聞いていると、私の当時の研究テーマとピッタリと一致している事例であることが分かってきた。豊田市内の中学校を卒業し、そのままトヨタ工業高等学園に入学し、卒業後トヨタで働きはじめて二五歳の時に、妻のお腹にいる子を含めて妻子四人を殺害し山中に捨てたという悲惨な事件であった。彼は上郷工場第一機械部保全課に勤務する「模範的なトヨタマン」であった。QC活動などで多くの賞をもらっていた。この事件について、私がトヨタ労働者による殺人事件と事前に気がつかなかったのは、新聞は「豊田の夫、会社員を逮捕」と報道していたからであった。

弁護士は私に労務管理研究者としてトヨタの労務管理について証言してほしいという依頼であったので、弁護は抜きでトヨタの調査研究から言えることを証言しようということで、依頼を受けることにした。この時は、二度証言に立ったがこの間の経緯は青木慧氏の『トヨタ人間管理方式』や当時の雑誌のルポに少し詳しく掲載されている。この時の傍聴席には殺された妻の母親など二人と殺した夫の母親と新聞記者が二人の五人がいるだけで、ほとんど社会から注目されることはなかった。

次は、「過労自殺」裁判である。この裁判は結審まで長い時間がかかった。一九八八年八月二六日に、家族を愛していた若き三五歳のトヨタマンが自ら命を絶った。その当時は、シャシー設計部第一車輌設計課第一係長であった。旭丘高校を出て東工大・大学院修了し、トヨタへ入社したエリートであった。ただでさえ忙しい仕事に加えて海外出張や、いわゆる「自主活動」、職制会の役員、労働組合の職場委員の仕事が押し付けられ、真面目な彼はあまりにも多い仕事がこなせず責任を感じて自殺の道を選んだのである。悲劇というほかはない。

最も有名な事件は、最近結審した、いわゆる「内野過労死裁判」である。歴史的にみても実名を挙げてトヨタと対峙した「過労死裁判」はこれ以外にはない。二〇〇二年二月九日、堤工場車体部品質物流課でEX（班長クラス）として働く三〇歳の真面目なトヨタマンが突然倒れて病院へ着く前に亡くなった。「夫があれだけトヨタに尽くしたのに、ほんとうに死ぬまで働いたのに、職場で死んだら一顧だにされない」というトヨタの仕打ちに、妻が怒りを感じたとしても不思議ではない。「夫の労働をなぜ認めてもらえないのか」という奥さんの訴えは聞く者の心を揺さぶらずにはおかなかった。この裁判は勝利しただけではなく、「自主活動」とされている「QCサークル」を「業務」と認定した点で日本の裁判史上、画期的なものとなった（猿田、二〇〇七）。

最近の事件としてはデンソー・トヨタ「うつ病」裁判がある。二〇〇〇年八月末、デンソー・ディーゼル噴射技術部で働く労働者がトヨタ本社第四開発センター第三機能設計室へ長期出張を繰り返す中、長時間にわたる、あまりにも過酷な労働やパワーハラスメントにより、さらには「業績・成果主義」による差別的処遇により「うつ病」になり訴えた事件である。この事件は、グローバル競争が激化する中で、その最前線で働く設計労働者の過酷な実態を如実に示している。この裁判も二〇〇八年一〇月、名古屋地裁はトヨタとデンソーの「安全配慮義務違反」を認める判決を下し結審した。（猿田、二〇〇九）。

これ以外にも、期間工の「突然死」や関連下請企業で働く外国人労働者の過労死・労働災害や研修生・実習生の低賃金労働や人権無視など枚挙にいとまがない。女性技能員（出身・鹿児島）の退職後の「自殺」や関連企業・関東自動車の派遣労働者による秋葉原無差別殺人事件なども忘れ難い事件である。

このような中で注目すべきは、二〇〇六年一月二日に「カムリ」のハイブリッドの開発責任者が「過労死」した事件である。これは、二〇〇八年六月三〇日、豊田労働基準監督署が労災と認定して決着がついた。これはこれまでの運動の成果ともいえよう。しかし、このように公になる事例はまさに氷山の一角である。以上のようなことも影響して、たとえば、警察庁の「自殺統計原簿二〇〇八年」をもとにした東大大学院の澤田康幸氏の整理によると、豊田警察署管内の「被雇用者」（九三人）や「管理者」（五人）「無職」（一三九人）「学生生徒」（一一人）の自殺者数はすべて全国一位である。また岡崎警察署管内が「管理者」（五人）の自殺が豊田と同数の全国一位で、「被雇用者」（六七人）と「学生生徒」（九人）が二位、「自営業者」（一八人）が全国三位、「無職」（一〇一人）は六位となっている。

（8）トヨタシステムと雇用・生活不安

ＴＰＳは労働者のスピーディな吸引や反発を前提としたシステムである。これまでも多数の季節工・期間工を採用・解雇し、また関連下請企業などへの応受援によって雇用調整を行なってきた。このような雇用管理は一方では、本工労働者の雇用の安定に寄与したが、他方では、非正規労働者や下請企業労働者の雇用・生活を脅かすものであった。それは最近の「派遣切り」、「雇い止め」、外国人労働者の解雇などに顕著に現れている。

①雇用・生活不安

ここでは、金融危機・経済危機下で激変するトヨタや関連企業の労働者の雇用・生活実態をみておきたい。トヨタシステムが抱える矛盾、好況期における相対的高賃金と長時間・高密度・不規則労働から不況期に特徴的な低賃金と雇用・生活不安へ一気に落ち込む様子が今回ほど明瞭になったことはない。

グローバル競争の激化の下では、「過労死・過労自殺」問題や「うつ病」問題がトヨタや関連企業労働者を脅かしていたが、今回の経済・経営危機は自動車産業の多くの期間工や派遣労働者などを、仕事と住居を同時に失う失業者・生活難民へと一気に転落させた。その背景にはアメリカの金融危機があるとはいえ、日本の自動車産業において非正規労働者の解雇・失業問題が短期間に深刻化した原因は第一には、日本の自動車企業に浸透しているＴＰＳやいわゆる「人間かんばん方式」で有名なトヨタ的な人事・労使関係がある。第二に、トヨタ出身の奥田元経団連会長と小泉元首相によって進められた労働者派遣法の改悪がある。この両者の負の側面がこの経済危機によってもろに露呈することになったのである。

この危機に遭遇してトヨタは、販売減への対応として減産態勢を強化し、最高時には一万一〇〇〇人ほど抱えていた期間従業員を〇九年三月までに三〇〇〇人へと大幅に削減すると発表した。また、設備投資を削減し、工場新設や能力増強の実施時期も延期し、生産規模を縮小した。〇八年一一月には社内に「緊急収益改善委員会」を立ち上げ交際費、交通費、広告費の「３Ｋ」などあらゆる項目にメスを入れるコスト削減を急ピッチで進めた。

雇用管理面での対応としては、派遣契約の解除や期間工の任期切れ解雇、そのほかに残業の規制や田原工場などの一部ラインの二直制から一直制へ切り替え、さらには、年末の休日を二日増やしたり、二〇〇九年一月の金曜日を休日としたり、トヨタカレンダーで出勤を予定されていた土曜日を休日にすることなどして、販売の縮小に対応した。

また、関連下請け企業の経営も深刻である。トヨタが二〇〇八年末から取引のある部品メーカーの資金繰りについて緊急調査を実施したところ、トヨタの減産を受けて部品会社の財務状況は急速に悪化していることが明らかになった。トヨタの減産規模は二、三月と月を追うごとに拡大し、三月に入ると二次下請企業の「日本高周波」が名古屋地裁支部に自己破産を申し立てた。トヨタの増産に対応しようとして新工場を建てたところ、トヨタの急減産に直面し資金繰りに窮したのである。販売不振によるトヨタの減産は、すでに二〇〇八年九月時点でトヨタグループ各社の雇用に深刻な影響を与えていた。各社の中で最も多く期間従業員を抱えるデンソーは、五八〇人削減、二二〇人を正社員化、そして一〇月上旬に新規採用を停止。豊田自動織機は期間従業員と派遣社員を合わせて五一六人削減。アイシン精機は七月末から期間従業員の新規採用を中止するとともに二六六人の削減。関東自動車工業も八月以降、東富士工場で生産するカローラの輸出減を見込み、派遣社員を約三〇〇人から約二〇〇人に減らしている。これ以降も、非正規従業員の削減は続いている。トヨタ車体でも〇八年一二月に派遣や期間工の雇い止めの通告がなされている。注目すべきは、トヨタ九州の社員がトヨタ車体に出向し、玉突き的に長年トヨタ車体に貢献してきた派遣や期間工が解雇されたことである。

トヨタや関連下請企業は「中国に負けるな」とばかり

に、期間工や派遣労働者を最大限に低賃金で徹底的に利用した挙句の果てに、ここへきて一気に不要労働力とばかりに解雇したのである。このような状況にもかかわらず、技術系などでは相変わらず残業が行われている。

ところで、トヨタは二〇〇九年九月、一三〇〇人程度まで減少した期間従業員を一〇月に約八〇〇人採用すると発表した。世界的な新車販売の急減と生産台数の落ち込みを受けて昨年六月末以降、採用を中止していたが、エコカーの受注好調などで生産が回復、人手が足りなくなっているため一年四カ月ぶりに採用を再開することになった。ハイブリッド車「プリウス」を生産する堤工場など愛知県内の工場に配置したという。今回採用するのは過去に契約の切れた期間従業員が主な対象となった。

最近では、トヨタの複数の工場で休日出勤や残業を実施しているほか、堤工場には関連企業などから応援要員を送り込んで生産増に対応している。トヨタ系の日野自動車も国内三工場で九〇〇人規模の期間従業員の採用を再開した。

解雇された労働者は、近隣から流れ込む人も含めて、名古屋市中村区役所などに殺到している。図表14からも明らかなように、年明け以降、中村区役所に連日一〇〇人を超える相談者が押し寄せてた。この数は、〇八年四月～一二月の相談者の平均（二六・六人）の約四倍という異常な事態である。相談者の過半数は名古屋市外からの流入者であり、しかも、増加傾向がみられる。「派遣切り」で来ている人では、実にその四分の三（七六％）が市外からの流入者である。

トヨタの「期間工」が雇い止めでホームレスとなった事例やトヨタ系企業を「派遣切り」になり、ネットカフェに暮らし、年明けに上京し、東京の「年越し派遣村」を頼って上京した男性もいる。厚労省の発表では、〇八年一〇月から〇

図表14　年明け以降の、中村区役所における「住居のない方」の相談状況

区分	1月5日	6日	7日	8日	9日	13日	14日	15日
相談者数	86	107	121	78	100	131	107	100

区分	1月16日	19日	20日	21日	22日	合計
相談者数	98	99	113	100	103	1,343

（注）名古屋市中区役所資料による。

九年三月までに職を失う非正社員は全国で一二万四八〇二人に上る見込みと報道された。なかでも愛知県が二万〇一一三人と突出しており、愛知・岐阜・三重の三県で約三万人という多さである。この予測数字は、その後も増加している。

②雇用・生活不安と労働組合

このような状況の下でトヨタ労組は、経営側の〇八年冬の管理職一時金（賞与）の一割カット、〇九年度年間賞与の二二％削減に続き、組合員の年間一時金の要求額を基準内賃金の五カ月プラス二〇万円（組合員平均で二〇〇万円弱）とする方針を固めている。これは二〇〇八年の要求・回答と比べて約五三万円の減額となる。また、春闘でトヨタ労組は期間従業員の賃上げ・雇用確保を会社側に求めるとしたが、あまりにも反応が遅く鈍すぎ、本気でやる気があるのかどうか疑われても仕方がないだろう。

一部では非正規労働者の組織化が進み、トヨタ車体やフタバ産業などではＪＭＩＵ愛知の支部が結成された。ＪＭＩＵには短期間に三〇〇人以上の加入者があり、それも主として日系ブラジル人などの外国人であることから喜び・驚き・困惑している。トヨタ関連企業の光精工では〇八年一二月、組合つぶしも狙ってすべての外国人労働者を対象に希望退職の募集を行った。組合員六五名のうち約三分の一がこれに応じたが、拒否した組合員は団結して闘った。〇九年一月末時点では、大量退職の結果、人手不足となり管理職も現場に応援に入ってフル稼働で働く有様となった。

トヨタでは一時期、勤続二年以上の期間工二二〇〇人が準組合員になったと言うが、その後も期間工は減少を続けており今後も、彼らの雇用が守られるかどうかの保証はない。少数派組合である全トヨタ労組の結成を追うように二〇〇七年四月から期間従業員の組織化に走ったトヨタ労組が、準組合員の雇用を守るために何をなしうるか、今回の事態はトヨタ労組の性格を判断する良い材料となるだろう。トヨタ労組の幹部が、期間工を大量に解雇した後でよかったと胸を撫で下ろしているという声も聞こえてくる。全期間工を組織化していたら、トヨタ労組はもっと深刻な問題に直面することになっていただろう。

今回の経済危機で世界一企業・トヨタが本当に困っているかというと必ずしもそうではない。営業収益の赤字にショックを受けたことは確かであるが、この機をチャンスと捉えていることは間違いない。一三兆円超という膨大な内部留保を抱え自前で立ち直るだけの余裕を充分に持っているトヨタが、この危機にただ怯えていると は思えない。このような時に、トヨタが何時もやることは危機を煽り、従業員に徹底的に危機意識やトヨタウェイを植えつけることである。今回の場合に、その象徴的な意味を持ったのが創業家・豊田一族である豊田章男氏が〇八年六月末に社長に就任するというニュースであろう。「豊田」の旗の下で、拡大偏重主義の元凶となった世界基本計画「グローバルマスタープラン」を破棄し、「マーケットビジョン」という新計画を準備している。大量の「期間工」の解雇は残った本工の結束力を強める作用を果たすことにもなろう。また、一方でトヨタ九州などのように、〇九年四月以降減産終了ということもあり、残っている約千人の派遣労働者全員を正社員か期間従業員として直接雇用する方針を打ち出してた工場もある。

危機の中にあってもトヨタ生産方式やトヨタウェイは依然として健在である。また、トヨタの環境への対応もハイブリッド車など世界的にみても最先端を行っている。しかし、下請企業や非正規労働者に蓄積されていた技術や熟練の喪失は再び躍進する場合のネックとなる可能性はある。

トヨタ生産システム、トヨタ的人事管理・労使関係というのは、本来、トヨタが勝ち残るためのトヨタ的な「ムダ」のない生産のためには正規労働者や下請労働者・非正規労働者をどれだけ犠牲にしても、それをむしろ「人間性尊重、継続的改善」として「評価」するシステムである。それだけに今回のような世界的な危機の場合には、期間工や下請企業やその労働者には残酷な運命が待っている。とりわけ悲惨なのは日系ブラジル人などの派遣労働者やベトナム人や中国人の研修生・実習生である。解雇されたり、また長時間低賃金で人権無視の労働を強いられたりしている。帰国した人、帰国したくても帰国できないでいる外国人なども悲惨な現実に直面している。

このような雇用・生活危機に直面して注目されるのは「労使関係」の動向である。ジェイテクト（旧光洋精工）田中解雇撤回裁判や「愛知製鋼／三築・偽装請負事件」など次々と問題が顕在化しており、労働市場の現状は、非正規労働者はいくらでも組織できる状態にあるが、それを受け止める日本の労働組合の非力さが顕著になっている。トヨタ労組をはじめとする大企業労働組合がどこまで労働者全体の立場に立って経営側に要求を突きつけていくことができるのか、また、ＪＭＩＵや全トヨタ労働組合などの少数派労働組合がどこまで成長していくのか注目される点である。

Ⅲ　トヨタシステムと市民への影響

(9)　愛知・西三河の「管理教育」の拡大・浸透

愛知の新設公立高校・東郷高校が発祥の地とされる、いわゆる「管理教育」はその後、短期間に県内に普及した。トヨタグループ企業の管理職が公立高校(鶴城丘高校)校長に就任し、教育へのトヨタ方式の導入が試みられたりもしている。また、一部短大や大学でのトヨタ的教育の導入や多くの大学でのトヨタ講座やトヨタ生産システム教育の拡大・浸透は著しい。トヨタ立中高一貫校とも言われている全寮制の「海陽学園」が設立され全国から志望者を集め注目されている。ここでは「管理教育」とトヨタの労務管理の同質性・類似性に焦点を当て簡単に触れたい。

①　「管理教育」と生徒管理

トヨタ企業城下町では「管理教育」と労務管理の網の目が市民・労働者を支配している。愛知教育の「能力主義」・「序列主義」を特徴づけているのが、公立高校が採用している大学区制下の「複合選抜入試制度」(管理された競争)である。この制度の導入によって受験競争は一層激化し、「複数受験」と「輪切り入試」は学校間格差の拡大・「序列化」を著しく進めた。また、推薦入試も含めた受験期間の長期化・強制的な志願調整により、生徒も親も教師も大変な苦痛を強いられている。子どもたちは「主体的な選択だ」と、「納得・受容」させられて就職あるいは高校・大学へ進学することになる。その過程で、子どもたちは差別・選別意識、「勝ち組」「負け組」意識を植えつけられることになる。

「能力主義」に彩られた学校は、他面ではどうしても管理主義的な教育活動・組織が必要となる。そのための手段として利用されているのが「校則」や「成績表」「内申書」や「体罰」であり、学校はこれらを使って、子どもたちの自由な思考と行動を徹底的に規制することになる。学校は非行防止・安全対策と称して、こと細かく校則を定めて生徒を管理しているが、その具体的内容について項目を挙げれば、次のごとくである。①規則づくめの指導による生徒の自主性の実質的否定、②郊外生活の極端な制限、③学習指導要領にもとづく詰込み＝落ちこぼし教育、④進学率・公私比率の操作と内申書による徹底した進路指導、⑤「人づくり」の手段としての「特色ある学校づくり推進校」「研究委嘱校」引受けにより増大する教師・生徒への負担、⑥部活などを含む学校への長時間拘束と宿題づけによる自由時間の剥奪、⑦生徒間の相互監視システム、⑧集団訓練、集団責任による集団主義教育、である。そして、もし逸脱するような者が現われてきた時には容赦なく、⑨「罰則」を適用した教師の懲罰・体罰であり、⑩場合によっては学校という場から放逐することによって、学校の秩序維持を図ろうとする。このように「管理教育」は異質な者の存在を基本的には容認せず、また、「弱者」への「いじめ」を生みやすい教育システムということができる。

「管理教育」とトヨタの人事管理の主な共通点を挙げると次のようである。第一は、受験競争に代表される差別・選別の「能力主義的」な競争である。これが「管理教育の質」を規定する。第二は、「管理教育」による自由時間の喪失（量的側面）である。〇時限七時限や部活さらには塾などで子どもの自由な時間は極端に制限されている。第三に、「管理教育」とフレキシビィリティの拡大・深化である。大学区制をとることによって子どもたちの通学距離は大幅に長くなっている。しかも、自動車社会にあって公共交通機関がきわめて不便に出来ているため、その被害は直接子どもたちに及ぶことになる。これらは企業・学校・地域によるトヨタ的「人づくり」政策が一体的に行われている当然の結果であり、家庭生活の「空洞化」を招くもとともなっている。

具体的な類似の管理手法としては校歌・君が代・社歌、頭髪・制服、5S、一分間スピーチ・反省、QCサークル・グループ活動、集団責任、交通安全運動、集団訓練、教科書検定・情報操作などがある。これらが過密労働・教育と長時間労働・拘束を懸命に担いながら雇用・入学の柔軟性におびえている生徒・教員や労働者の管理の手段として利用されているのである。全体を貫く管理の支柱は「学力」「能力」という一元的価値観に基づく差別・選別的な人事考課・査定である。このような「管理教育」と「トヨタ的労務管理」が西三河地域にもたらしているものは、「能力主義」という名の差別・選別であり、長時間拘束による自由時間の喪失、通勤・通学時間時間の増大による地域社会からの遊離である。

②「管理教育」を支える教員管理

いわゆる「管理教育」を実践するのは現場の教師たちである。トヨタや文部科学省・教育委員会が学校教育を思い通りに動かすためには、教職員の掌握は不可欠である。教職員管理の第一の柱は昇進管理（図表15）である。教員は初任者研修に始まる昇進ルートを各種主任、教頭、校長まで上り詰めるにはそれなりの勤務評定を得なければならない。また、一般の公務員より高くされている賃金も教員対策といえる。第二に、教員の長時間・過密労働を挙げうる。これは教員の研究時間や自由時間の喪失をもたらしている。第三が、教員配置のフレキシビィリティである。新学期直前に配転が報道されるため、それまで転校先が分からない場合も少なくない。これが多くの教員を不安に追い込んでいる。また、年々臨時教員が増大し職場を不安定化している。かくして、校長・教頭・主任の専制体制の下で「職員会議」の空洞化が進んでいる。一方では、昇進差別や不当配転などによる活動家攻撃も後を絶たない。

図表15　中学教員昇進コース

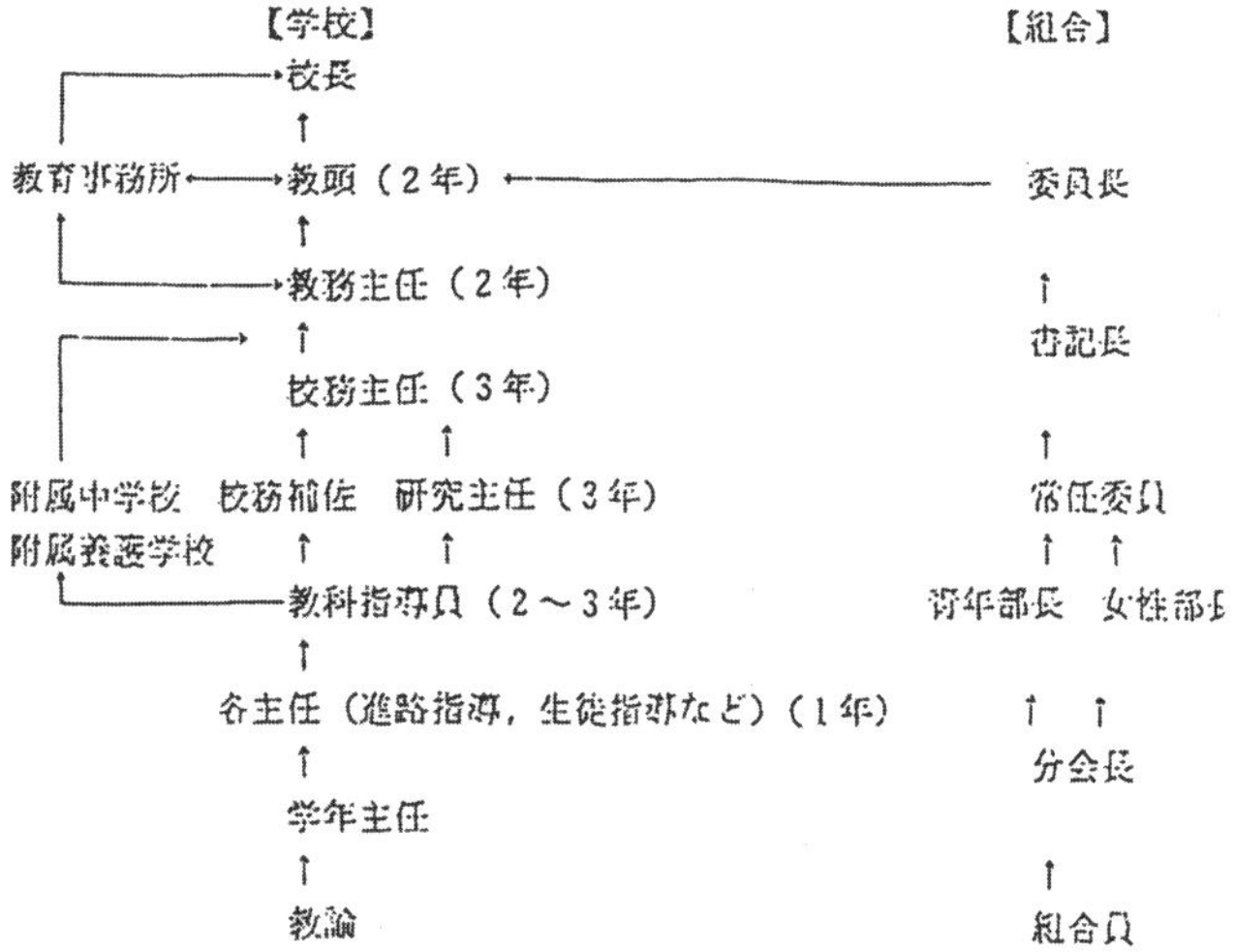

注）土井政美「管理体制と管理教育（試論）」『あいちの子育てと教育と文化96』あいち県民教育研究所，1996年5月26日，23頁による。

(10) 豊田市民の生活

トヨタ「企業城下町」・豊田市の市民生活の状態について簡単にみておきたい。今回は触れ得ないが豊田市には、トヨタ生産方式の二本の柱のひとつと言われている「ジャスト・イン・タイム」生産に支配された地域のリズムがある。これに「トヨタカレンダー」による一年間の時間管理を加えることもできるであろう。このような労働・生活時間管理の下で、日本一企業・トヨタの「企業城下町」の市民は豊かな生活を送っているのであろうか。

トヨタは元気と言われながらも、豊田市民には豊かさの実感は薄い。そればかりか市民の暮らしは貧困層の増大で、生活の質は悪化しているという。所得格差は大きく、四人に一人は年収二〇〇万円以下である。全国から、さらにはブラジルなどから仕事を求めて豊田市へ来る人は多い。トヨタ関連下請企業では請負、派遣などの外国人労働者、中国・ベトナムなどの研修・実習生など非正規労働者が著しく増大している。意図的につくられた賃金・労働条件の格差構造の下で、お互いに競争させられ低賃金で酷使されている。非正規社員が増えれば、年金の保険料を払えない人が増え、年金制度も不安定になる。また、躁うつ病にかかっている人も一九九六年には一六九人であったものが、二〇〇四年には五一一人(「豊田市保健福祉レポート」)と短期間に激増しており、先に述べたごとく、自殺者も大幅に増えている。

市民生活では給与所得者の低所得者が増加し、生活保護世帯数(『豊田市統計書』)も一九九七年の約五〇〇世帯が二〇〇四年には七〇〇世帯超へと大幅に増えている。好況期の二〇〇四年度でも市営住宅の入居待ちが三〇〇世帯、特別養護老人ホームの入居待ちが三〇〇人もいて、日本一豊かな財政を誇ってきた自治体の市民生活としては決して豊かとはいえない。高齢者の年金、医療、税負担の増大や公共交通機関の不備などで、現在、多数の市民が不安を持っている。また、トヨタ退職後、経済的には何ら困っていない人でも自由になった時間をどう使ってよいか分からず、結局、トヨタへの退職者再雇用やパートなどで働きに出る人が多いという報告もある。

おわりに

「日本的経営」の崩壊下でトヨタの労働者管理・支配はどうなるか。第一には、トヨタは国内では愛知、九州、東北の三極体制を築いており、また、国外での生産拡大も加速させている。その結果、トヨタにとっての愛知の比重の低下は避けられず、それだけに仮に景気が回復しても雇用吸収力の拡大は限られたものになるであろうことが予想しうる。愛知における雇用・失業問題の長期的な深刻化である。

第二に、トヨタは労働者像として、いわゆる「トヨタマン」を描いている。トヨタが「人づくり」をするうえで一番邪魔になるのが、先に指摘したごとく、異質の価値観を持った労働者の存在である。それが集団としての労働組合として存在することをトヨタは最も嫌っている。トヨタの労働者支配に対抗する少数派組合＝全トヨタ労働組合の運動の意義を一言で言えば、トヨタの最も嫌う、「異質の価値観を持った労働者・労働組合の存在」ということであろう。しかし、情報化・グローバル化が急速に進展するなかで「異質の価値観」を認めない企業・社会は存在することが難しくなるだろう。その意味で、全ト労組は閉鎖的な企業風土に一石を投じたことになろう。

現在、われわれは「トヨタマン」に変わるどんな労働者像が描けるか、また、「トヨタ労働組合」に変わるどんな組合を構築できるのか。さらには、「企業社会」に変わる真の「福祉国家」をどう実現していくのか、が問われているのである。

（注一）杉山　直「トヨタはどのようにして期間従業員を確保しているのか」『所報第一三九号』愛知労働問題研究所、二〇〇八年五月一五日。

（注二）門田安弘『トヨタシステム』講談社、一九八五年、二五〇〜二五一ページ。

主な文献

愛知労働問題研究所編（一九九〇）『トヨタ・グループの新戦略』新日本出版社

愛知労働問題研究所編（一九九四）『変貌する世界企業トヨタ』新日本出版社

青木　慧（一九七八）『トヨタその実像』汐文社

青木　慧（一九九三）『トヨタ人間管理方式』イースト・プレス

浅生卯一・猿田正機・野原光・藤田栄史・山下東彦（一九九九）『社会環境の変化と自動車生産システム』法律文化社

伊藤欽次（二〇〇五）『あなたの知らないトヨタ』学習の友社

伊原亮司（二〇〇三）『トヨタの労働現場』桜井書店

江口英一・西岡幸泰・加藤佑治編著（一九七九）『山谷・失業の現代的意味』未来社

江口英一（一九七九、八〇、八〇）『現代の「低所得層」（上）（中）（下）』未来社

大野耐一（一九七八）『トヨタ生産方式』ダイヤモンド社

大木一訓／愛知労働問題研究会（一九八六）『大企業労働組合の役員選挙』大月書店

加藤佑治（一九八〇、八二）『現代日本における不安定就業労働者（上）（下）』御茶の水書房

鎌田　慧（一九七三）『自動車絶望工場――ある季節工の日記』徳間書店

黒川俊雄（一九六四）『日本の低賃金構造』大月書店

伍賀一道（一九八八）『現代資本主義と不安定就業問題』御茶の水書房

小山陽一編（一九八五）『巨大企業体制と労働者――トヨタの事例』御茶の水書房

猿田正機（一九九五）『トヨタシステムと労務管理』税務経理協会

猿田正機（一九九八）「GMの組織改革と労務管理・労使関係」（平尾武久他編著『アメリカ大企業と労働者』北海道大学図書刊行会）

猿田正機（二〇〇三）『福祉国家・スウェーデンの労使関係』

ミネルヴァ書房
猿田正機（二〇〇五）『日本におけるスウェーデン研究』ミネルヴァ書房
猿田正機（二〇〇七）『トヨタウェイと人事管理・労使関係』税務経理協会
猿田正機編著（二〇〇八）『トヨタ企業集団と格差社会』ミネルヴァ書房
猿田正機編著（二〇〇九）『トヨタの労使関係』税務経理協会
猿田正機（二〇〇九）「金融・経済危機と日本の自動車産業」（『経済科学通信一一九号』）
猿田正機（二〇〇九）「トヨタと地域社会」（『東海社会学会年報　第一号』）
猿田正機・杉山直編著（二〇一一）『トヨタの雇用・労働・健康』税務経理協会
ジェフリー・K・ライカー（二〇〇四）『ザ・トヨタウェイ　上』日経BP社
ジェームズ・P・ウォマック他（一九九〇）『リーン生産方式が、世界の自動車産業をこう変える。』経済界
田村　豊（二〇〇三）『ボルボ生産システムの発展と転換』多賀出版
丹野清人（二〇〇七）『越境する雇用システムと外国人労働者』東京大学出版会
丹野清人（二〇〇九）「官製雇用不安と外国人労働者・外国人から見えてくる非正規雇用に今突きつけられている問題」（『寄せ場　22号』れんが書房新社）
都丸泰助・窪田暁子・遠藤宏一編（一九八七）『トヨタと地域社会』大月書店
豊田市（二〇〇一）『豊田市内産業及び地域社会における国際化進展の影響調査報告書』
野原　光（二〇〇六）『現代の分業と標準化』高菅出版
野原光・藤田栄史編（一九八八）『自動車産業と労働者』法律文化社
野村正實（一九九三）『トヨティズム』ミネルヴァ書房
バンジャマン・コリア（一九九二）『逆転の思考』藤原書店
博松佐一（二〇〇八）『トヨタの足元で-ベトナム研修生・奪われた人権』風媒社
マイク・パーカー、ジェイン・スローター編著（一九九五）『米国自動車工場の変貌』緑風出版
横田一・佐高　信（二〇〇六）『トヨタの正体』金曜日

〈中京大学教員〉

●労働者の使い捨てを許さない！

トヨタの陰に光をあてた全トヨタ労働組合（ATU）

若月 忠夫

1．尾を引くトヨタショック（二〇〇八年九月）

「非正規労働者の雇止め状況」（厚労省二〇〇八年一一月調査）によれば、二〇〇八年一二月に全国で八万五千人が解雇され、このうち愛知県が一万五百人（一二・四％）を占めています。二年後の二〇一〇年一二月には全国三〇万人に対して愛知は四万九千人（一六・三％）と比率をあげました。トヨタグループ主要一一社の期間工を中心とした非正規労働者の削減は一万三千人にのぼり（愛知労働問題研究所集計）これを上回る関連下請けの会社の解雇は統計すら取られていません。トヨタショック前までは全国一の活況を誇った愛知は現在その面影すらありません。

総務省の二〇一〇年労働力調査によれば、完全失業者のうち一年以上の長期失業者は前年より二六万人増えて一二一万人となりました。〇八年秋のリーマンショックで職を失った派遣労働者の多くが再就職先を見つけられないでいます。この地域で三十数年間活動を続けている笹島日雇労働組合、笹島診療所のリーダー方が立ち上がり多数のボランティアとともに中村区役所に窓口を開かせる大闘争を組み、ついに当局に生活保護、宿泊所など緊急の措置を取らせることができました。このニュースが各地に伝わり、トヨタのお膝元、三河地域で職と住まいを同時に失ったトヨタ関連下請け労働者たちが中村区役所に殺到してきました。

トヨタ及び関連の企業内労働組合は解雇された非正規労働者を見殺しにしました。企業内組合は長時間過密労働、パワハラなどが原因で「うつ」を発症した労働者や労災事故で負傷した正規労働者を守るという考えが全くありません。会社と一体化となって壊れた部品のごとく冷酷に切り捨てるのです。また、グローバル化に対応するとして「企業の発展のため経営の共同責任と自己責任を負う」新たな労使宣言を結び、「組合員個人の問題は扱わない」という立場はいっそう鮮明になりました。

労働現場から家庭生活、地域、行政に目を向けるとここにもトヨタの支配網が張り巡らされているのが見えてきます。トヨタシステム、一言でいえば「ジャストインタイム」は全産業的に広がり、日本型システムとなり働く人々の労働と暮らしを圧迫しています。トヨタと向き合う運動は労働組合、市民団体、研究者など既存の枠組みを超えた広範人々の連帯・協同が大きなテーマとなっています。

このような状況の中で全トヨタ労働組合（ＡＴＵ）発足の意義を考えてみたいと思います。

2. ＡＴＵの結成

私（若月）は所属するトヨタ自動車の企業内組合民主化を目指して運動を続けてきました。二年ごとに行われる労働組合役員改選には職場の要求を掲げて立候補してきました。組合の選挙管理委員会は自立立候補を認めず「推薦者五〇人」という高いハードルを課しました。「会社」公認の候補にはこの条件は何の不都合もありませんが、私の場合苦労して推薦を了解してくれた同僚を職制と組合役員が脅して回り、結局立候補ができなくなってしまいました。その後、私は以前から温めていた自主的な労働組合結成について信頼できる仲間や弁護士と学習を始めました。憲法二八条の団結権、これに基づく労働組合法第一条で労働組合をつくる権利を労働者に保障していることに励まされて準備を進め、二〇〇六年二月に「全トヨタ労働組合（ＡＴＵ）」を結成し、既存の組合を脱退しました。将来的に自動車産別を構想しながらも、当面はトヨタ関連のすべての労働者に門戸を開いた個人加盟の組織としました。

結成後は、トヨタ、デンソーなど主な企業内労働組合は「共産党系の労働組合であり基本的な考えが全く異なる団体」、「毅然とした態度をとり私たちの組織を守る」ことを訴える緊急メッセージを組合員と家族に向けて発信するなど、暗に反共攻撃を仕掛けてきました。

ＡＴＵは企業組合の攻撃にたいしてただちに全労働者に向けて機関紙を配り反撃を行いました。その後も企業組合には認めている工場通用門での機関紙配布（行動の度にトヨタ自動車人事企画室から若月委員長宛てに「抗議書」が届く）に対する妨害が続いています。

しかし会社は団交否定までは行えず、トヨタ、デンソー、アイシン、ジェイテクト、トヨタ車体などと交渉の場を維持しています。結成以来の主な成果は次のようなものです。

（1）職場安全・環境問題に力を入れて要求を迫ってきました。

（2）組合員の差別的人事処遇にメスを入れて改めさせました。

（3）困難に陥った労働者に手を差し伸べる運動を重点的に取り組んできました。トヨタ内野さんの過労死裁判、デンソーの設計技術者Kさんのうつ病損害賠償裁判、ジェイテクトのトヨタ車ハンドル設計技術者田中さんのうつ病解雇撤回裁判などを闘ってきました。

（4）西三河（トヨタ城下町）地域労連の役員や愛労連（全労連系）の幹事に選出されて地域での連帯と共同に力を入れています。

（5）トヨタ総行動やトヨタシンポジウム（いずれも毎年行う全国レベルの取り組み）の成功のために役割を担ってきました。

（6）機関紙活動を重視して毎回一万枚の配布を行ってきました。

（7）後で述べる、ＡＴＵサポート市民の会と共同して地域ユニオンとの連帯や諸団体との共同を広げてきました。

二〇一一年度のＡＴＵ定期大会でこのような経験をもとに次の五点を重点方針に掲げました。

① 企業内労働組合が放棄している労働組合の原点、個別労働者の切実な要求を取りあげる。労災、健康障害・過労死、長時間過密労働、無償残業などと向き合って快適な職場環境づくりをめざす。

② 非正規労働者（期間従業員、派遣、パート労働者）の労働条件改善、雇用確保、正社員との格差是正、

正社員化をめざす。
③組合員の学習・教育に力をいれる。
④トヨタと向き合う幅広い地域連帯をつくる。
⑤ATUの将来を担う若い組合員を増やす。

3．ATUサポート市民の会結成

トヨタは労務管理の中で企業内教育を重視し、労働組

合と一体となって入社から定年まで継続して従順な「トヨタ人」づくりに力を入れています。同じ自動車メーカーと比べてもトヨタの働かせ方は異常だという声を聞きます。ところでトヨタシステムは全国のあらゆる職場に取り入れられて「ジャストインタイム」といわれる、必要な時に必要なだけの最適労働力（企業にとって）を配置するしくみを作り上げてきました。仕事の増減時に対応するクッションに非正規労働者が使われています。小泉内閣が強行した対米従属、規制緩和のもとで非正規労働者が急増し「最安労働力」配置があらゆる職場で常態化しています。トヨタと向き合うということは、人間らしい労働、家族、地域生活を幅広い運動で築いていくことが基本になると考えています。

ＡＴＵの発足の大きな意義を理解し、この組合運動をサポートしようという地域の有志で話し合いを続けた結果

①　ＡＴＵのサポート（組合員教育、労災・過労死闘争の支援、組合活動の応援——たとえば機関紙配布など）
②　ＡＴＵと地域で共同（組合員拡大、トヨタ講座など）
③　独自の活動（ユニオンなど諸組織と連帯と共同、トヨタ研究者と協力など）を担う「ＡＴＵサポート市民の会」を二〇〇八年一月に結成しました。

その後今日までの主な市民の会の取り組みは下記のとおりです。

（1）機関紙『れいめい』の発行（一四号発行済、二〇〜三〇頁建て）
（2）地域のユニオンはじめ一〇団体（二月現在）と共同して名古屋駅トヨタミッドランドビル前での宣伝行動（毎月末実施、ハンドマイクとチラシ配布）
（3）トヨタ講座の開催
一回…（二〇〇八年九月）中央発条派遣労働者解雇事件（沖縄タイムスで大きく報道）
二回…（二〇〇九年二月）愛知製鋼偽装請負を改めよ（槐本さん）
三回…（二〇〇九年六月）愛知製鋼は長期勤続非正規労働者を正規雇用せよ（久保さん）
四回…（二〇〇九年一〇月）トヨタ一次下請光精工は外国人労働者を正規雇用せよ
五回…（二〇一〇年四月）トヨタリコール問題——設計開発労働者に聞く
六回…（二〇一〇年九月）五次下請け経営者に聞く
（4）活動記録冊子発行

①NLC（アメリカの多国籍企業調査・告発団体）トヨタ調査に同行し「アメリカからトヨタを見た！あなたの知らないトヨタ」日本語版冊子発行
②K大学学生向けに開設した講座をまとめた「トヨタ講座感想文集」発行
③「大量リコールを生み出したトヨタの開発設計過程」リコール講座冊子発行
④APWSL（アジア太平洋労働者連帯組織）アクショ ンレポートNO-1発行
（5）地域の運動と連帯
①東海地域外国人支援ネットワーク
②反貧困ネットあいち
③フィリピントヨタ労働組合解雇撤回闘争支援する会
④西三河働く人のくらし・健康ネットワーク
などの実行委員や世話役についています。
（6）トヨタ関連労働争議支援
ATU、地域ユニオンなどに所属するトヨタ関連労働者（正規、非正規）の争議の一覧表をまとめました。地域で連帯が深まる中で作ることができました。ぜひ応援お願いします。

4．連帯・協同・共生を！

雇用形態がどうであれ最低限の生活保障は共通の願いです。幅広い社会的連帯の構築によってのみ目標に近づくことが可能となります。イデオロギーや組織の違いを超えて連帯と協同を広げることがATUの大きな課題です。

連絡先

＊ATU　〒四七二―〇〇四三　知立市東栄三―二五
西三河地域労働組合総連合内　☎〇八〇―一五五六―八二八四　fax 〇五六六―八二―五〇二〇
若月忠夫
＊ATUサポート市民の会　〒四五〇―〇〇〇三
名古屋市中村区名駅南二―一一―四三　日商ビル2F　NPOステーション　☎・fax　〇五二―五八一―八七八五　近森泰彦

〈全トヨタ労働組合委員長〉

●ヨセバ・クリティーク①

日本の「寄せ場」としての沖縄

松島 泰勝

はじめに

「寄せ場」とは「日本の下層社会である。そこでは人間が無慈悲に奪われる。だからこそ人間への激しい希求がある。熾烈な闘いがある」[1]とされている。沖縄という場所が日本の「寄せ場」であり、被差別地域である。そこに人間が住んでいるにもかかわらず、無慈悲に、残酷に扱われるがゆえに、人間として自由に平等に生きるための闘いが今日まで激しく続いている場所が沖縄である。

二〇一〇年の鳩山由紀夫首相辞任までの普天間基地を巡る混乱で明らかになったのは、ほとんどの日本国民は米軍基地を本土に受け入れず、沖縄を犠牲にして「日本本土の平和と繁栄」をこれからも享受しようと考えているという事実であった。全国知事会において唯一、米軍基地の関西国際空港への受け入れの可能性を表明した橋下徹大阪府知事は、仲井真弘多沖縄県知事から関空視察を打診されると、簡単に前言を翻し、大阪への米軍基地受け入れを拒否した。米軍基地は日本本土における安全保障の要であるが、自分の近くに基地を置くのは困るという日本人の身勝手さが明白となった。

それに対し、一般の沖縄人も「沖縄差別」と叫び、沖縄県知事、名護市長も辺野古新基地の建設を拒否するようになった。日本政府、日本人がマジョリティの力によって沖縄人の主張を封じ、基地を押し付けてきた。沖縄が日本国に属していては、未来永劫、日本国の「ゴミ捨

て場」「掃溜め」として利用されるおそれがある

沖縄に対する差別は現代的であるとともに、極めて歴史的、構造的な性格を有している。本論では沖縄への差別を歴史的、政治経済的に論じ、沖縄の資源化という視点から現在の植民地状況について検討するとともに、国際法で保障された人民の自己決定権の行使による、沖縄の脱植民地化の可能性について考えてみたい[2]。

1. 琉球・沖縄に対する差別・収奪・抹殺の歴史

一六〇九年、薩摩藩は琉球を侵略し、奄美諸島を直轄領とした。その後、薩摩藩は首里城内に王府を監視する拠点を設け、琉球人から年貢を収奪し、清国との貿易からの利益を得るという体制を一八七一年まで続けた。一八七二年から日本政府が直接的に琉球国への政治介入を始め、七九年、軍隊を導入して王国を滅亡させ、国王を東京に拉致した。琉球国は清国だけでなくオランダ、フランス、アメリカと外交関係を有する国際的に認められた国家であった。日本政府は琉球を併合する過程で欧米諸国との条約書正本を首里王府から略取し、現在に至るまでも沖縄側に返還していない。琉球王府、住民が同意して日本国の一部になったのではない。実際、王府の旧家臣は清国に亡命し、琉球救国運動を様々な形で展開した[3]。琉球国から日本国に統治権を移譲することを明記した条約や協定も存在しない。琉球併合は道義的にも国際法でも認められず、強制的になされた日韓併合が無効であるように、琉球併合も無効であると考える。

当時の国際法である『万国公法』には、国家は主権（領土・人民・財産に対する管理権、立法・行政・司法の三権）を有していると明記されている。琉球国はその主権を有する国であり、日本政府は琉球国の主権を侵害したのである。琉球国が欧米諸国と結んでいた条約に違反し、明国・清国との伝統的な国際関係・外交関係、東アジア独自の国際慣習法にも反している。

一四二九年に三つの小国（北山国、中山国、南山国）を統一して形成された琉球国は「日本固有の領土」ではない。王国が有していた外交権、貿易権、内政自治権を日本政府が奪ったのであり、現在の沖縄人はそれらの権限を回復する権利、つまり自己決定権を持っている。

琉球併合後も日本政府、日本人は沖縄、沖縄人に対して差別を繰り返した。一八八〇年に次のような「分島改約問題」が発生した。日本政府は清国との間に結んだ日清修好条規を改正し、清国内において他国と同様な通商権を得たいと考え、八重山諸島、宮古諸島を清国領にする内容の条約を締結しようとした。日本にとって沖縄は分割し、切り捨て可能な場所でしかないという認識がうかがえるが、同様な認識は沖縄戦においても現れた。清国への譲渡先には尖閣列島が含まれていた。近年、日本政府は尖閣列島を日本領であると主張しているが、歴史的経緯をみると領有化を主張できる立場にはないといえる。

近代沖縄において、本土企業、日本人が行政、経済、教育を支配する体制が確立された。沖縄の経済は砂糖黍プランテーションを主軸とするようになり、世界的な砂糖価格の下落により「ソテツ地獄」が発生し、飢餓問題をプッシュ要因として沖縄人移民・出稼ぎ者が国内外に流出した。一九〇三年に大阪で発生した「人類館事件」のように、沖縄人は移住先でも差別された。

太平洋戦争がはじまると日本本土(内地)を守るために、敵を沖縄にできるだけながくとどめておく「捨て石作戦」が実施された。日本軍による住民集団死の強制、沖縄人の虐殺が島内各地で頻発したことも、日本人による沖縄人差別の現れであるといえる。沖縄戦の過程で犠牲になった沖縄住民は約一五万人とされている。沖縄戦前の県人口は約五〇万人であり、その三分の一が犠牲になった。これは日本政府による民族抹殺行為であるといえる。

戦後、沖縄を軍事占領した米軍は、沖縄人の農業・生活用の土地を「銃剣とブルドーザー」によって収奪し、基地を建設した。米軍人である高等弁務官が最終的な決定権を持つ軍事独裁体制の下、沖縄人は無権利状態におかれた。沖縄人が米軍人に殺され、レイプされても処罰を受けることもなく米本土に帰国することも可能であった。基地によって農地を奪われた沖縄人は基地労働者、軍用地主等となり、基地関連工事を請け負い、基地周辺商店街で米軍相手の経済活動に従事するようになった。基地に沖縄人を従属させるような政治経済体制が形成された。

戦後、米国の戦略と意志によって沖縄が米軍基地の島になったという見解がある。しかし、実際は米国とともに日本側の強い関与によって沖縄に米軍基地が固定化されていった。終戦後、昭和天皇が沖縄への長期間における米軍基地存続を連合国司令部に対して希望した。また、日本本土の建設会社が基地建設のために進出し、ドル資金を獲得した。一九五〇年代に本土内において砂川闘争、内灘闘争などの反米基地運動が激しくなり、山梨県や岐阜県に駐屯していた米海兵隊が沖縄に移駐した。一九六七年、マクラマラ米国防長官が琉球政府の松岡政保主席に対して、在沖米軍は軍事的に重要ではないが、日本政府が沖縄に米軍基地を置くことを強く求めていると伝えた。[4]

日本は沖縄に米軍基地を集中させ、多大な基地負担、軍事費負担を免れたことが、戦後の高度経済成長を実現させた要因の一つであると言われている。沖縄の犠牲を前提にした日本本土の「平和や繁栄」であった。「基地の島・沖縄」は米国だけでなく、日本も積極的に加担することで形成されたのである。

私は一九六三年に石垣島で生まれた。日本の国籍法は出生地主義であり、出生の時に父親または母親が日本国民であるとき、私は日本国民となる。しかし私が生まれたとき、私は日本国民でも米国民でもない、国籍がない人間であった。これは沖縄が日米の植民地であることを示す一つの事例である。一九七二年の「復帰」時、私は小学校三年であったが、学校で方言札による自言語抹殺の体験をしたことがある。「植民地としての沖縄」の痕跡は私の身体に記憶されている。

2. 沖縄全体を資源化するための「復帰」

一九七二年に沖縄が日本「復帰」して以来、沖縄振興開発特別措置法（二〇〇二年より沖縄振興特別措置法）に基づき、東京に拠点をおく沖縄開発庁（二〇〇一年に内閣府沖縄担当部局に組織改編）が主導して、「経済自立、格差是正」を目標にした振興開発を作成し、実施してきた。一九七二年から二〇一〇年まで九兆八九八五億円の振興開発資金（うち、公共事業関係が八兆二七四三億円）が投入された。[5]

二〇〇七年における県外受取の構成比をみると沖縄県の経済構造が明確となる。最も大きいのが国庫からの経常移転の三九・〇％、次に観光収入の一九・六％、第三位が米軍基地からの要素所得（軍雇用者所得＋軍用地料＋その他）と米軍等への財・サービスの提供の九・五％である。[6]また二〇〇七年度における沖縄県歳入内の地方税、地方交付税、国庫支出金の構成比をみると、それぞれ一九・九％（全国四三・一％）、三四・四％（一六・九％）、二五・〇％（一〇・六％）となる。[7]日本政府からの公的資金に大きく依存した従属的経済構造であることがわかる。
「復帰」後、日本政府は、沖縄の法制度を日本のそれと同一化し、膨大な開発資金を投じインフラを整備し、制度上の優遇措置を実施してきた。本土企業を誘致する開発体制が敷かれた。その結果、本土企業による土地取得、地元企業の買収・系列化、乱開発が進み、多くの地元企業は厳しい市場競争の中で淘汰され、失業者も増えた。観光産業、ＩＴ企業、公共事業関連企業、その他のサービス産業は成長したが、収益の大部分は本社がある日本本土に還流するという植民地経済が形成された。また、振興開発に基づく土地改良事業、赤土汚染、埋め立て等により沿岸海域環境の破壊が進み、例えば、沖縄島周辺珊瑚礁の約九〇％以上が破壊された。さらに日本政府は「復帰」により、外部不経済である米軍基地を沖縄に押し付けることに成功し、日本本土の「平和と繁栄」を永続化させるために振興開発が流用された。

　歴史文化、自然、社会のリズム、慣習が異なる場所にマジョリティの法制度を適用し、マジョリティによる政治経済的支配を実施する植民地統治であるといえる。次に沖縄の資源化、「寄せ場化」を項目ごとに見ていきたい。

（1）沖縄人の経済資源化

私の実家は那覇市の奥武山（おうのやま）公園の近くにある。私の高校時代（約三〇年前）には公園に青テントはなかった。しかし近年、本土に季節労働者として流出した沖縄人が、派遣切り等で本土の寄せ場に身を寄せるほか、沖縄に戻り、公園や空き地で青テントを張って生活する光景を目にすることが多くなった。

　沖縄は日本の中で低賃金労働者市場として位置づけられている。二〇〇七年における一人当たりの県民平均所得は約二〇五万円であり、全国平均の約二九三万円、東京都民平均の約四五四万円に比べると大きな格差がある。[8]

　二〇〇四年における沖縄県全世帯を対象にしたジニ係数をみると、収入が〇・三四四（全国〇・三〇八）、貯蓄現在高が〇・六五四（〇・五五六）、住宅・宅地資産額が〇・六三二（〇・五七三）となっており、[9]全国平均よりも沖縄県内の格差が大きいことがわかる。日本本土と沖縄県の間の格差だけでなく、県内における格差も拡大しているのである。

　沖縄における県内格差拡大の原因として、失業率や非正規雇用者率の高さを挙げることができる。二〇〇九年における県内失業率は七・五％（全国五・一％）である。

なかでも若年者の失業率が高く、一五～一九歳が二三・二%（九・六%）、二〇～二四歳が一五・〇%（九・〇%）である。[10] 全雇用者中における非正規雇用者比率の推移を示すと、一九九七年が二六・七%（全国二三・九%）であったが、二〇〇七年には三九・〇%（三三・〇〇）に増大した。[11]

近年、情報通信関連会社の沖縄進出が顕著である。県外からの情報通信関連会社の立地数と雇用者数（二〇〇九年一月一日現在）をみると、一九六社、一万六三一七人であるが、そのうちコールセンターが五五社、一万二〇五八人を占めている。[12] 沖縄のコールセンターは建設業、観光業の労働現場と同様に、重労働、低賃金、不安定労働を特徴としている。[13] 失業率が高く、賃金率が低い沖縄は本土企業によって低賃金労働市場として位置づけられ、沖縄人の経済資源化が進んでいる。

（2）観光資源としての沖縄

沖縄の主要産業である観光業は「経済成長」の過程にある。一九七二年の観光客数と観光収入は、約七四万人、三二四億円であったが、二〇〇八年になると約六〇五万人、約四三六五億円に増大した。[14] しかし観光収入の大部分は本土に還流し、沖縄は本土企業に経済収奪される「観光植民地」と化している。

私が生まれた石垣島には本土人（日本人）の移住者が増加している。その中には住民票を移さず、石垣市に税金を納めずに行政サービスを受けている「幽霊人口」といわれる人々と、石垣人との間の緊張関係が高まっている。本土人・本土企業による土地買収や経済支配、移住者による住宅建設、リゾートの乱開発等による環境や景観の破壊も顕著になっている。

沖縄島ではリゾートによって海浜が囲い込まれ、沖縄人はカネを払わないと「自分達の海」に触れることさえできないような状況になっている。

「オバーの生き方」、「パワースポット」、「長寿の島」等のキャッチコピーが沖縄観光パンフレットに溢れ返り、観光業者による島社会全体を対象にした商品化、商業化、貨幣化、管理化が推し進められている。観光客のニーズに合わせて島の地名も改変が行われている。例えば、西表島浦内川河口部にある浜は島民によって長年、「トゥドゥマリの浜」と呼ばれていたが、リゾート業者により観光客に受け入れやすい「月ヶ浜」に変更され、ホテルの地図、観光パンフレットに記載されるようになった。

（3）土地の軍事資源化

日本国土の〇・六％しかない沖縄に米軍専用基地の七四％が集中している。住民の生活、経済活動にとって不可欠な平地を基地が占拠している。米軍基地内には日本の法律が適用されず開発の対象にもならず、都市計画も基地を除外するがゆえに歪なものになる。基地内の環境調査も実施できない。基地内ではＰＣＢ、カドミウム、砒素、六価クロム、鉛、廃油等による土壌汚染等が見られ、住民の健康、返還基地跡地の再利用において大きな支障を与えている。基地周辺の住民の中には、聴力の損失、低体重児の出生率の上昇、幼児の身体的、精神的要観察行動の多さ等、基地によって身体的被害を抱えている住民もいる[15]。

日本政府は米軍地代を毎年上昇させており、基地周辺の住宅地、商業地の地価上昇を招いている。また軍用地は安定的な投資の対象になり、基地被害を受けない本土在住の地主が増加し、基地の固定化につながっている。さらに不労所得依存による沖縄人の勤労意識の減退も懸念されている。

港湾、空港、道路等の沖縄にあるインフラは、日米地位協定に基づいて米軍も利用できる。金網で囲まれた場所だけが基地ではなく、米軍は沖縄全体の土地、インフラを軍事資源として利用している。

基地によって沖縄は経済的に潤うどころか、反経済的な存在である。九・一一後、修学旅行の大量キャンセルが発生したように、米国に対するテロ、米軍主導の紛争によって沖縄の観光業が大きな打撃を受けた。また日米両政府の軍事戦略変更、沖縄側の基地建設拒否など、軍事的、政治的要因により振興開発政策が左右され、経済政策を計画通りに進めることができない。基地が存在することによって得られる利益（軍用地料、基地従業員給料、軍人関係者による消費、基地関連の国からの補助金等）は、基地跡地における経済効果（雇用効果、所得効果、経済波及効果等）に比べ小さいことが多くの返還地の事例によって実証されている。そもそも基地経済は内発的、自律的な経済ではなく、日米両国の管理下にある経済であり、常に沖縄人が従属下におかれることを前提としている。

沖縄返還協定は「沖縄県」という政治的地位を規定する国際法である。同協定第一条には「日本国は、同日に、これらの諸島の領域及び住民に対する行政、立法及び司法上のすべての権力を行使するための完全な権能及び責任を引き受ける」との文言がある。しかし現実は、米軍基地内や、米軍機による事故現場等において日本の国家権力は及ばず、「返還協定」よりも日米地位協定が優先され、在沖米軍に対して日本国が国家としての権能を行使していない。基地内には日本の国家権力は及ばないが、基地以外でも米国の権力が日本のそれを超越する。二〇〇四年、沖縄国際大学校舎に米軍ヘリコプターが衝突した現場に私はいた。事故現場近くは黄色いテープで学生や教職員の進入が厳しく制限され、日本の警察ではなく米軍警察が事故調査を行っていた。日本の警察は現場外で待機しているだけであった。

沖縄は日本国の一部であるとされているが、実態はその中に他国の権限が優先する場所が広く存在する内国植民地であるといえる。

（4）島や海の資源化

尖閣列島周辺海域で原油の存在が確認されたあと、その領有を巡って周辺諸国が領有を主張し、沖縄の島々や海が対立、緊張の場と化している。日本政府は海洋基本法を制定し、島嶼防衛を強調し、自衛隊を宮古・八重山諸島に配備・増強しようとしている。海洋基本法とは資源としての海を日本が囲い込むための方法の一つである。また日本政府が声高に主張する「島嶼防衛」は沖縄人にとって欺瞞的である。有事になった場合、海に囲まれた島嶼に住む住民には逃げ場所がなく、戦闘に必然的に巻き込まれ、多くの住民の命が失われるだろう。「島嶼防衛」とは沖縄人を人質、戦争協力者にして戦闘を有利にするためのものであり、沖縄戦の時のように極限状況において住民の集団強制死、日本軍による虐殺も発生しよう。

沖縄戦の終結が遅れていたら、沖縄人は全滅したおそれがある。日本本土の防衛、「抑止力」、経済利益のために、琉球の島や海における米軍・自衛隊の協力体制を強化し、再び沖縄を捨て石にしようとしている。

現在の民主党政権は日本領土の最西端である与那国島に陸上自衛隊約二〇〇名を配備しようとしており、島内を二分する大きな対立を招いている。私がこの島に住んでいた約四〇年前の人口は約二〇〇〇人であったが、現在では一五〇〇名程度になり、島の過疎化が進んでいる。人口減少を食い止めるために与那国島町役場は、約一〇〇キロしか離れていない台湾と直接貿易を行うために「国際交流特区」を日本政府に求めてきたが、政府の無理解により同特区は実現できないまま現在に至っている。島から遠く離れた沖縄島から物資を運ばざるを得ず、島の物価高、生活困難、過疎化という問題を解決できず、自衛隊入島による人口増、税収確保という「軍隊による島活性化策」に追い込まれている。

資源は発見→採掘→消費→廃棄というサイクルをたどるが、沖縄も日米による「発見」→侵略・併合→土地や海の領有化→各種資源の獲得→基地の建設→戦場として利用し廃棄という植民地サイクルに投げ込まれているのである。

(5) 開発、資源化による沖縄差別の深化

本来、開発は経済自立、住民福利の向上、基本的人権の保障等、人間の安全保障を促進することを目的とする。しかし、沖縄では人権を侵害し続ける米軍基地を固定化するための手段として振興開発が流用されてきた。

開発と基地の暴力が相互補完的に沖縄、沖縄人に襲いかかってきた。基地は島の平地を占拠し、経済的な逸失利益を増大させ、都市計画の障害となり、環境的、社会的、身体的なさまざまなコストや被害を生み、住民に不安な生活を余儀なくさせている。人間の安全保障を否定するのが基地である。米軍基地は沖縄人に危害を加え、人権を侵害し、環境を破壊する場所、物、組織である。それを「抑止力」と考えるのは、沖縄、沖縄人の生命、人権、生活を無視する植民地者の視点に立つ者の見方でしかない。

米軍基地を固定化しているのが振興開発である。開発本来の目的と相反する沖縄の振興開発は、構造的な沖縄差別を深化させてきた。日本国民の税金に基づく振興開発によって公然と沖縄差別が行われている。現在、大多数の沖縄人が基地の「県外移設」を求めて、「沖縄差別」と訴えているが、日本人はその声に聞こえないふりをしている。それを象徴しているのが全国知事会における各知事の対応である。橋下徹大阪府知事だけは関西国際空港への受け入れ姿勢を一時示したものの、仲井真弘多沖縄県知事から同空港の視察を求められると、基地受け入れを撤回した。表面上は沖縄に同情するふりをするが、実際は沖縄に犠牲を押し付けるという、日本人の沖縄に対するダブルスタンダードを象徴する事例である。

3．人民の自己決定権行使による脱植民地化

(1) 国際法と沖縄

私が一九九六年に国連人権委員会先住民作業部会に先住民族として参加し、沖縄差別を世界に訴えて以降、同作業部会のほか、国連先住民族問題常設フォーラム、国連先住民族の権利に関する専門家機構等において脱植民地化のための国連を通じた活動を展開してきた。

二〇〇八年一〇月、国連市民的および政治的権利に対する条約（通称Ｂ規約）人権委員会は日本政府に対して次のような勧告を行った。「アイヌ民族および琉球民族を国内立法下において先住民と公的に認め、文化遺産や伝統生活様式の保護促進を講ずること。彼らの土地の権利を認めるべきだ。アイヌ民族・琉球民族の子どもたちが民族の言語、文化について習得できるよう十分な機会を与え、通常の教育課程の中にアイヌ、琉球・沖縄の文化に関する教育も導入すべきだ[16]」

二〇一〇年三月、第七六会期人種差別撤廃委員会は次のような勧告を日本政府に対して行った。「ユネスコが数多くの琉球の言語、そして沖縄の人々の独自の民族性、歴史、文化、伝統を認知したことを強調しつつ、委員会は、沖縄の独自性について当然払うべき認識に関する締約国の態度を遺憾に思うとともに、沖縄の人々が被っている根強い差別に懸念を表明する。委員会はさらに、沖縄への軍事基地の不釣り合いな集中が、住民の経済的・社会的・文化的な権利の享受に否定的な影響を与えているという、現代的形態の人種主義に関する特別報告者の分析をここで繰り返す。委員会は締約国に対し、沖縄の人々の被っている差別を監視し、彼らの権利を推進し適切な保護措置・保護政策を確立することを目的に、沖縄の人々の代表と幅広い協議を行うよう、奨励する。義務教育のなかで、アイヌ語・琉球語を用いた教育、そして両言語についての教育を支援するよう、奨励する[17]」

特別報告者とは国連の人種主義・人種差別に関する特別報告者である、セネガル出身のドゥドゥ・ディエン氏である。ディエン氏は沖縄を訪問し、調査したうえで、二〇〇六年に沖縄に存在する差別を含む報告書を国連総会に提出した。世界は沖縄への基地の押し付けを「人種差別」であると認めているが、日本では単なる地域問題として矮小化されている。

二〇〇九年、ユネスコは琉球の島々の言葉を独自の言語（奄美語、国頭語、沖縄語、宮古語、八重山語、与那国語）として認めた。

現在、沖縄人は日本国民であるとともに、その前に、国際法上に規定された「人民（民族）」でもある。国連憲章（一九四五年発効）は、日本の憲法や法制度が沖縄に適用される一九七二年よりも先に成立したのであり、人民の自己決定権等、国際法上で沖縄人の諸権利を保障している。沖縄は日本国内では人口で一％、面積で〇・六％しかないマイノリティであり、行政、立法、司法の各段階において沖縄人差別の解消を求める沖縄人の声が日本人マジョリティの圧力によって封じ込まれてきた。国内的救済活動だけでなく、国際的な救済活動を展開する、つまり世界の人民と手を携えながら沖縄人の自己決定権を行使することで植民地状況から脱する道が見つかるのではないか。以下のような国際法に基づいて沖縄の差別問題を国際的に明らかにし、自己決定権行使を進めることができよう[18]。

(a)「植民地独立付与宣言」（一九六〇年採択）「外国による人民の征服、支配及び搾取は、基本的人権を否認し、国際連合憲章に違反し、世界の平和及び協力の促進に障害となっている。すべての人民は、自決の権利を有する。この権利に基づき、すべての人民は、その政治的地位を自由に決定し、ならびにその経済的、社会的及び文化的発展を自由に追求する。政治的、経済的、社会的又は教育的準備が不十分なことをもって、独立を遅延する口実としてはならない」一六〇九年以降、現在まで日米両国による征服、支配、搾取の対象とされてきた沖縄はその政治的地位を自由に決定する権利を持っている。

(b)「友好関係宣言」（一九七〇年採択）「国際連合憲章にうたわれた人民の同権及び自決の原則によって、すべての人民は、外部からの介入なしに、その政治的地位を自由に決定し、その経済的、社会的及び文化的発展を自由に追求する権利を有し、すべての国は憲章の諸規定に従ってこの権利を尊重する義務を有する。（中略）すべての国は、この原則の詳述に当たって上に言及された人民から自決権及び自由並びに独立を奪う、いかなる強制行動をも慎む義務を有する。（中略）主権独立国の確立、独立国との自由な連合若しくは統合、又は人民が自由に決定したその他の政治的地位の獲得は、この人民による自由権の行使の諸形態を構成するものである。（中略）植民地及びその他の非自治地域は、憲章のもとにおいて、それを施政する国の領域とは別個かつ異なった地位を有し、このような地位は、植民地又は非自治地域の人民が、憲章特にその目的及び原則に従って自決権を行使するまで存続するものとする」

国連憲章で定められた人民の同権、自決の原則はその後の国際法でも再確認され、全ての国に対して自決の原則を妨害する行為を慎むことが国際的に求められているのである。

(c)「ウィーン宣言」(一九九三年採択)

「世界人権会議は、植民地又はその他の形態の外国支配若しくは外国の占領のもとにある人民の特別の状況を考慮して、不可譲の自決権を実現するために国際連合憲章に従ってすべての正当な行動を取る人民の権利を承認する。世界人権会議は、自決権の否定を人権の侵害とみなし、この権利の効果的な実現の重要性を強調する」

現在、日本政府は沖縄人を独自の民族(人民)、先住民族と認めていない。つまり、国際法上の主体である人民として沖縄人を認識していないのである。しかし、国連、国際社会は沖縄人の運動により、沖縄人は民族であるとみなし、基地の押し付けを人種差別であると規定し、その是正を日本政府に求めている。沖縄人による自己決定権行使を否定することは、国家による明らかな人権侵害であるといえる。

(2) 沖縄が脱植民地化を実現するには

国際連合は一九四五年、五一ヵ国により設立されたが、二〇〇六年六月現在の加盟国は一九二ヵ国であり、国の数は約四倍に増えた。特に一九六〇年に国連で採択された「植民地独立付与宣言」以降、独立国が格段に増えた。大国による支配と差別から解放され、住民の生命や生活、基本的人権、慣習や言葉、土地制度等を守るために人口が数万人でも独立を達成した国々があり、世界はそれを認めてきたのである。

ツバル、ナウルは人口約一万人、パラオは約二万人、ミクロネシア連邦は約一一万人程度でしかない。マルタ、ルクセンブルク、ベリーズ、ブータン、東チモールなど世界には小規模で独立している国がいくつもある。沖縄県の人口は一三九万人である。現在、太平洋ではハワイ、グアム、ニューカレドニア、仏領ポリネシア等において独立運動が存在し、ニューカレドニアでは二〇一四年以降に独立に関する住民投票が行われる予定である。かつて独立国であった沖縄も独立という選択肢を持っている[19]。

国連には人民の人権を守るための多くの機関があるが、沖縄の脱植民地化を進める機関としてふさわしいものの一つが脱植民地化特別委員会である。同委員会は世界の「非自治的地域」が新たな政治的地位を得るために協議、支援を実施している。現在、グアム、米領サモア、ニューカレドニア、ピトケアン、トケラウ、アングィラ、バミューダ、英領バージン諸島、ケイマン諸島、マルビナス、ジブラルタル、モンセラ、セントヘレナ、タークス・カイコス諸島、米領バージン諸島、西サハラが国連の「非自治的地域」として登録されている。国連憲章第一一章で規定されている「非自治地域」に沖縄は該当すると考える。植民地状況を運命であると諦めるのではなく、日米の植民地である沖縄が「脱植民地化」過程に入り、自由で平等な人間として生きる道は存在している。世界の植民地は国連の支援を得て、脱植民地化を実現してきた。例えば、ニューカレドニアでは一九七〇年代からフランスからの独立を求める運動が盛んになり、一九八六年に「非自治地域リスト」に登録された。

国際法上、脱植民地化のための新たな政治的地位として、独立国、自由連合国、大国への統合（非自治地域の人民と他の独立国の人民が完全に対等であることが前提）、人民が自由に決定したその他の政治的地位等が示されている。沖縄が国際法上の自己決定権を行使するまで、他の日本地域とは異なる地位を有し続け、国連の場で差別の解消を求めることができる。

一九七二年に沖縄は日本に「復帰」したが、それは沖縄の脱植民地化を保障するものであったのだろうか。「復帰」前、琉球政府が策定した、米軍基地がない本土並みの「復帰」を求める「復帰措置に関する建議書」を日本政府や国会は無視して、沖縄返還協定を強行採決した。返還協定交渉には沖縄側の参加が認められず、政治的地位に関する住民投票も実施されなかった。沖縄の政治的地位の決定過程において脱植民地化のための国際的なルールが無視されたのである。そもそも沖縄の「復帰」は「糸と縄との交換」と言われた。当時、日本製の繊維製品により大きな打撃を受けていた米国が沖縄「復帰」を認める代わりに、日本が対米繊維製品輸出の自己規制を行ったのである。日米の経済的取引の材料として沖縄が使われたのであり、沖縄の脱植民地化が国際的なルールに基づいて行われたとはいえない。

「復帰」「返還」という言葉も再考を要する。沖縄はかつて琉球王国であり、「沖縄県」は一八七九年に日本政府による琉球王国の暴力的な併合にのち、日本政府の手によってつくられたものでしかない。日本政府、日本人の立場からの見た「復帰」「返還」は沖縄人からするとカギカッコを付けざるを得ない。本来ならば沖縄人からすれば琉球国への復帰であり、日本と対等な政治的地位の回復という表現になる。

国連憲章等の国際法で保障された人民の自己決定権を行使し、国連機構を活用して脱植民地化を図るための活動はすでに行われている。琉球弧の先住民族会(AIPR)、沖縄市民情報センター、市民外交センターは毎年、沖縄人の若者を公募し、先住民族関連の国連機関に派遣し、先住民族としての沖縄人が受けている被害状況を世界に訴え、国連機関に働きかけ、世界の人民とネットワークを形成してきた。その結果、国連機関は沖縄人を先住民族と認め、基地の押し付けを人種差別として日本政府に勧告を行うまでになった。

二一世紀同人会は『うるまネシア』という雑誌を発行し、沖縄独立・自立に関する議論や提案を行っている。Okinawa Studies 107(オキスタ)はハワイやグアムの先住民族であるカナカマオリやチャモロ人の脱植民地化運動に学び、連帯し、沖縄の自己決定権を行使しようと考える若い女性たちの組織である。「琉球弧の自己決定権の樹立を」有志連合は、『琉球独立新聞』を発行し、住民集会の場で「琉球独立」の旗を掲げる等の活動をしている。

私が代表を務める、NPO法人ゆいまーる琉球の自治は、毎年二回、琉球の島々において島の自治を主体的に考え、実行している人々が泊まり込みで話し合う集いを開いている。これまで、久高島、奄美大島、伊江島、西表島、沖永良部島、平安座島、宮古島、伊平屋島において集いを開き、琉球内外の住民が集い、琉球の自治・自立・独立について議論して、連携を深めてきた。沖縄における自己決定権の行使は日常生活における自治と、島人と島人との横の「ゆいまーる(相互扶助・支援・理解関係)」が土台になると考えている[20]。

沖縄は戦後、米政府によって六六年間、日本政府によって三九年間、植民地として利用されてきた。二〇一〇年は植民地独立付与宣言から五〇年、第二回植民地廃絶国連一〇年の最終年であった。しかし一六〇九年の琉球侵略、一八七九年の琉球併合から現在にいたるまで、日本政府は琉球・沖縄に対する歴史的総括、謝罪、賠償をせず、琉球・沖縄に対する差別、支配、略取を国家規模で行ってきた。琉球王国を併合し、現在も米軍基地を沖縄に押し付けている日本国にとって植民地問題とは世界の他の国の問題ではなく、まさに自国の問題である。日本人には自らが植民地支配者であるという当事者意識が求められよう。

沖縄問題は、国連の脱植民地化過程の中で議論され、具体的な解決策が講じられなければならない。これまで日米両政府、日本国民の多数派が沖縄の過去、現在、将来の方向性を一方的に決めてきたが、これからは沖縄人が自らの自己決定権を行使して、人権が保障された平和な島をつくる必要がある。

注

(1) 日本寄せ場学会ホームページ(http://www.jca.apc.org/nojukusha/gakkai/)

(2) 本論は論者が次のような学会、研究会で報告した内容を土台にしている。「人民の自己決定権と沖縄の脱植民地化」(日本平和学会二〇一〇年度秋季研究集会部会Ⅳ「人民の自己決定権と沖縄——自治・独立・平和の実現を目指して」二〇一〇年一一月七日)、「オキナワの資源化・収奪化・植民地化」(明治学院大学国際平和研究所グローバル化と平和プロジェクト研究会、二〇一〇年一二月九日)

(3) 琉球人救国運動については、後田多敦『琉球救国運動——抗日の思想と行動』出版社Mugen、二〇一〇年を参照されたい。

(4) 『琉球新報』二〇一〇年一一月二七日

(5) 沖縄県企画部企画調整課(二〇〇九)『経済情勢　平成

二〇一〇年度版』沖縄県企画部企画調整課、二六頁。

（6）同上書、一二頁。

（7）同上書、二四頁。

（8）同上書、一一頁、五七頁

（9）同上書、五〇頁。

（10）同上書、六頁。

（11）同上書、五一頁。

（12）同上書、二三頁。

（13）沖縄におけるコールセンターの問題については、松島泰勝「辺境島嶼・琉球の経済学――開発現場の声から考える」（西川潤・松島泰勝・本浜秀彦編『島嶼沖縄の内発的発展――経済・社会・文化』藤原書店、二〇一〇年）を参照されたい。

（14）沖縄県企画部企画調整課（二〇〇九）前掲書、五八頁。

（15）宮本憲一「『沖縄政策』の評価と展望」、林公則「米軍基地跡地利用の阻害要因」（ともに宮本憲一・川瀬光義編（二〇一〇）『沖縄論――平和・環境・自治の島』岩波書店所収）

（16）『沖縄タイムス』二〇〇八年一一月一日、『琉球新報』二〇〇八年一二月一四日。国連の勧告に関して、『沖縄タイムス』二〇〇八年一二月九日〜一一日において「国連の先住民族権利保護勧告」のテーマで、上原こずえ氏、宮里護佐丸氏、渡名喜守太氏が論じている。

（17）「人種差別撤廃委員会第七六会期二〇一〇年二月一五日―三月一二日、条約九条にもとづき締約国が提出した報告書の審査：人種差別撤廃委員会の総括所見」の北海道アイヌ協会による日本語訳文

（18）以下の国際法条文については、松井芳郎編集代表（二〇一〇）『ベーシック条約集』東信堂から引用した。

（19）沖縄独立論については、松島泰勝「今なぜ、琉球の独立か」（『環』四二号、二〇一〇年）

松島泰勝「沖縄は日本の植民地である――沖縄問題の根源とその解決」（『環：「沖縄問題」とは何か』四三号、二〇一〇年）を参照されたい。

（20）NPO法人ゆいまーる琉球の自治の活動については、同名のブログ（http://ryukyujichi.blog123.fc2.com/）を参照されたい。

参考文献

松島泰勝『沖縄島嶼経済史――一二世紀から現在まで』藤原書店、二〇〇二年

松島泰勝『琉球の「自治」』藤原書店、二〇〇六年。

松島泰勝『ミクロネシア――小さな島々の自立への挑戦』早稲田大学出版部、二〇〇七年

西川潤・松島泰勝・本浜秀彦編『島嶼沖縄の内発的発展――経済・社会・文化』藤原書店、二〇一〇年

〈龍谷大学経済学部教員〉

●ヨセバ・クリティーク①

外国人からみた「ヤクザと寄せ場」

ヘルベルトウォルフ

ヤクザと寄せ場の関係は深い。寄せ場に行けば現役のヤクザはもちろんのこと、元ヤクザやヤクザっぽい者に必ず出会う。建設業とヤクザとが癒着していることは、よく知られている。今ゼネコンの大手になっている「〇〇組」が元ヤクザの組織だったというケースもある。現在暴力団を排除する風潮が高まっている中、公開入札に参加させないことが求められるが、地域のレベルや下請けのレベルで暴力団は依前として関わっている。

寄せ場の人夫出しに占めるヤクザの割合は高い。「口入れ家業」は幡随院長兵衛の時代からヤクザのシノギ(仕事)のひとつだと思って間違いない。斡旋した労働者を夜になると賭場に誘い、博打を娯楽として提供することも博徒の伝統的な家業だ。筆者に取って、寄せ場といえば、それは大阪の釜ヶ崎のことだ。三角公園辺りを歩くと、街頭で賽子賭博やる出店が目につく。横の路地に入ると、ノミ行為をやっているし、いろいろな賭け事ができる「店」もある。寄せ場にいる人はとにかくギャンブル好きである。長期化する不景気の下でも盛んにやっている。むしろその時、失うものがないからこそ博打をやる気が湧いてくるのだろう。西成を「ヤクザのメッカ」とも呼ぶ。「なぜ、かような土地にヤクザ組織が参集したかと言えば、日雇い労働者の斡旋業務、遊郭街での売春業務、そうした彼や彼女や飛田新地の客を見込んだ博奕と、シノギのネタがきれいに揃っていたからだ」(大八木、二〇一〇、一六ページ)釜をシマとする東組の幹部は「西成の住人」について面白い発言もした。「どっち

がヤクザか分からんような世界やで、ここはホンマに」（大八木、二〇一〇、一二一ページ）

一九八〇年代の後半（バブルの時）から一九九〇年代初頭、よく釜でウロウロした。当時、不法就労についての調査を行っていたが、アンコたち（日雇い労働者）の生き方にも興味が湧いてきた。一九九〇年と九二年の暴動も目撃した。それは釜がまだとても元気だったころの話だ。今でも年に何回か釜の様子を見に行く。碧眼の外国人だから、よく道で話しかけられる「ハロー、兄ちゃん、ここでなにやってるねん？ 国はどこや？」等々。そういう人と一杯（や二、三杯）飲みに行ったりしたことがよくある。仲良くなった方々も何人もいる。現役のヤクザとも長い付き合いがある。とにかく「表」の社会の人間よりもはるかに面白い人々との出会いがたくさんあり、彼らの話を聞くことによって、日本の「裏」社会の興味深い面を垣間見ることができた。反骨精神と人情と人間臭さに溢れている町だ、釜は。私にとって、こういう日本もあることを発見し、体験できたことは、嬉しいかぎりだ。

墨の筋彫りしか入っていない、縁故詰めもした沖縄出身の元ヤクザと親しくなったこともあった。もともと「ほかの行き場がなかったから、ヤクザの門を叩いた」と言った人で、薬（シャブ）に手を出して、ヤクザとしても失敗し、破門された。絶縁ではないから復帰が可能だが、ヤクザの世界に戻れなかったらしい。また「行き場のない」状態におかれたため、寄せ場に流れてきた。彼と同じように、さまざまな理由で「行き場」を失った人々が最終的に寄せ場に来ることがよくあるだろう。特に景気が良かった時代にはいろいろな寄せ場を転々としたアンコたちもいた。そういう話をたびたび耳にした。日雇い労働者には、江戸時代の範疇を使うと「無宿者」や「流民」のような人もいる。その点でヤクザと似ている。

ヤクザといえば、江戸時代中頃から、歴史学的に「証明」できる確かな存在だった。博徒（ばくと）と香具師（やし）（的屋）の二つがその伝統的な系統である。的屋は縁日や祭りの時、出店でさまざまな物品を販売している生業だ。昔は見せ物も出した。商売のために津々浦々を移動することがある。博徒にも「旅」といって、全国を回って修行する習慣があった。両者は「非定住」の側面が強い。古今東西、定住者は一方で定住していない人々に不信の目を向け、差別の対象にすることも多い。他方、自由奔放に生きている人々と思われ、憧れの的にもなる。ヤクザに対してこういうアンビヴァレンスは現在も存在していると思う。ただし、ヤクザの世界には「縄張り」がある。香具師はこれを「ニワバ」と呼び、北日本では「死守り」とも言って、命がけで守る「テリトリー」なのである。ようするに「現地」の親分がいる。定住している面もあり、逆説的な存在なのだ。旅しているヤクザの中には「急ぎ旅」の逃亡をしている者もいるが、その場合も必ず現地の親分に挨拶に行く。どこの得体のものかを知らせるために仁義を切って、自分の系譜を名乗る。博徒の中で「一宿一飯の恩義」の掟もあった。香具師は縁日になると現地のボス(「ニワヌシ」)に所場割りをしてもらった。つまり、出店の位置が決められていた。

封建時代の社会、自由に動くことができたのは、上流社会の人間(貴族、武士等)と下層社会の者(例えば大道芸人、香具師、興行師)。ヤクザは身分制度から外された「無宿者」扱いであり、非定住と定住の両面を持ち合わせていた。「そもそも『ヤクザ』の語源は三枚カルタ博打(いわゆる、おいちょかぶ)で『ブタ(=悪い目)』とされる『八』『九』『三』の数字に由来するというのが通説だが、室町時代に町村内で喧嘩の仲裁にあたった世話人組合の『役座』だという説もあるから、氏子の集団を意味する『座』が町村を『縄張り』と称し、経済行為の既得権益を独占し、祭礼にかかわる檀家、自治会の商業集団、自警団の類を形成していったことは疑いないようだ。」(北芝、二〇〇八、一四ページ)宮崎学は伝統的なヤクザ、すなわち博徒の「前身をたどると、戦国期の土着的な戦闘集団である土豪や、もっと昔なら中世の流民層が源とされる」と主張する一方で、他方では地域社会での役割をこう描写している。「共同体内部を取り仕切る乱暴な暴力装置、つまり用心棒のようなものが想像できる。彼らは渡世人や旅芸人、渡り職人などをはじめとして、社会の流動層を統括する独自の役割をもっていたと思われるのだ」(上高・宮崎、二〇〇四、一二ページ)

ところで、ヤクザにとって「寄せ場」の語はまったく別な意味も持つ。隠語で同じ意義で「別荘」「留学」「大学」「出張」等とも呼ぶが、すべて「懲役」の意味である。「寄せ場に行く」とは「監獄に入る」と同義語である。懲役はヤクザの生き方の付き物なので「ツトメ」ともいう。任侠道ではヤクザにとってそれは男を磨く道場でもある。はメンツを一番大切にする。ツトメにも男らしく、格好満期まで。法律に抵触する事によって罰せられる。刑罰を科することは、法哲学的に以下三つの理由が考えられる。
1．一般予防＝こういう行為は禁じられているという宣言、見せしめ的な意味。
2．償い＝被害者の慰安、賠償。
3．更正＝加害者を社会に復帰、統合させる。

刑罰を下す三つ目の理由に限定してヤクザの場合を取り上げる。「更正されること、監獄に入れられて、絶対ないわ」と九州の有力組織四代目工藤会の直若上高謙一組長に言われたことがある。塀の中でむしろ新しい仲間を見つけたり、娑婆（外の世界）に戻ってからのための「打ち合わせ」や将来のしのぎの共同についての「陰謀」を相談したり、獄中で略式の杯まで交わしたりすることもある。上高組長は本にこのように書いている。「お互い覚醒剤で入っとるということも分かるので、中で商談しよる者もおりあす。……刑務所は、矯正施設だと言いよりますけど、あんなところではとても矯正はできんです。たんなる隔離施設にすぎません」（上高・宮崎、二〇〇四、一七八〜九ページ）監獄の歴史と存在理由を徹底的に究明したフランスの社会学者フーコーが主張しているとおりなのだ。「非行［＝在監］者が相互に連帯し、階層秩序化され、将来のあらゆる共謀関係にそなえる、そうした環境の設定は、監獄によって可能になる、いやむしろ助長されるのである」（フーコー、一九七七、二六六ページ）

ようするに逆効果なのである。監禁されることによって、自分が「アウトロー」「犯罪者」「気質でない」というアイデンティティが形成されることになる。「監獄が非行性を罰するのは真実ではあるが、本質的には非行性は、今度は監獄によって究極的にくりかえされる監禁のなかで、監禁によって作り出される。監禁とは、一歩一歩たどられたこの階層秩序の自然な帰結にほかならないし、それの最高段階にすぎない。非行［＝前科］者は制度上のひとつの所産である。したがって、受刑者たちの生活史がこうした機構や施設を経由する度合がおびただしい点に驚くのはむだである…」（フーコー、一九七七、三〇一ページ）

懲役した経験を背負った者、いわゆる「前科者」はいくら支援しようとしても就職はとても困難だ。「行き場がない」ことになるので、再び「寄せ場」（両方の意味の！）に入る可能性が非常に高い。

牢獄の中では就労させられる。仕事をする「倫理観」を植え付けようとする作業だ。だけど、ヤクザになった人が朝九時から夕方五時まで退屈で単調な仕事をもともとやりたいはずなどあるまい。「刑罰上の労働の効用とは何か。利得ではなく、役立つ能力の養成でさえもなく、それは一つの権力関係を、うつろな一つの経済的形式を、個人の服従および或る生産措置への調整の一つの図式を構成することだ」（フーコー、一九七七、二四二ページ）管理社会に応じたくないか、応じることができないからこそヤクザになった者が多い。シノギを真剣にやる上、遊びも中途半端でない。娑婆と監獄の「往復」する者もいる。特に若い「暴れん坊」の時期はそうだ。年を取ると段々落ち着き、幹部クラスになると、「汚い」仕事もしなくなる。どうであれ、ヤクザは娑婆にいる時間の大切さを良く知っている。その上、いつ抗争になるか分からないし、いつ命を落とすか落とされるかも分からない生き様だからこそ、人生を楽しみ、遊ぶこともヤクザは上手だ。独特な死生観から生まれる強烈さがある。ヤクザが発信しているオーラは濃密だ。「いつ死んでもええ」という態度で生きているから、「ぬるい」一般人がそれを「怖い」と感じる。ヤクザを美化するつもりなど筆者に毛頭ない。「悪」の匂いを発している者や平気で人を殺しそうな本当の強面に会ったこともある。こういうタイプは敬遠したいが、心の温かい、人情深い、気前のいい、優れたユーモアのセンスのあるヤクザとの出会いもあった。どの世界も一緒、極道も千差万別。

ヤクザの世界も確かに変質した。バブル経済の頃、インテリ・ヤクザが株の投機、不動産の売買、地上げ、倒産整理、借金取り立て等で大金を手に入れた。ヤクザが企業や銀行によく「雇われた」が、バブルが弾けた後、立派なスケープゴートになった。ところで、リーマンショック後、ドイツの若者が面白い言葉を作った。銀行員の偉いさんをバンクスター（bankster、bank＝銀行）と呼ぶんだ。Gangster（ギャングの一員）とbanker（＝銀行員）のフュージョンだ。世界の経済を危機に落とし入れたバンクスターはギャングスターよりよっぽど悪質だという意味合いを包含している。日本のバブル経済の時期、いわゆる「暴力団」よりはるかに悪い「気質」の財界人もいただろう。「暴力団員による不当な行為の防止等に関する法律」（以下、暴対法と略）の制定の背景にはアメリカからの外圧（資金洗浄の対策や組織犯罪の弾圧等を要求）、長く続いた「内紛」の山一抗争もあり、おまけにヤクザが企業社会に浸食した事実もあった。企業社会防衛のため、一九九二年三月一日に暴対法が施行された。もちろん他の利害関係もあった。警察が暴力団をより綿密にコントロールできる道具を作った上、「暴追センター」を津々浦々に設立し、天下り先とした。宮崎学が暴対法の問題点を鋭く分析している。「巨大な地下金脈に裏打ちされた裏社会の強力な経済力に対する恐怖感が、暴対法成立の大きな原動力になったことは間違いないだろう。そもそも、権力側が最も重視するのは企業社会であって、市民社会は二の次、三の次である。これは明治維新以来の権力の一貫した姿勢でもある。かくて、日本社会の実質は企業社会であり、その上に重苦しくのしかかっている官僚社会との合板社会であると思うのだが、その合板社会の琴線にバブル紳士たちが触れた。暴対法の素早い成立は、それゆえの激しい拒絶反応だったのだろう」（宮崎、一九九四、二七七〜八ページ）

宮崎は暴対法が非常に難解であり破防法の一番煎じであることと、ヤクザと市民をはっきり区／差別した上、「非国民」扱いすることも問題視している。また、差別問題が視野に入っていないことが最大の問題点だと宮崎は指摘する。京都での暴対法訴訟で、「弁護団は、被差別部落に対する差別、在日韓国人・朝鮮人・台湾人に対する差別、そして社会的弱者（家庭的不遇者、犯罪歴保有者、心身不遇者、貧困者、低学歴者）に対する差別を三大差別とし、会津小鉄の構成員をこの三種の被差別集団と規定する」（宮崎、一九九四、二八四ページ）。一般的にいっても良いと思うが、差別構造があるゆえ「暴力団」のような集団が生まれ、一般社会から排除されるから、相互幇助的な集団が形成される。お互いを扶養しながら、生きる道を探すわけだ。差別問題はヤクザと寄せ場の存在と密接に関わっている。被差別者をさらに「異物」として切り捨てようとすることは理不尽で、本末顛倒だ。極論だが、暴対法を作成した若輩の官僚たちは「徹底した異物排除の上に立った『清潔なファシズム』を目指しているとしか思えないのだ」とまで宮崎（一九九四、二九三ページ）は言う。ヤクザに対しての締め付けが近頃どんどん厳しくなっている。全国の都道府県がさまざまな暴排条例を制定したり「検討」しているだけでなく、全国銀行協会はヤクザであれば、口座の開設を禁じると決定した。また、日本証券業協会もヤクザを証券取引から排除することを決めた。ヤクザの義理カケ等で利用することをホテル、飲食店、旅館、葬儀場も警察の要求に「コンプライアンス」して拒絶するケースも増えている。その経済活動にたとえ合理性があっても、「利益供与になる」という名目で排除されることもある。公共住宅からのみではなく、民間住宅を管理する不動産業者さえが暴排条項を設けて、入居を拒むこともある。ヤクザの身分を隠せば、詐欺の容疑で逮捕される。ヤクザの居住権、生活権、存在権が冒されている。その上、「近年では『五割り増し』といわれるほどのヤクザに対する重罰化傾向が定着」しているらしい（N．N．、二〇一〇、二九ページ）。であるとするのなら、等しく法の前で平等という原理に反する。だが、ヤクザに対するそのような差別的で過剰な「取り締まり」についての批判は、ほとんど耳にしない。マスメディアはヤクザを単なる「悪」としか見なしておらず、勧善懲悪的な立場をとって、警察に迎合しながら「反社会的勢力」という、ナチスも好んだ言葉で呼ぶようになった。でも、忘れてはならないのは、それは社会が生み出した「勢力」であり、社会の中である役割を果たす「勢力」でもあるということだ。

「いかなる社会・環境にも逸脱者は湧いてくる」（宮崎、一九九四、二九四ページ）。完全に同感だ。逸脱者が集まる場所が寄せ場だ。集団になるのはヤクザだ。さまざまな面と意味でヤクザと寄せ場は腐れ縁なのだ。

参考文献

ミシェル・フーコー（田村俶訳）『監獄の誕生――監視と処罰』新潮社、一九七七年。

北芝健『ヤクザの裏経済学 元刑事が明かすワルの錬金術』日本文芸社、二〇〇八年。

大八木一輝「東イズムはワシらの道標。二代目東組、西成戦士座談会。第二弾!!」『実話時代』二〇一〇年一二月号、一二一～一二四ページ。

上高謙一・宮崎学『獄楽記』太田出版、二〇〇四年。

宮崎学『突破者（下）戦後史の陰を駆け抜けた五〇年』幻冬舎アウトロー文庫、一九九四年。

N．N．「特別企画 現代ヤクザの『我慢と憂鬱』」『実話時代』二〇一〇年一二月号、二八～二九ページ。

筆者の最新の著作（独語・英語・日本語の三言語）：Herbert Wolfgang & Horitsune II: Bunshin II/文身II Japanese Traditional Tattoo. Horitsune II/彫常II Dragon and Kannon/龍・観音 Mannheim: Huber Verlag, 2010. ISBN-13:978-3-927896-33-8

〈徳島大学総合科学部・講師／ドイツ語・比較文化論〉

ホームレス研究の到達点を提示——青木秀男編『ホームレス・スタディーズ 排除と包摂のリアリティ』を読む

北川 由紀彦

本書は、編者である青木秀男と、ホームレス問題研究に携わってきた関西の「若手研究者」達による論文集である。各章と執筆者は以下の通りとなっている（他に「野宿者の仕事」「生活保護と野宿者」など六つのコラムも含む）。序章「ホームレス・スタディーズへの招待」（堤圭史郎）、第一章「排除する近代」（青木秀男）、第二章「寄せ場『釜ヶ崎』の生産過程にみる空間の政治」（原口剛）、第三章「飯場労働者における『勤勉』と『怠け』」（渡辺拓也）、第四章「放置された不安定就労の拡大とホームレス問題」（大倉祐二）、第五章「家族規範とホームレス」（妻木進吾・堤圭史郎）、第六章「ジェンダー化された排除の過程」（丸山里美）、第七章「教会に集う野宿者の意味世界」（白波瀬達也）、第八章「野宿者と支援者の協同」（山北輝裕）。

まず序章では、一九九〇年代以降の〈ホームレス問題〉の展開とそれに併せて展開されてきた研究が四期に分けて概観され、それぞれの時期における研究が何を切実な問題として提起してきたのかが検討される。

続く第一章では、大正期の広島の「乞食」（こつじき）に関する新聞記事の分析を通して、現代の排除の〈原基〉として、近代における「乞食」の排除の構造——社会が職住を喪失した人々を創り出しているにも拘らず、そうした人々を「よい人々」と「悪い人々」に分断し後者を放逐することにより「国民」を統合する——を炙り出し、「乞食のポジションを近代／都市／権力批判の基点となし、もって近代（批判の）都市研究を批判する」（傍点原文）視座を提示することが試みられている。

第二章では、歴史地理的な視点から、戦後「釜ヶ崎」が寄せ場として生産される過程について、「場所の構築」と「制度的実践」という二つの局面に区分したうえで、新聞や議会議事録などを資料としての言説分析が試みられている。『ホームレス』の社会問題化」とは「釜ヶ崎という狭小な地域に凝縮され、封じ込められ、隠蔽されていた諸問題が、都市全域へと越境し拡大したことによって社会問題化されたものである」ことなどが明らかにされている。

　第三章では、著者の飯場でのフィールドワークのデータの分析をもとに、「勤勉」と「怠け」といった価値観が労働現場での労働者間の相互作用の中で便宜的に作り出されるものであり、また、そうした価値観が労働者の選別と排除のために労働者自身によって用いられていることなどが明らかにされている。

　第四章では、各種統計データの分析を通して、「『雇い止め』『派遣切り』が問題化するずっと前から日常的に野宿を繰り返してきた日雇労働者の就労と生活について検討し、大阪の寄せ場・釜ヶ崎の日雇労働者から就労の機会を奪い、そして野宿生活へと追い込んだ構造的要因について」の考察がなされている。

　第五章では内閣府の報告書にみられる「富裕化・近代化の結果としての家族の相互扶助機能の弱体化・崩壊がホームレス問題の背景にあるという主張」そのものの妥当性について、一九九九年の野宿者聞き取り調査および二〇〇七年のネットカフェ生活者聞き取り調査のデータの分析を通じて検討がなされ、「ホームレスの人々とは、『富裕化・近代化の負の側面』として生み出されたというより、富裕化・近代化の過程において社会の周縁に据え置かれてきた人々である」ということなどが明らかにされている。

　第六章では、日本社会において、広義のホームレスの人々のうち野宿者として路上に顕在化する人々の圧倒的多数が男性であることの理由、（必ずしも野宿というかたちをとらない）「女性ホームレス」の特徴と、女性に特有の社会的排除のあり方について、「女性ホームレス」への聞き取り調査結果などをもとに考察がなされ、「ホームレス」を「男性ホームレス」に代表させて論じることの問題性が指摘されている。

　第七章では、釜ヶ崎で支援活動を展開するキリスト教系の団体に支援者として関わるようになった（元）野宿者の事例の分析を通して、支援活動に携わるようになる過程において彼らが教会／支援者との相互作用の中でどのような態度変容を経験しているのかについて、宗教社会学の知見を援用しつつ明らかにしている。

　第八章では、野宿者支援団体への著者の参与観察に基づいて、野宿者と支援者の協同において野宿者の「当事者性」がどのようにして発露されているのか等について考察がなされている。

　以上、乱暴であることを百も承知で駆け足で各章を要約してきた。ひとくちに「ホームレス・スタディーズ」といっても、当然のことながら、本書の各章の主題もアプローチも異なっている。しかし、本書の各論者に前提として共有されていると思われるのは、寄せ場労働者／野宿者といった困難な状況にある人々を近代化以降社会的に連綿と生み出し続けながらもその存在を隠蔽しあるいは忘却し続け、「ホームレス」「ネットカフェ難民」「派遣切り」といったキーワードを弄びその都度「全く新しい」問題が生じてきたかのように振る舞い問題を消費し続けてきた（そして今もなお消費しようとしている）日本社会に対する苛立ちである……とここまで書いてきて、似たような趣旨のことを、本書と同じく青木秀男が編者となった一九九九年の論文集『場所をあけろ！　寄せ場／ホームレスの社会学』（松籟社）の紹介文でも書いたことを思い出した。評者の書評の書き方の進歩の無さにも情けなくなるが、日本社会の根本的な部分での「変わらなさ」にも愕然とさせられる。それでもなお、研究という営みには、隠蔽され忘却されてきた構造についてより深くダイナミックに解明し指摘し続けること、また、先行研究の暗黙の前提を批判的に検討しその問題性を暴き出し続けること、そうした粘り強さが求められるのだろう。

もう一点。評者が大学の学部生として〈ホームレス〉の人々をめぐる問題を研究テーマにしようと決めた一九九三年頃、先行研究／資料として参照可能な国内の文献は、年報『寄せ場』に掲載の諸論考やそれらの著者の著作、ルポルタージュ、運動体の活動報告など、非常に限られており、それらの探索・入手に（インターネット等の情報インフラの未整備、初学者ゆえの、今以上の視野の狭さなどといった条件を差し引いても）非常に苦労した記憶がある。それから一五年あまりが経過した今日、〈ホームレス〉に関する国内の研究は、その量も飛躍的に増え、対象とする領域も拡大し、何を／何から／どう読むべきかを絞り込んでいかないと到底フォローしきれない状況になりつつある。そうした状況下にあって本書は、歴史、地理、労働、家族、ジェンダー、宗教、支援、それぞれの観点から〈ホームレス〉をめぐる問題系に切り込んでいく際に、何がどこまで論じられ／明らかにされてきたのか、という研究の現時点での一里塚を提示してくれているという点で、（特に入門書として書かれたわけではないけれども）格好の「入門書」となっている。

最後にもう一点だけ。第二章中の「市立中央更生相談所」「市立更生相談所」「梅田厚生館」および第六章の表六―一中の「更生施設」の「更生」あるいは「厚生」が「更正」と誤植されていた。もしかしたらすでに正誤表等により訂正がなされているのかもしれないが、気になったので一応指摘しておく。

（ミネルヴァ書房・二〇一〇年刊）

（放送大学教員・社会学）

●ヨセバ・クリティーク②

中国型グローバリゼーション経済を解読する——セルジュ・ミシェル／ミッシェル・ブーレ／中平信也訳『アフリカを食い荒らす中国』を読む

藤田 進

消費物資からオーディオ・パソコンに至るまで世界中に中国製品があふれ、中国の生み出す膨大な商品需要が世界経済を活気づけており、二〇一〇年度GNPが世界第二位となった中国は文字通り世界の経済超大国となった。社会主義を標榜する国家がわずか二〇年あまりの間にめざましい経済成長をとげて、グローバリゼーション世界の牽引車に変貌するにはいくつもの条件が必要であろうが、欠かせないことのひとつに、巨大な国内生産を支える大量のエネルギー、鉱物、木材の確保があり、とりわけ石油の確保は重要である。中国は一九九六年までアジアで第二位の石油輸出国であったが二〇〇五年を境に米国に次ぐ世界第二位の石油輸入国になっており、いかに中国の石油需要が急増したかを物語っている。中国が急増する石油需要の確保先として向かったのはアフリカであった。中国はアフリカで石油をどのように確保したのか。中国がアフリカでの石油確保のために展開した壮大な開発プロジェクトの全貌を、アフリカに精通した二人のヨーロッパ人ジャーナリストが描きだしたのが本書である。豊富なデーターとアフリカ・中国双方での聞き取り取材をベースにアフリカ産油国における中国の活動を網羅的にとりあげた本書の説明は具体的で説得的であり、また社会主義とビジネス第一主義を操る中国が民衆の反感をつくりだしていく危うさを浮き彫りにしている点が興味深い。以下紙幅の制約上、主にスーダンの部分を取り上げながら本書の内容を紹介しておこう。

1 中国の《ウィン・ウィン》戦略

アフリカが豊富な産油地帯として登場しはじめたのは一九七〇年代末からで、すでに石油採掘権は欧米石油企業に押さえられており、アフリカの石油に新しく接近をはかる中国に出る幕はなかった。ところが一九九〇年代初期アフリカの産油国がのきなみ内戦・紛争状態に陥って、民主化の欠如を理由に欧米企業が引き上げたとき中国に進出の機会がめぐってきた。中国はそのとき「社会主義市場経済体制」への大転換を打ち出しており、「海外に行け（走出去）」、世界レベルの企業になれ」とのかけ声のもとにアフリカ進出に乗りだした。中国のアフリカ進出に際して著者たちが注目しているのは、《ウィン・ウィン》の関係（援助を与えるものも受ける者もともに利益を得る関係）を重視するという対アフリカ戦略を中国が採用したことである。《ウィン・ウィン》戦略とは、要するに「世界銀行やＩＭＦ（国際通貨基金）が求める民営化、権力の分散、民主化、透明化を行わなくても、中国は仲良くする」というものであり、中国はその戦略に則って「どんな国のどのような現場にでも、一週間か二週間で何万人もの労働者を送り、記録的な安値で、しかも最短の工期で、プロジェクトを完了させる」ことに著者は驚嘆している。中国は《ウィン・ウィン》戦略によって、欧米の開発援助を受けられずにインフラの劣化状態にさらされているアフリカ産油国の心をつかみ、見返りとしてアフリカの石油を確保していったのである。その具体例をスーダンにみれば、次のようである。

　一九九七年、米国がスーダンへの禁輸措置発動でメロウェ・ダム建設巨大プロジェクトを遅延に追い込むや中国はダム建設と資金供与を申し入れ、二〇〇〇年中国人労働者五〇〇〇人をつぎ込んでダム工事に着工、〇八年末までにスーダン電力需要の半分をまかなうダム完成へとこぎつけた。スーダン開発プロジェクトは他にも、国際空港の改修工事、繊維産業建設、漁業開発、ポートスーダン港の近代化と拡張工事、ナイル河のいくつもの揚水施設と橋梁の建設と多岐にわたった。それと引き換えに、中国石油天然気集団公司が二〇〇〇年からスーダン南部で石油採掘操業を開始して〇三年に巨大油田を発見、同時にこの年西部ダルフールにおける石油採掘権も獲得した。国連がスーダン政府を同紛争地域におけるジェノサイド容疑で制裁警告を出すなかで中国はプロジェクトを精力的にこなしていき、スーダン南西部の油田から紅海に面するポートスーダンまでの一六五〇キロのパイプラインとハルツーム付近で合流するパイプラインも中国が建設した。その結果、中国は「スーダン一国だけで中国の石油需要の一〇％をまかなう」ことが可能になった。〇六年北京でアフリカ首脳サミットが、欧米から「テロリスト国家」と糾弾されているアフリカ産油国も一堂に会して開催され、全アフリカと中国の緊密な協力関係が築かれたことは、中国がアフリカ全土で石油確保に成功したことを物語っている。

2 中国「社会主義市場経済体制」の怪

ところで中国の《ウィン・ウィン》戦略の展開は、「アフリカのニーズに完璧に応えることができる技術を自国で開発してきた」という中国社会主義が築いてきた実績に支えられている。ただし中国の社会主義組織は企業化して、資本主義的運用に委ねられているという大きな変化をとげている。中国は一九七九年半官半民の巨大金融グループの中国国際信託投資公司を設立し、その傘下に中国石油天然気集団公司や中国有色鉱業集団有限公司といったエネルギー・鉱物資源確保のための一連の中国コンソーシアム企業を設けており、そこに国営企業の頭脳・技術・労働者を投入してアフリカ巨大開発プロジェクトをビジネスとして展開しており、またアフリカ政府や経済界との関係強化のため、アフリカで儲けている華僑資本とも密接に協力している。中国人民解放軍も深くコミットしており、軍傘下の北方工業公司などいくつかの営利企業は武器輸出でアフリカ全土にその名をとどろかせているばかりか、「スーダン政府とダム管理局は警戒心を強め、中国人の民兵に現場を警備させている。……その数はスーダン領内で七〇〇〇人を超える」という指摘に、アフリカで武器商人や警備会社となった人民解放軍の姿が浮かび上がる。

アフリカの強権独裁国家にはできない道路、鉄道、住宅、給水・電力網の建設といった国家的事業を、中国は民主主義の欠落や腐敗の蔓延など気にすることなく、社会主義体制下の財力・頭脳・技術・人員を総動員して代行し、《アフリカの平和》に貢献していると強調する。著者たちがその言い分に強い疑念を呈するのは、中国が開発プロジェクトを通じてアフリカ住民を犠牲にしている現実をよく知っているからである。

3 中国プロジェクトの反人民性

二〇〇八年、銅産出国ザンビアの中国企業において、劣悪賃金に抗議するザンビア労働者が投石で二〇〇人の中国人職長と対決する事態がもちあがり、また地元鉱山労働者の死亡事故への十分な補償がなされないのが発端となってザンビア労働者を殴打し逮捕された中国人監督が中国の圧力で無罪放免となるということがあり、ザンビア住民の中国への反感が一気に高まった。中国有色鉱業集団有限公司など一連の中国企業は一九九〇年代末、ザンビア政府がＩＭＦと世界銀行の強い要請で鉱業国営企業を民営化したのを受け継いで登場した。中国企業はザンビア側に、①中国人労働者・職長の大量入国、②現地人従業員賃金の劣悪な基準の採用および労働組合禁止、③中国企業の最低水準の納税などを認めさせ、その結果、ザンビアの銅鉱山の中国人数（「公式には三五〇〇人、野党発表では八万人」）が鉱山裾野の住民七〇〇〇人を上回り、「ザンビア当局は迷わず中国側に付く」雰囲気の中で、「ザンビアは中国の一行政地区に成り下がってしまう」（ザンビア野党党首のことば）という様相を醸し出した。そうした中から、〇八年の住民の反中国行動は起きてきたのである。ところでザンビア人は、かつての中国の人民連帯姿勢を記憶にとどめている。ザンビアが英国から独立し銅鉱山を国有化してから六年後の一九七〇年、社会主義中国はタンザム鉄道（タンザニア―ザンビア間）建設のため二万五〇〇〇人の中国人を送り込み、中国人は六年がかりで鉄道を完成させて帰っていった。ザンビアはタンザム鉄道の開通で国内交通を飛躍的に発達させ、南アを通過せずに銅を輸出できるようになったのだった。社会主義中国の人民連帯の再来を期待したザンビア住民がいま中国企業への反乱に立ち上がる事態を、中国はどのように受けとめているのだろうか。

　中国が請け負ったスーダンのメロウェ・ダム建設現場でも、次のような住民の犠牲が生じていることが報告されている。

　「広大な貯水湖をつくるために、五万人のヌビア農民が移住させられた」「村に戻る希望を一切持たせないように、家は取り壊され、椰子（やし）は根こそぎ引き抜かれるか焼かれていた」「当局との合意では、一家族について、再入居地に新築家屋と、一フェダン（四二〇〇平方メートル）の土地に対して六フェダンの代替地を与えること、椰子の所有者に対しては損害賠償（成木一本あたり二五〇ドル）を支払うことが約束された」「約束された新築家屋の大部分は建てられることはなかった。代替地として与えられた土地は多くの場合、不毛の地だった」「金銭補償に関しては、わずか三分の一が支払われただけで、残額が払われるのは工事完了後となる予定だ。しかも支払は

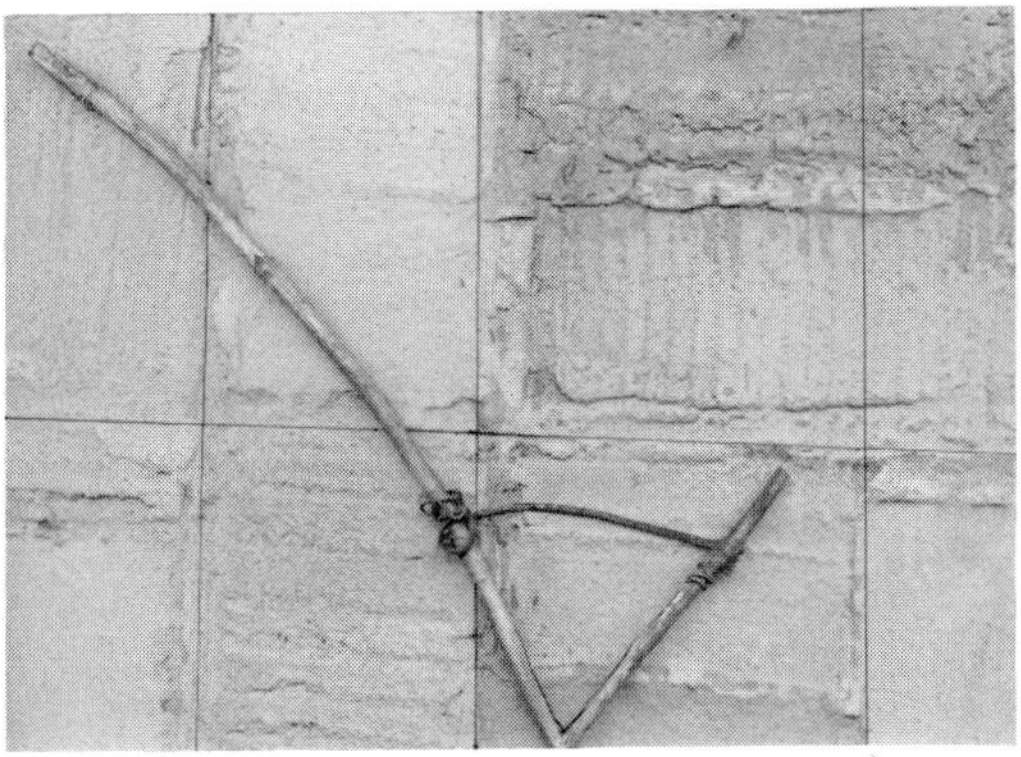

スーダン・ポンドで行われる。スーダンの通貨は定期的に切り下げられるので、実質的な補償金額は目減りする一方だ」「ヌビア人がデモをするたびに、流血の弾圧が行われた。彼らは一方的に弾圧を行う政権に対して、『数千人の仲間が戦う覚悟だ』と述べ、対決の姿勢を鮮明にしている」。

　その一方で、ヌビア人の故郷を奪う巨大なダムの建設も、道路、橋梁、港、石油パイプラインの建設も、石油施設の警備も、石油を中国行きのタンカーに積み込むのも、中国人労働者のために中国野菜をつくる農業も、すべては中国人がこなすのである。

　著者たちはスーダンにおけるこの二つの事実を踏まえて、北京・中国外務省高官に「スーダンでの中国の存在感は、その大きさからスーダンへの内政不干渉原則に背くのではないか」と質問すると、「わが国は《ウィン・ウィン》の協力という枠組みの中で、そして、現地住民を最大限に尊重する中で、内政不干渉というわれわれの原則を厳密に実践しています。われわれが適切な影響力を利用するとしたら、それは善意をもっておこなわれるのです」との答えが返ってくるばかりだ。だが中国が民衆の犠牲を黙認してアフリカ独裁権力に無批判・無節操に協力していることは、著者たちの現地取材による数々の事実から明らかであり、中国の姿勢はもはや社会主義国家からはほど遠い。

4 中国人労働者の実状

　著者たちが、アフリカで働く中国人たちを次のように観察している箇所がある。「アフリカまで来るような中国人は、筵（むしろ）の上に寝ることが当たり前で、肉などたまにしか食べたことがない人びとばかりだ。だから、不快きわまりない場所でも、また利益が見込めない環境でも、どこでもビジネス・チャンスを見つけることが出来る」――ヨーロッパのアジア人蔑視を思わせる表現であるが、著者たちは中国人労働者の本国での現実を調査しており、その現実が劣悪な環境で必死に働く中国人の姿にあらわれていることを伝えようというのが、先の表現の真意である。

　例えば、中国四川省の国営企業の勤続一三年のプラスチック成型熟練工は、月給六〇〇元（約七八〇〇円）で結婚する金もなく独身で、アパートで両親と暮らしている。そうした中で給与が五倍になることにひかれてナイジェリアでの三年契約の労働に就いたのだという。この労働者にアフリカ行きを斡旋したのは、国営企業の元会計係が経営する地元綿陽の人材派遣業者であり、国営企業労働者の人脈を利用して重慶の大手人材派遣会社が依頼してくる熟練工の募集にあたっている。大手人材派遣会社は、香港華昌（ホアチャン）集団（アフリカへの労働者派遣にあたる独占的企業）のためのアフリカ向け人材集めを一手に行っている企業で、一九九八年の設立時には「アジア諸国や英国への数百人の中国人労働者の〈輸出〉」が主だったが、「〇七年以降はアフリカが主要な市場のひとつとなり、〇八年には一〇〇〇人をアフリカに送る予定」（同社幹部の話）だという。契約労働の雇用条件は、⑴最初の契約期間は一八ヶ月、⑵一ヶ月間の帰国休暇が与えられるが、休暇返上で働けばその月の給与は倍額とする、⑶契約期間終了後さらに二年間の労働契約が可能、⑷給与は中国国内に有する銀行口座にドル建てで振り込まれる、という内容だ。「インフレと国営企業の放漫な経営によって、貧苦の生活を余儀なくされている」中国人労働者がアフリカ出稼ぎの契約条件に引きつけられている現実が浮かび上がってくる。

また著者たちはナイジェリア南部での電話ケーブル設置の仕事についた中国人労働者の故郷の村を四川省仁寿（レンショウ）県の奥地に訪ねて、年老いた母親から次のようなことを聞いている。「三人の子どもは出稼ぎに行ったきり帰ってこないので一人残された」「アフリカに行く時に、向こうで何をしてもいいから、豚を買うお金だけは送ってちょうだいと言った。でもお金なんか送ってくれなかった」「息子は帰って来て、また出て行っちまった。行き先はきっと上海だろうが、私には上海もアフリカも変わりない」。「過去一四年間で、中国農村部の一億二〇〇〇万人が、民間資本の工場や工事現場がある沿岸部の都市近郊に移住し」、いまやアフリカにまで流浪することになった。中国人労働者がアフリカ住民の仕事を奪う形で「異国の地で一日に一〇時間以上も汗を流し、会社から与えられた宿舎で寝起きし、食堂で食事をし、マラリアにかかってもいい、と思っており、彼らは文句のひとつも言わずにアフリカに大量にやってくる」のは、中国人労働者たちが本国で苦悩しているからという現実を著者たちは確かめることになった。

本書を読み終わって、評者は次のように思う。中国の唱える「社会主義市場経済体制」は、中国共産党指揮下で資本・技術・人員の集中的組織化を発揮して大規模プロジェクトに取り組み大きな利益をあげている点では、グローバリゼーション経済の時代における卓越したシステムといえるだろう。しかし中国は「社会主義」を唱えながら人民解放の理念を欠き、資本主義企業顔負けの利益第一主義と非正規契約型の苛酷な労働に頼ることによって、早晩、中国内外における人民の広範な反乱・抵抗に直面せざるをえないであろう。二〇一一年初頭から中東産油地帯における住民不在のグローバリゼーション経済システムが民衆反乱によってはげしく揺さぶられているなかで、そのような予感が評者の脳裡をよぎる。

（河出書房新社、二〇〇九）

〈アラブ近現代史研究家〉

●ヨセバ・クリティーク②

「文を売って、志を守る」を開拓した先駆者の評伝

――黒岩比佐子『パンとペン――社会主義者・堺利彦と「売文社」の闘い』を読む

中西　昭雄

堺利彦という人物について知っていること――日露戦争を前にして非戦論を唱え、内村鑑三、幸徳秋水とともに日刊新聞『万朝報』を退社し、『平民新聞』を創刊して、幸徳とともに日本で初めて社会主義を提唱――こんなあたりではなかろうか。内村や幸徳、さらには『平民新聞』に集まってきた若手の大杉栄、山川均などに比べると、堺利彦はどこか地味な存在で、その人物像や思想内容で知られることは少ない。

　そんな堺利彦の人物、仕事、思想を克明に調べ上げた渾身の一冊がこの本だ。

著者の黒岩比佐子は、堺の仕事のなかで、「売文社」という特異な活動にスポットを当てて、その実態を克明に跡付けている。

　堺利彦が、「売文社」という活動分野を思いついたのは、獄中でだった。幸徳秋水などが逮捕された「大逆事件」のとき、堺は獄中にいた。もし、下獄していなければ、堺もでっち上げの「大逆」で逮捕されたかもしれなかった。そんな堺は獄中で、来るべき「冬の時代」を想像して、「売文」の想を練った（本書二一六ページ）。

> 年頃の娘が嫁入口を気遣ひ、卒業前の学生が就職口を気遣ふ如く、満期の近い囚徒は皆放免後の生計を案じ煩ふ。『折角年季を入れて覚えた此の商売を、今更止められるもんか』など、傲語する、前科数犯のスリ、カッパラヒ、窃盗、強盗の諸君に在ッては、固よりこんな心配は無いが、苟くも改過遷善の実を挙げて、再び社会に立たんとする善良の囚徒に在ッては、此の心配が実に一通りや二通りでは無い。況や小生の如き、不敏にして未だ○○○○（社会主義）の○（非）を悟り得ず、毫も改悛の状なくして出獄する○○（危険）の囚徒に於いてをや。
>
> 　そこで小生は出獄前、色々と考へた

末、遂に『売文社』と云ふ事を思ひついた。そして暇の時、室内に於いて使用を許されたる紙石盤の上に、左の如き広告文案を書きつけて見た。

小生は稍上手に文章を書き得る男なり。いづれ文を売つて口を糊するに何の憚る所あらん。今回断然奮発して左の営業を開始す。既知未知の諸君子、続々御用命あらんことを希望す。

一、新聞、雑誌、書籍の原稿製作
一、英、仏、独、露等諸語の飜訳
一、意見書、報告書、趣意書、広告文、書簡文、其他一切文章の立案、代作、及び添削

売文社々長　堺　利彦

堺が出獄後の一九一二年に刊行した本に収めた「売文社」の構想だ。そのときの○○（伏字）を、後に本人が復原しているものだ。

「不敏にして未だ○○○○（社会主義）の○（非）を悟り得ず、毫も改悛の状なくして出獄する○○（危険）の囚徒」が「文を売つて口を糊する」仕事を始める宣言が平明に書かれている。肩肘を張らない平明な文章が、堺の文章表現の特徴であり、そうした才覚が、どんなジャンルのもの、どんな形式のものでも、客の希望を満足させる文章を作ってみせる、という自信になっていたのであろう。

「文は人なり」とか「文は志なり」といった文章風土が強かったときに、他人の「人となり」や「志」をあらわす「原稿製作」や「飜訳」を肩代わりして金銭を稼ぐこと＝売文は、どこか卑しい仕事と思われていた。ましてや、「意見書、報告書、趣意書、広告文」といったものにいたっては、こちらの政治思想とは正反対な思想表現に手を貸すことも考えられ、「広告」は打倒の対象である資本主義の先兵ではないか……といった身近な人からの批判がすぐに想像される。売文は志を売ることと同じではないか？　堺ならずとも、誰でもすぐに危惧することだろう。

売文社の機関紙『へちまの花』の創刊号（一九一四年一月発行）に掲載した自社広告のカットは、食パンに万年筆が突き刺さったもので、「ペンとパンの交叉は即ち私共が生活の象徴であります」という文章が添えられている。ここにある軽妙さとユーモアのセンスも、堺のキャラクターの特性であった。

こうした批判にもかかわらず、売文社が一九一〇年からほぼ一〇年にわたって活動できたのは、堺という人格があればこそ、といえるのだろう。

たとえば、堺は、創設した日本社会党のなかで、幸徳秋水が「直接行動主義」を掲げ、議会主義派と対立したときに、その間に立って、党の分裂を食いとめた。右も左も、堺の仲介だから従ったわけだ。また、「大逆事件」で幸徳ら一二名が絞首されると、彼らの遺体を引き取り、七名の遺骨を売文社で預かっている。その後、堺は刑死者たちの家族を訪ねて全国を歩いている。「逆賊」の汚名を着せられて、ど

の家族も窒息するように生活していたときにだ。そうした堺には、人望が備わっていた。

と同時に、堺には、「貧すれば鈍する」という人間と生活へのリアリズム的な洞察があった。「冬の時代」を生き抜くための方策が、「売文」の活用であった。

売文社の経営を支えたのは、堺個人の諸々の雑誌への寄稿や飜訳だったようだが、それ以外にも種々雑多な「売文」に携わっている。『へちまの花』第八号（この発行年は本書には記述されていないが、前後から判断して、一九一四年であろう）に掲載された「七月一日から八月一五日までの取扱い事項」によれば、つぎの三五種類の仕事をこなしたのだという（三〇四ページ）。

写真説明の英訳数種、雅号の選定、商標考案、絵画小集開催の広告文英訳、新刊雑誌発行趣意書二、新刊雑誌発行の辞三、雑誌原稿（論文雑録等一三）、カタログ編集及意匠、英文及独文書簡数通、タイプライタア及写字数種、性欲記事英訳、専売特許書類独文和訳、裁判判決文英訳、出金を求むる書簡文、新刊雑誌表紙表題意匠二、雑誌材料添削、新刊書広告文五、夏物売出し広告意匠、商業書簡漢訳、広告に関する英文書籍反訳、遊覧案内編集、インデキス作成、英文政治学教科書反訳、英文国際法教科書反訳、広告引札文案五、小冊子印刷発行受負、演説草案起稿、某学校卒業式生徒総代答辞、植物学に関する仏文和訳、某氏自伝談話筆記及編集、農業書修正及編集、英文看護学書反訳、支那に関する学術論文英訳、欧文飾文字作成、某会社建物石版下画

わずか一カ月半の間の、この多様な仕事内容をみて、著者、黒岩は、「まさに、広告代理店・編集プロダクション・飜訳会社の業務を一手に引き受けている」と書いている。「意匠」をデザイン、「広告文」をコピーライト、「写字」をレタリング、「遊覧案内」をガイドブックとカタカナに言い換えれば、戦後の花形仕事そのものになる。私自身、小さな編集工房「寒灯舎」を二五年間、主宰してきたが、売文社のこの仕事内容をみると、ほぼ一〇〇年前によくここまでこなせたものだと感嘆せざるをえない。

黒岩は、「異彩を放っているのは「性欲記事英訳」だ。いったいこの仕事はどこから持ち込まれたものだったのか。仕事とはいえ、「性欲記事」を英語に訳しながら、苦笑している堺の顔が目に浮かぶ」と書いている。なるほど、と思いつつ、編集プロダクションというものは、何でも屋なんだよ、と私は思う。私自身、ある開業医が書いた「セックス本」を、『医者見立て江戸の好色』というタイトルで編集したことを思い出すのだ。私などは、「暖冬の時代」に売文業をしたのだから、比較するのはおこがましいが。

『へちまの花』は一九号までつづき、

その後は『新社会』と改題され、マルクス主義の立場にたつ雑誌となって刊行される。

その一九一六年一二月号に掲載された投書を、黒岩は紹介している。

> 「売文社の御連中様は売文社楼上にペンを走らして、資本家の広告や代作をやつて少しでも多くの労働者当りから金を絞り上げるお手伝いをしてゐるのではないか」。

先にみたように、「売文」に対する当然の批判といえる。このとき、売文社は堺を中心に、高畠素之と山川均が参加していたが、先の投書の批判を受けるかたちで、売文社と『新社会』を分離することになる。『資本論』を全訳したことで知られる高畠は、この頃から、堺批判を強め、国家社会主義に転じていく。

こうした事情を説明したあとで、著者の黒岩は、念を押すように書いている（二一八ページ）。

> 社会思想史の研究者は、社会主義運動と分離した売文社を、意味がないものとして切り捨ててしまうかもしれない。だが、私が興味を惹かれたのは、社会主義運動の「冬の時代」と呼ばれる苛酷な時期に同志の衣食を支えた、この売文社である。

こうした視点の切実さは、給料をもらっている企業内ジャーナリストや大学研究者にはなかなか理解できないものかもしれない。こんにちまで、堺については、幸徳秋水や大杉栄といったラジカルな存在に比べると語られることが少なかったことも、黒岩のようなフリーランスのライターにしてはじめて「売文」の苦衷を知ることができる、という事情を反映しているのだろう。

堺利彦は、一九三三年一月、六二歳で死去した。その葬儀も警官により「中止、解散」させられた。堺の娘、近藤真柄の参列者への答辞にはこうあった、という（四一二ページ）。

> 明治三十七八年日露戦争当時の非戦論から、今日の世界大戦の危機をはらむ時の戦争反対まで、常に棄石埋草（すていしうめくさ）として働きたいとしていた父でありました。今日の父を、棄石とし、埋草として、全無産階級の戦争反対の肥料たり、口火たり、糸口たらしめていただけたらと私共は思うのであります。

自らを「棄石埋草」と位置づけていた堺利彦の活動を、黒岩比佐子は、膨大な書籍、雑誌、新聞を渉猟して浮き彫りにした。そこでは、堺だけでなく、堺の周辺で活動した多くの青年群像も活写されている。その時代を「坂の上の雲」風に描写することが多い現在のメディア状況に対抗する仕事として、高く評価したい。

しかし、黒岩比佐子は、この本の出版後、一カ月で膵臓ガンで死去してしまった。五二歳の若さだった。

（講談社、二〇一〇年）

〈寒灯舎編集人〉

●ヨセバ・クリティーク②

絶対的な他者をめぐる共同体——松葉祥一『哲学的なものと政治的なもの——開かれた現象学のために』を読む

濵村 篤

メルロ＝ポンティは、『知覚の現象学』（一九四五年）の中で次のように他者論を展開する。伝統的な二元論に立つ限り、私の意識と身体が対自と即自に二分され、その間に主客の関係しか成り立たず、このため他者の身体の背後に意識があるとする根拠を失うために、他者に対する理解は不可能となる。そこで、メルロ＝ポンティは、「定立的な意識の手前で全経験の地平を形づくっている身体的志向性」（三三ページ）に着目する。そして、「他者を知覚する主体が、定立的意識ではなくこの身体主体であるからこそ、他者の存在が私に与えられるのだ」（三三ページ）とメルロ＝ポンティは主張する。であるが、それにしても、私がこの世界に関わるのは、私自身の主観性を地にしてのことであり、この場合他者とはしょせん私にとっては付帯的に現前化された状況にすぎないのではないかとする「乗り越えがたい生きられた独我論」のアポリアがあるとする。このアポリアに対して、私自身が他者を含めてこの世界の中にすでに投げ入れられている点をメルロ＝ポンティは強調する。「つまり、私のあらゆる経験の根底には、他者を巻き込むことによって初めて成り立つ相互主観的世界が存在しているのであり、その上に個々の主観性も成り立っているというわけである」（三四ページ）とするのが、メルロ＝ポンティの『知覚の現象学』における他者論の概要である。メルロ＝ポンティの他者論および彼の他者論から導き出される彼の哲学に対しては、これだと、自由な個人が存在しない、絶対的な他者が存在しない、あるいは、すべてが自他合一の予定調和的な次元に還元されるといった批判がこれまでになされてきた。

松葉祥一著『哲学的なものと政治的なもの』は、メルロ＝ポンティに対するこのような批判を出発点とする。本書は次のような円環構造を取る。一章から四章までは、「I政治的なものの現象学――メルロ＝ポンティを読む」というくくりが設けられており、冒頭に書いた点を含むメルロ＝ポンティの現象学に見られる諸問題の提起がおこなわれる。本書のタイトルともなっている「II哲学的なものと政治的なもの」とくくられている五章と六章では、本書で取り扱われる主題がメルロ＝ポンティの現象学からいったん離れることになる。一九八〇年、パリでおこなわれた「政治的なものについての哲学的研究センター」の開講講演において、「政治的なもの［から］の引退(retrait du politique)」という同センターの方針がナンシーとラクー＝ラバルトによって掲げられた。哲学と政治の新たな関係の切り結び方に対する提起であった。IIでは、主にこの提起に則して新しい政治哲学の理論的な根拠が示される。七章から一〇章までは「III隷属知の解放のために」と題されており、さらにこの新しい政治哲学が社会の中で実践される段階が紹介される。具体的には、フーコーが創出した「監獄情報グループ(GIP)」の運動の中から立ち現われてくる獄中者という他者、バリバールが関わったサン・パピエたち(フランス政府によって「非正規」滞在だと見なされた移民)の運動の中から立ち現われてくる移住労働者という他者が語られ、また、新しい統治様式である管理社会の中にあって「ワシのように理念の高みからでも、モグラのように組織的な運動によってでもなく、ヘビのように平滑平面をうねりながら闘争―逃走すること」(一八ページ)を求めるドゥルーズによる呼びかけなどが語られる。そして、最後に、一一章から一四章をくくる「IV〈肉の共同体〉へ」では、再度、メルロ＝ポンティの現象学へと回帰する。Iにおいてメルロ＝ポンティの現象学における他者の問題が提起され、IIにおいて新しい政治哲学の理論が、IIIにおいてこれの社会的実践がそれぞれ示され、最後のIVでメルロ＝ポンティの「肉」の概念を手がかりにして絶対的な他者が考察され、絶対的な他者をめぐって構築される共同体のヴィジョンが提起されるのである。

本書が取り扱うテーマは、現在の社会の中における他者の問題、および、他者から導き出される共同性あるいは共同体の問題である。このような問題設定は、「一九七〇年代後半、すでに後退局面にあった運動にかかわった」(一〇ページ)著者が、恐らくこの時以降よく考えるようになった自由主義と共同体主義の問題構成、言い換えるならば、個人の自由と他者との共存の問題に由来するものと思われる。ところが、周知のように、現在、とりわけ東西冷戦時代の終焉とともに、新自由主義が臆面もなく世界に幅を利かせるようになり、共同体主義は時代遅れの観を呈するようになるか、あるいは偏狭な民族主義の形を取るようになり、その価値を著しく下落させた。旧来の共同体主義が効力を失ったように見える現在に到る時代の流れは、本書に言及されているリオタールの言う「大きな物語」の失効と軌を一にしているように思われる。「大きな物語」とは、「科学や芸術を支えてきた究極的な原理や理念」（一一八ページ）のことを言う。そして、リオタールによると、現在は、「このような大きな物語の崩壊に対して、別の大きな物語をもちだすのではなく、そうした統一的・普遍的な価値そのものが無効になったことを認め、さまざまな価値が限られた場所や時間にしか通用しないものであること、つまり『小さな物語』の複数性を認めるようになってきている」（一一八ページ）としている。この引用文だけを読むと、あたかも、普遍主義がその価値を失墜させた代わりに、価値観の多様性の美名の下で何もかもが相対化され何でもありの相対主義の泥濘が連想されるが、そうではない。「統一的・普遍的な価値はないとしても、多様な価値―欲望があり、そこには当然争いが生じる。リオタールは、むしろこのように小さな物語同士が争いあい、差異を際立たせあう状況をポストモダンと呼ぶのである」（一一九ページ）哲学の領域に導き入れられた「ポストモダン」の概念の下で、価値や意見の複数性によって呼び起こされる幾多の争いを、統一基準によってではなく、当事者同士のルールを使用して裁定をおこなう技術がリオタールによってさらに語られるが、本書がテーマとする他者と共同体に則して言えば、幾多の争いを調停する以前に、どのような複数性を原因にしてどのような争いが呼び起こされるのかが重要になってくる。というのも、本書では、全ての複数性とこれによって呼び起こされる全ての争いがあまねく取り扱われていないからである。明らかに対象にポイントが置かれている。

　この点で示唆的であるのは、第六章「〈政治〉はデモスとともに」と第九章「民主主義でも民主制でもなく」に出てくるランシエールの言う「政治」の概念である。ランシエールは、その政治哲学上の主著『不和あるいは了解なき了解』（一九九五年）の中で、新しい「政治」の概念を打ち出すために、「ポリス」と「政治」の二つの概念の間に明瞭な区別を設けている。通例、政治という用語は、国家における既存の政策決定のプロセスや制度を指すことが多い。ランシエールは、政治の用語の通例の用法に「ポリス」の概念を割当てる。さらに、「ポリス」の概念には、通常で言うところの政治制度を支える人々の不文律としての感性的なものの布置（コンフィギュレーション）が含まれており、これが重要な役割を果たしているとする。ランシエールの『不和あるいは了解なき了解』では、「ポリス」の概念に対置される新しい「政治」の概念の説明をおこなうのに、ティトゥス・リウィウスの『ローマ建国史』から次のような例が引かれている。かねてより貴族の政治に不満を抱いていた平民が丘に逃れ立てこもったので、貴族は平民を折伏しにゆく。貴族は次のように平民に説く。平民は名前を持たない存在であり、平民の言葉は「はかないものであり、すぐに消える響き、鳴き声の一種、欲求の知らせであって、知性の表明ではない」（一三六ページ）、すなわち、動物の鳴き声のようなものにすぎないので、平民は言葉を持たない。だから、貴族と平民とでは本質的に不平等であると。しかし、逆説的なことに、不平等であるはずの平民が貴族の言葉を聞き、さらには、平民が神託を諮らせるために代表者を送る時に、その代表者に名前を付けるという名付けの行為をおこない、自らを貴族と同等な語る存在にしたという話である。これはある種の示威行為（マニフェステーション）を意味している。「つまり、職業と富の分配のシステムとしてのポリス的秩序は、言葉に代表される感性的なものの分割＝共有という前提に立っているが、この前提にもとづいて分け前なき者とされてきた人々が、実は自分たちも言葉を共有していることを暴露し、その結果ポリス的秩序が偶然的なものにすぎないことを明らかにすること、これが政治である」（一三九・一四〇ページ）先程の平民の例と同様に、民衆には民衆の力が登録されている場所と、民衆の力が無効とされる場所があり、民衆がこの同じ民衆と異なっているずれを、民衆自らが演劇的に演じてみせること、そして、これまで社会的に関係のなかったものを社会の中に新たに関係づけること、このプロセスそのものがランシエールの言う「政治」である。このような「政治」は、既存の「ポリス」的秩序を支えてきた人々の不文律としての感性的なものの布置に変化を引き起こし、必然的に社会的係争をもたらすことになるが、この社会的係争をランシエールは「不和」と呼んでいる。

『哲学的ものと政治的なもの』の中で、メルロ＝ポンティの現象学における他者論をはさむ形で展開される政治哲学の理論と実践の多くは、語る能力や可能性を否定されている人々の発語、あるいは、分け前なき者の分け前をめぐる、ランシエールの言うところの「政治」によって占められている。その典型的な例を、第七章「沈黙から言表への『中継器』として」に見ることができる。一九七〇年、フランス政府は、フランスにおける六八年五月を清算するために、この時の活動家の大量逮捕と有罪判決をおこなった。これに対する対応として、一九七一年二月、ミシェル・フーコーが中心となって監獄情報グループ（ＧＩＰ）が結成された。ＧＩＰが集会やデモなどの様々な活動の中心に据えたのが、「衛生状態、散歩、食事、面会、手紙やニュースの検閲、労働条件、看守による嫌がらせや不当な要求など」（一六六ページ）一〇〇項目以上にわたる「耐えがたいことのアンケート」と呼ばれるアンケート調査の実施であった。ＧＩＰの呼びかけ人の一人であるジャン＝マリー・ドムナックのフーコーに捧げた追悼文によると、「作戦計画も立てず、支持者たちを組織することもなく、ただ、実態を調査し、囚人たちに耳を傾け、その声を伝えながら、沈黙の壁を飛びこしてとんでもない実態を叫ばせるようなグループを作ろう」（一七八ページ）というものであった。ＧＩＰに対するフーコーの意図は明らかであった。あるインタビューの中でフーコーは次のように語っている。「それは完全に公的なものなのです。私たちの問題は客観的なデータを収集する点にあるのではないし、公開されている公式資料によってこの種のデータを取得することはまったく可能だからです。私たちの問題は、いわば、拘留者たちに話してもらうことにあります。これは前代未聞のことだと思うのですが、彼らに発言権を与える点にあるのです」（一六八ページ）　フーコーらの努力が実って、数世紀にわたって国家権力により抑圧され検閲されつづけてきた監獄の沈黙の言葉が言表として社会に公表されることになった。「一般大衆は、完璧に、明確に、知識人よりも遥かによくものを知っている。しかもその事実を、実にしっかりと言明しているのです。だが、そのディスクールと知を遮断し、禁じ、無効にする権力の体系が存在する。（……）知識人たちは、みずからこの権力体系の一部をなしている。意識とディスクールの媒介者だという考えそれじたいが、この体系の一部なのです」（一七九ページ）一九七二年、ドゥルーズとの対談の中でのフーコーのこの発言には、フーコーがＧＩＰに託した、「代理＝表象」システムと呼ぶ従来の知識人の政治参加のスタイルに対する批判をうかがうことができる。フーコーのこの批判は、私たちが社会運動に関わる際に直面する当事者性と代行性という微妙でありかつ困難な問題の所在をいまなお示唆しているように思われる。ＧＩＰの活動は、一方において、フーコーの主著『監獄の誕生』（一九七六年）に結実する。だが、もう一方においては、言葉を持っているのに言葉を持っていないかのようにこれまで扱われてきた、例えば、移住労働者の言葉を拾い上げる後のフランスの社会運動に対するいわば「中継器」としての役割を果たしたのである。

　現代社会に通底する政治哲学の理論と実践の紹介という回り道を経由して、『哲学的なものと政治的なもの』は、最後に、冒頭に提起したメルロ＝ポンティの現象学における他者の問題、他者とはいったい誰なのかの問題に戻る。旧来の共同体主義が失効してしまったように見える現在にあって、他者を媒介にして改めて共同体を問うとは、すべからく、新しい政治の導入を意味することになるだろう。「しかし、この問いに答えるためには、まず存在論的次元に立ちもどる必要がある。なぜなら、共同体の問題は、政治の問題である以前に、まず存在者とそれら同士の関係の存在論的規定の問題だからである」（二八一・二八二ページ）すなわち、他者と共にあるという実存の存在様態がまず問われなくてはならないからである。こうして、再度メルロ＝ポンティの現象学が取りあげられる。まず、話し言葉に代表される音声を聞く場合には、音声の表象に実は時間的・意味的なずれがどうしても生じるために、存在者がいささかのずれもなく自己現前することはありえない。次に、これが触覚の場合になると、音声の場合に見られる時間的なずれのみならず、触れるものと触れられるものという空間的なずれもまた問題となる。例えば、私が私の両手の掌を合わせる場合を考えてみよう。この場合、意識を入れ換えると、私が今まで触れていた手が今度は触れられていると感じるようになり、逆に、今まで触れられていると感じていた手が今度は触れているように感じるようになる。メルロ＝ポンティによると、このような役割の互換性が問題ではないという。「『(……)しかしここでは、つねにさし迫ってはいるが、事実上永遠に実現されることのない可逆性が問題なのだと強調しなければならない。私の左手はつねに、物に触れている右手にまさに触れようとしている、しかし私はけっして一致にいたらない。一致は生み出されると

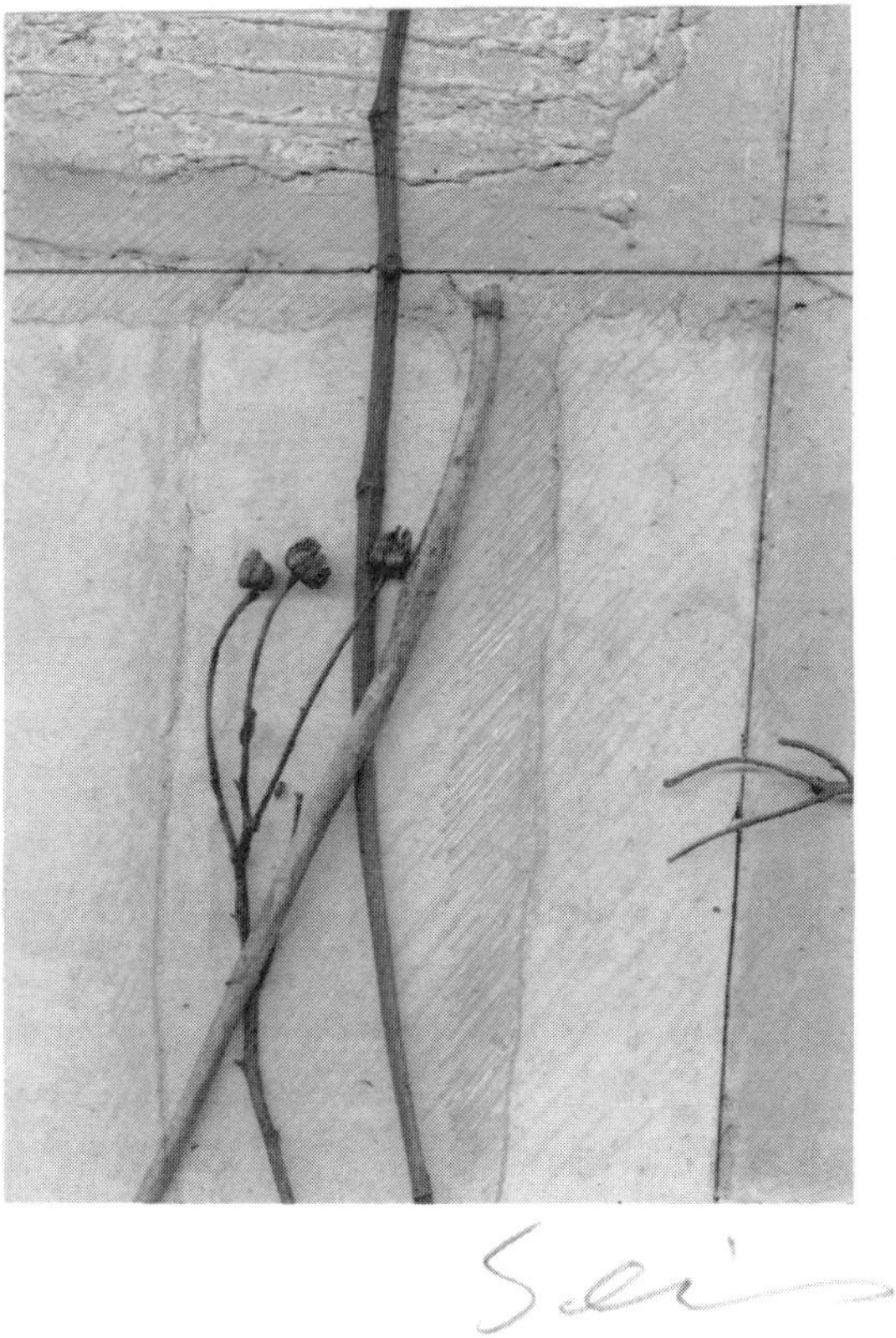

その瞬間に消えてしまう』。今まで触れていると感じていた右手に今度は左手が触れるとき、右手はすでに触れていない。役割の反転は可能であるが、作動しつつある他方に到達しようとしても、つねにとらえられないままにとどまる」（三〇五ページ）。すなわち、「私が私の右手による物の触覚と私の左手によるその同じ右手の触覚とをぴったりと重ね合わせることができず、ある点での触覚経験とその『同じ』点での次の瞬間の触覚経験とを（……）ぴったりと重ね合わせることができないということ、それをたえず回避していくということ」（三〇五・三〇六ページ）が問題なのである。ここに必ず時間的・空間的なずれが生じてしまうからである。メルロ＝ポンティは、このようなずれを捉えて「肉」と呼んでいる。メルロ＝ポンティの言う「肉」は、一面においては、同一性の達成を絶えず挫折に終わらせる局面を持つ。しかし、本書の著者は、むしろ、メルロ＝ポンティの言う「肉」の概念に、全てのものが同一で均質なものに回収されることがない、異他性の確保の現象学的な可能性の担保のようなものを見出している。そして、本書の著者は、本書の冒頭に提起したメルロ＝ポンティの現象学における他者論に関する問題に対して、とりあえず、次のような結論を導き出している。「（……）肉は、可逆性によってきわめてゆるやかな共同性を保証すると同時に、自己性と他者性を可能にしてくれる。それは、類的存在としての人間が、互いを感じることができるかぎりでの共同性と異他性を可能にするものであった。肉は、そこからすべてが生じるような一者ではない。それは、『手や眼が各々の身体器官であるように、われわれの各々の身体がその器官であるといった巨大な動物』ではないのである。それは可逆性がつねに挫折を運命づけられており、そのかぎりで異他性がつねに残されるからである。こうした意味で、民主主義的な共同体、『共同性なき共同体』の形象は、肉でしかありえないだろう――図像化は難しいとしても」（三一五ページ）本書の著者の「とりあえずの」結論と先に書いたのは、本書が、ランシエールの言う「政治」が確立されたあるいは確立される「ポリス」としての政治制度ではなく、その途上にあるプロセスそのものを指し示しているように、デモクラシーの目標というよりはむしろデモクラシーというプロセスそのものをまなざしているように思えるからである。デモクラシーのプロセスとは幾多の他者の発見、他者との出会いのことであり、これにより引き起こされる幾多の社会的係争、「不和」のことであり、非常に煩雑であり、全く容易でないが、本書はこのプロセスに向かうときの道標になってくれることに違いない。

（青土社、二〇一〇年）

〈寄せ場学会会員〉

スインティ・ロマとともに歴史を生きなおす

——金子マーティンの最近の仕事を前にして

池田 浩士

① ルードウィク・ラーハ編著／金子マーティン訳『スィンティ女性三代記（上）——私たちはこの世に存在すべきではなかった』（二〇〇九年八月、凱風社）

② 金子マーティン『スィンティ女性三代記（下）——『スィンティ女性三代記（上）』を読み解く』（同前）

③ ロマニ・ローゼ編／金子マーティン訳『ナチス体制下におけるスィンティとロマの大量虐殺——アウシュヴィッツ国立博物館常設展示カタログ〔日本語版〕』（二〇一〇年二月、解放出版社）

　ナチス治下のドイツ「第三帝国」における残虐行為として日本社会でまず思い浮かべられるのは、ユダヤ人に対してなされた大量虐殺（ホロコースト）だろう。これはしかし、日本におけるイメージにとどまらず、世界中のほとんどの地域や国における一般的なイメージであると思われる。当のドイツや、かつてナチス・ドイツに「併合」された（とはいえ、その賛否を問う住民投票では賛成が九九・七五％に及んだ）オーストリアでも、長年にわたってそうだった。それどころか、ひょっとするといまでも少なからぬ人びとがそういうイメージをいだいているのではあるまいか。だが、ここではまず日本について考えることにしよう。

　アジア諸地域に対する日本の侵略・加害責任が、何らかの出来事をきっかけにしてあらためて問題となり、アジア各国からの批判を浴びるたびに、「日本」の責任回避と不誠実で欺瞞的な対応を批判する人びと（「日本」内部の）から決まってなされる発言は、「戦後のドイツは過去の加害に対する責任をきちんと取ってきたのに、それに比べて日本は……」というものだった。「日本国」の為政者たちと、私をも含む「日本人」と呼ばれる人間どもが、総体として、みずからの歴史的過去に対して無感覚・無意識・無知・無責任であることは、否定すべくもない。朝鮮戦争やヴェトナム戦争でアメリカに服従加担して戦後復興と高度経済成長を遂げ、こうして手に入れた札束で頬桁をひっぱたくようなアジア諸国への賠償や経済援助が、恥ずべき欺瞞であることも、あらためて言うまでもない。けれども、では「ドイツとドイツ人」は、歴史上の過去に対する責任をどこまで償ってきたのか？――無感覚・無意識・無知・無責任でしかも無恥・無自覚の一味徒党である私には、これについて云々する資格があるとは思えないので、かつて一九七〇年代に「西ドイツ赤軍派」もしくは「テロリスト」という名で呼ばれた西ヨーロッパ反独武装戦線の中心メンバーたちの一人、ペーター・ユルゲン・ボークの獄中での証言を援用しよう。生きて逮捕されたボークは、獄中で一九八〇年代半ばに作家のペーター・シュナイダー（日本でも『壁を跳ぶ男』という小説の翻訳で知られている）と交わした一連の往復書簡のなかで、自分たちが赤軍派を結成してドイツ（ドイツ連邦共和国＝当時の西ドイツ）に向けて武装闘争を開始したのは、戦後の西ドイツにおいて父親たちの世代（つまりナチス時代から戦後時代を生きつづけた世代）がナチス時代の罪に対する反省と償いをしてこなかったので、自分たち息子の世代がそれをするためだった、と明言している。そのとき、ボークは、連邦検事総長と経営者連盟会長（日本の経団連会長に当たる）の誘拐殺害に加わったかどで、「終身刑三回プラス禁錮十五年」の一審判決を受けたあとだった。なんとも残念なことに、西ドイツは戦後憲法（つまり現在の憲法）で死刑を廃止していたのである。そのおかげで、少なからぬナチ犯罪者たちを死刑にしないですんだのだが……。ちなみに、戦後ドイツの司法・検察上層部は元ナチがもっとも多く生き延びた分野であり、経営者連盟が戦後西ドイツの「奇跡の戦後復興・経済成長」の元凶であることは、歴然たる事実だった。

そういうわけで、「日本とは違って、ドイツは……」という主観的良心派の慨嘆は、きわめて一面的で現実に即していない。なぜこういう謬見が発生したのかといえば、もちろん、北米合州国との関係もあって戦後西ドイツがユダヤ人に対する賠償だけは実行せざるをえなかったからである。「ユダヤ人」と一括ひとくくりに言ってみたものの、世界中のどのユダヤ人にその西ドイツの賠償が届いたかについては、私は言う資格がないので言わないが、イスラエルという国家が強大な軍事力を保持し行使することができていることと、その賠償との関連を、知る人は知っているのかもしれない。

いずれにせよ、ユダヤ人に対するドイツの加害責任の存在と、そのような責任を問われるほど巨大な犯罪がユダヤ人に対してなされたという事実は、全世界があまねく承知しているところだろう。

だが、金子マーティンの大きく重い仕事は、そのような巨視的で曖昧な歴史的事実に満足しなかったところから生まれている。ユダヤ人に対するナチスとドイツ「国民」の加害が巨視的で曖昧な事実だ、というのではない。「ホロコースト」、「ショア」等々の概念で満足する歴史的視点が巨視的で曖昧だと、私は言うのである。一人のユダヤ人を虐殺するのは人道的で、六百万人なら残虐であるかのような、人間の（ひいてはまた「生きとし生きるもの」の）生命に関する何とも無残な観念を、ナチスのユダヤ人大虐殺は生み出した。その結果として、さまざまな障害をもった人びとや、同性愛者や、双生児たちや、なんとアルコール中毒者たち、総じて「生きる価値のない存在」（lebensunwertes Wesen）とナチスによって規定されたわずか数十万の生命に対する「断種・不妊手術」、「安楽死」、「生体実験殺」、等々は、ユダヤ人大虐殺ほど残虐ではないかのような暗黙の歴史認識が生まれたのではなかっただろうか。スィンティやロマの人びとの、わずか五十万やそこらの受難などは、日本の裁判官たちの日本語で言えば「受忍の限度内」とされるような、量的イメージの頽廃が生まれたのではなかっただろうか。それ以前に、そもそもそういう存在は、虐殺死体が死後あまりにも遅く発見されたのではなかっただろうか。

歴史に耳を傾け、歴史の主体としての自分自身を再発見するということは、総体としての六百万人としてではなくそのうちの一人ひとりとして死者たちを見つめるということなのではあるまいか。金子マーティンが、すでに二〇〇三年十二月に刊行された著書、『神戸・ユダヤ人難民――1940～1941』で、ユダヤ人たちのうちの個別者たち、よりにもよって日本の神戸にたどりついた少数のユダヤ人たちに注目したのも、私の勝手な受け取りかたによれば、このようなまなざしをかれが持っているからだった。

金子マーティンの視線は、被差別民族としてのユダヤ人だけでなく、いわばユダヤ人の陰に隠されてきたもう一つの被差別民族、ロマとスィンティに、早くから向けられていた。日本では一般に英語の「ジプシー」（gypsy）という名称で知られており、サラサーテの曲「ツィゴネル・ヴァイゼン」（*Zigeunerweisen*）の「ツィゴイナー」（Zigeuner）というドイツ語の名称がこれに相当する。いずれも、それが差別語であるとはほとんど意識さえもせずに用いられる差別語である。ナチス時代のスィンティ・ロマに関する歴史研究が戦後の日本で最初に読者の目に触れたのは、管見によれば、一九八四年十二月に明石書店から刊行されたドナルド・ケンリック、グラタン・パックソン著／小川悟監訳『ナチス時代の「ジプシー」』だった。この本の監訳者である小川悟は、それから十七年後の二〇〇一年二月に、自著『ジプシー――シンティ・ロマの抑圧の軌跡』(関西大学出版部)を上梓している。二十一世紀初頭の時点で、これが日本における主要な研究成果だった。

だが、じつは、一九八四年末に翻訳出版された『ナチス時代の「ジプシー」』の巻末には、「ナチス時代の「ジプシー」について」と題する「解説」が付されており、その筆者が「マーティン・金子」なのである。この解説に対しては、監訳者の小川悟が「原著者ならびに本書にかんする解説を、マーティン・金子博士にお願いした。詳細な解説文は翻訳ではなく、博士の手になる日本語である。再び心からお礼申し上げる」との謝辞を呈している。「再び……お礼」というのは、これに先立って、「この翻訳は、マーティン・金子博士のお世話で、明石書店から刊行されることになった。博士には、心からお礼申し上げるものである」と記されているからである。つまり、ケンリックとパックソンの共著が日本の読者に届けられることができたのも、マーティン・金子博士の尽力によるものだった。「解説」のなかでその金子は、「ナチス・ドイツによる六百万人のユダヤ人虐殺は世界的に周知の事実であるが、ロマが同じような迫害を受けた史実は世界的にはもちろん、ドイツ国内においても最近まではほとんど知られていなかった」としたうえで、「一九七九年頃からのロマ・スィンティ人権運動の飛躍的高揚、及び一九八一年の本書ドイツ語訳出版によってようやくナチスのロマ民族に対する犯罪行為がドイツ国民に認識されるようになってきた」と述べている。ところが、金子の「解説」は、よろこばしいその現状を紹介することで終わるのではない。ドイツ人のロマに対する迫害は、ナチス時代という過去における歴史的エピソードではないことを、金子は明らかにしているのである。「西ドイツ警察はロマを犯罪視しており、多くの都市の警察当局は「ジプシー課」を特設している。そこの職員に利用されている文献「捜査官必携」(Leitfaden für Kriminalbeamte)は一九六七年、連邦警察局(Bundeskriminalamt = BKA)によって編集発行されたものである。これは部分的にナチス時代、一九三六年に出版された「犯罪学辞典」(Handwörterbuch der Kriminologie)の「忠実」な引き写しであり、偏見に満ちた記述の多い極めて民族差別的・犯罪的出版物である。だがその廃棄を求めるロマ人権運動の抗議にも拘らず、警察官養成教育の「教科書」として利用され続けており、この「捜査官必携」の民族差別個所の取り消し・削除さえも、連邦警察局は拒否している。」

ナチス時代のスィンティ・ロマ迫害についての最初の本格的な歴史的研究が日本に紹介される道を開いた金子マーティンは、ただ単に過去の一時代の事実に目を向けていただけではなかった。かれは、歴史を問い直すことによって現在を問うていたのである。このかれの問いは、前述の「解説」から四半世紀を経て刊行された上下二冊の『スィンティ女性三代記』、とりわけその下巻によって、いっそうくっきりと提示されることになる。

『私たちはこの世に存在すべきではなかった』と題する上巻は、祖母と娘と孫娘という三代にわたるスィンティの女性たちを描いている。一九五五年生まれのオーストリアの作家、ルードウィク・ラーハ（Ludwig Laher）によって、一九二三年生まれのローザ・ウィンター（祖母）からの聞き書きと、一九四六年生まれのギッタ・マーテル（娘）および一九七六年生まれのニコル・マーテル（孫娘）の手記が編まれ、ラーハ自身の解説的文章が付されている。これが金子マーティンによって日本語に訳されたのが、『スィンティ女性三代記』全二冊の上巻である。

ナチス時代の強制収容所の生き残りである祖母の話からは、それ自体として極めて興味深いいくつものエピソードを読むことができる。たとえば――自分を含めて女の子が十一人と男の子が一人の兄弟姉妹のうち、四人がブロンドで碧眼（へきがん）だったので、「地方警察官の取り締まりなどがあると、四人の子どもたちは、母が産んだ子でなく、どこかから誘拐してきたのではないかという嫌疑がかけられたことも」あったという。本書ではこの箇所で直接そうと書かれてはいないが、金髪・碧眼というのは、ナチスの人種理論によれば、生粋のアーリア民族の特徴だったのであり、そして、「ツィゴイナー」は泥坊で人さらいであると相場が決まっていたのだった。あるいはまた、こういうエピソードも語られている、「強制収容所のなかでも最悪の状態に置かれていたのはロシア人女性たちです。ロシア人は告げ口をしたり、裏切ったりするようなことを絶対にしません。そんなことをするくらいなら、殺されたほうがいいと思っているようでした。ロシア人は意志の固い人間です。どんなにやせ細っていても忍耐強い。〔……〕エホバの証人の信徒も、決して告げ口をしませんでした。エスエス〔看守をしていたナチス親衛隊＝引用者註〕がエホバの証人である被収容者に、あいつを二五回のムチ打ち刑で罰しなさいと命令しても、エホバの証人の信徒はそれを拒否しました。そんなことをするくらいなら、殺されたほうがましだと考えていたのです。」――語られている事柄自体が感動的だが、さらに感動的なのは、これを語る人がそういう人間たちに感動し共感して生きてきたという事実である、と、これを読んだ私は思う。

祖母ローザは、強制収容所を生き延びた。「母もきょうだいも、最後はガス室で殺されました。それ以前に死んでしまった人もいます。一度計算したら、殺された人は親族や母や兄弟姉妹など、三〇〇人を超えました。生き残ったのはたったの三人。二人のいとこと私だけ。」——ナチス・ドイツ崩壊の翌年に生まれた娘、ギッタは、一九九八年、「スィンティとロマのためのケタニ協会」を結成する。ケタニとはロマネス語（ロマ族の言語）で「協力して」という意味であるという。ケタニ協会は、ギッタの娘、つまりローザ・ウィンターの孫であるニコルによって引き継がれている。

　ルートウィク・ラーハ編著のこの上巻は、金子マーティン著の下巻、『『スィンティ女性三代記（上）』を読み解く』を読むことによって初めて、歴史と現在の生きいきとした具体性を獲得する、といっても過言ではない。ロマと、ロマ民族の一グループであるスィンティが、ヨーロッパにおいてどのようなイメージで思い描かれてきたのか、またいまどのように思い描かれているのか、歴史のなかでかれらはどのような歩みをたどってきたのか（いや、どのような歩みをたどらされてきたのか）、現在、ヨーロッパの各地で、かれらはどんな社会的位置に置かれており、どのような現実に直面しているのか——等々が、即事的かつ詳細に明らかにされていく。金子は、日本のサンカ（山窩）とスィンティ・ロマとの相似性に言及しているが、日本の現実との関わりは、もちろんそれだけではないことを、読者は発見するだろう。金子のこの一冊からは、過去の歴史と現在の現実とを見つめなおし、私自身が生きるこの国家社会の価値観と暗黙の合意（民意）を問いなおすための刺激と示唆とを、さまざまに読み取ることができるからである。

　日本という国家社会に生きてきた私にとって、スィンティ・ロマは、ユダヤ人以上に縁遠い存在である。私自身が出会ったスィンティ・ロマは、まず何よりも、虚構（フィクション）のなかの存在である。より正確に言えば、スィンティ・ロマ、もしくは「ジプシー」は、まず、フィクションのなかの存在でしかなかった。

デンマークの作家ハンス・クリスティアン・アネルセン（いわゆるアンデルセン）の長篇小説『即興詩人』（一八三五年刊行）は、原作を遥かに凌駕すると評価されてきた森鷗外の翻訳（一九〇二年刊行）によって日本で広く読まれたが、この作品にはユダヤ人と「ジプシー」とが、きわめて象徴的な対照をなしながら登場する。主人公（即興詩人）のアントニオは、美しい歌姫アヌンチヤタを愛するようになり、かの女はユダヤ人だぜという忠告を受けても、かれの愛はいささかも揺るがない。かの女があまりにも多くの男性から愛され言い寄られるのを無念に思っているかれは、あるとき、ある村で、アヌンチヤタとはまったく別の魅力でかれの心を捉える盲目の少女ララと出会い、かれの生涯で初めての異性への口づけを一方的にかの女にしてしまう。驚愕のあまり走り去った少女の気持ちを察してかれが苦しんでいるとき、そこに別の人物たちを作者は登場させる。

「路傍に「チンガニイ」族の一群あり。火を溝渠の中に焚きて食を調（ととの）へたり。手に小鼓を把（と）りて、我等を要して卜筮（ぼくぜい）せんとしつれど、馭者は馬に策（むちう）ちて進み行きぬ。黒き瞳子の睒電の如き少女二人、暫し飛ぶが如くに車の迹（あと）を追ひ来りしが、ジエンナロはこれをも美しと愛（め）で称（たた）へき。されどララの気高さには比ぶべくもあらざりき。」（振り仮名のうち、カッコでくくったものは引用者による補足）

この「チンガニイ」というのが、ハンガリー語の「ツィガーニ」（cigány）、つまり「ジプシー」である。占いをしようとするかれらを振り切って御者は馬車を走らせる。ユダヤ人アヌンチヤタに魅了され、盲目の少女ララの気高さに惹かれたアントニオも、「チンガニイ」の少女たちには見向きもしない。その後、「チンガニイ」はもう一度この小説に登場する。アヌンチヤタが死んだのち、アントニオは盲目の少女と再会するが、そのとき少女から、「或時「チンガニイ」族のおうなありて、我目（わがめ）の必ず開く時あるべきを告げしが、その時期はいつなるべきか、絶て知るよしあらざりき」ということを聞かされる。ツィガーニの老婆から、いつか目が見えるようになるという予言を与えられていたのだ。路傍で焚き火をして食事の用意をしているところや、占いで運命を予言するところは、まさに平均的な「ジプシー」像というべきだろう。ナチス・ドイツの崩壊後、『ドイツとドイツ人』でドイツの歴史的責任を問うた作家トーマス・マンは、二十八歳のときの作品、『トーニオ・クレーガー』（一九〇三年）で、芸術家と市民とのあいだで迷い、ロシア人の女性画家、リザヴェータ・イヴァーノヴナから「あなたは迷える市民なのよ」と言われるトーニオ青年に、「ぼくは緑の馬車に乗ってくるツィゴイナーなんかじゃないんだ」と自省

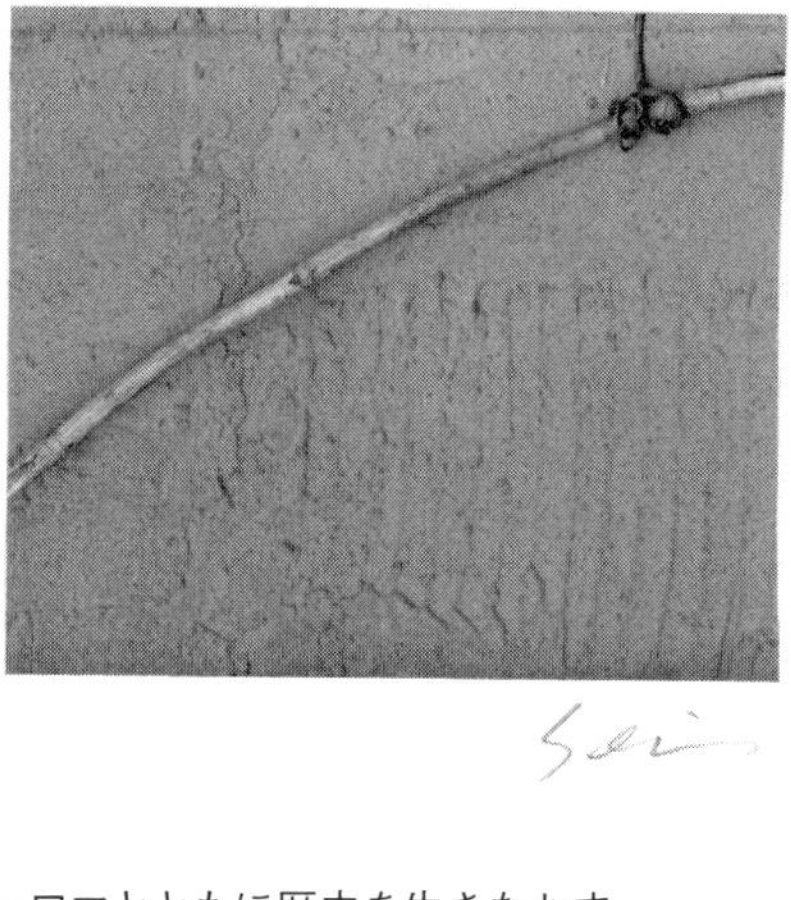

させている。健全な市民社会の規範から逸脱した遊民であり無頼の徒でさえある芸術家も、馬車で流浪生活をつづける「ジプシー」とは違うのである。

こうした「ジプシー」像は、しかし、フィクションのなかだけのものではない。社会的現実がこのような像を育んでいるからこそ、それが虚構のなかで描かれるのだ。そして、このような像が社会のなかで形成され定着するためには、あらためて言うまでもなく、現実の歴史的・社会的背景がある。金子マーティンは、『スィンティ女性三代記（下）』の一節で、「一四九八年にフライブルクで開催された神聖ローマ帝国議会でなされた決議は、「ツィゴイナー」のその後の運命を決定づけた」と書いている。十五世紀初期から数人の為政者によって発給されてきた「ツィゴイナー」に対する保護状が無効とされ、ツィゴイナーはキリスト教徒を探る密偵だとして、追放が決定された。かれらは法の保護の外に置かれ、かれらを殺害しても罪にならなくなったのである。

金子マーティンの著書から教えられたこの事実は、私にとってとりわけ興味深いものだった。なぜなら――一四九二年十月十二日、クリストフォロ・コロンボ、もしくはクリストバル・コロンは、バハマ諸島のグァナハニ島に到達し、ここを「サン・サルバドル」と命名した。いわゆる「コロンブスのアメリカ発見」、もしくは「アメリカのコロンブス発見」である。そのコロンボ＝コロンが、ようやくのことでイスパニアの両国王、アラゴン王フェルナンドとカスティリャ女王イサベラの援助を取り付けてパロス港を出航したのは、一四九二年八月三日だった。難航してきた資金援助を獲得できたのは、一二三〇年以来ヨーロッパのイスラム国家としてイベリア半島に君臨してきたグラナダ王国を、その年の一月にイスパニアがついに攻め亡ぼしたからだった。そして、イスラム勢力を全ヨーロッパから駆逐することに成功したイスパニアは、ただちに、ユダヤ人に対する追放令を発して、イスパニアからユダヤ人を一掃したのである。ユダヤ人の新たな流浪の歴史が、ここに始まった。ドイツ文化圏たる神聖ローマ帝国におけるツィゴイナーの保護の撤廃と追放は、その六年後のことだったのだ。それは、コロンブスがアメリカへの第三回目の航海に出発したのと同じ一四九八年のことだった。「インディアス征服」と植民地主義の始まりが、ヨーロッパ内部の異民族迫害と軌を一にしていたことに、あらためて注目せざるをえない。

ヨーロッパから遥か遠く海を越えて行ったコロンブスたちが流浪の民ではなく、狭いヨーロッパ半島のなかを追われて歩くユダヤ人やスィンティ・ロマたちが「非定住民」として差別され迫害されるというのは、理屈に合わない話ではある。スィンティ・ロマが札付きの「泥坊」で「人さらい」だとしたら、「新大陸」の全部やアジアの各地やアフリカ大陸全域を盗み取り（しかも窃盗だけではなく強盗もして）、そこから多数の「奴隷」をさらってきたヨーロッパの支配的民族たちは、いったいなんと呼ばれるべきなのか。世界は下から見ればよく見えるというのは、このことだろう。それゆえ、「ジプシーは泥坊で人さらいだ」という常識に対して、それを否定し、かれらは泥坊でも人さらいでもないと主張することでスィンティ・ロマの名誉と人権を擁護しようとする道は、道のうちの半分にすぎないだろう。『スィンティ女性三代記』の二冊、とりわけ金子マーティン著の下巻は、そのことを考える手がかりを与えてくれる。スィンティ・ロマは盗みや人さらいなどしない、そういう濡れ衣はヨーロッパの市民社会がこしらえたデマだ、というのではなく、人間社会には「別のモラル」がありうるということを、考えてみる必要があるのではないだろうか。

強制収容所という絶望的な恐怖空間のなかで同囚を売り渡すことによって生き延びようとした人間を、安全圏に自分を置いたうえで非難し断罪することは、ひとつの道だろう。そのような極限状況に投げ込まれたかれの身になってかれを擁護することもまた、ひとつの道だろう。だが、かれのことはさておいて、同囚の告げ口をしたり同囚を裏切ったりしないロシア女性やエホバの証人の信者たちに、自分にとっての支えと励ましと力を発見することは、それらとはまた根本的に別の道である。私は、

死後に生まれ変わってもう一度人間になれるものなら（いままでの生きかたを思えば、とうていその望みはないが）、そういう道を歩みたい。つまり、私たちは、当然だとして容認され共有されている「モラル」とは別のモラルがあることを、発見することができるのではあるまいか。

　ルードウィク・ラーハの編著と金子マーティンの著書を手がかりにして、私は、スィンティ・ロマの人びとの「所有観念」について、思いを致すことができる。あるいはかれらが他人の所有物を許可なく持ち去ることは、それが他人の所有物だからではなく、みんなの共有物だからなのではあるまいか。生活にとって重要不可欠な道具や資材や食糧が、どうしてみんなの共有物でないことがあろうか。あるいはまた、人さらいとして断罪される人びとの社会には、育てるのに困ったり捨てられたりする子どもたちを引き取って、自分の子どもと同じように育てる文化があるのではないか。少なくとも、そういういくつかの事例が当事者たちによって語られているのである。人さらいというイメージは、ひょっとするとここから作り上げられたものではないのか。こういう想像を、三代にわたるスィンティ女性の記録や金子マーティンの文章から、私は紡ぐことができる。

　さらに考えなければならない問題は、泥坊や人さらいというイメージが、非定住というスィンティ・ロマの生活文化と不可分に生み出された、ということだろう。たとえば日本の封建時代の村社会では、何兵衛（なにべえ）の倅（せがれ）はちょっとばかり手癖が悪い、とか、何婆さんのところの嫁はだいぶ男癖がわるい、とかいうことを村中のみんなが知っていた。それでいてそれが犯罪として厳しく断罪されなかったのは、そこが定住者の村社会だったからだ。その反面、「乞食」とか「片居」とか呼ばれる流浪者に対しては、あいつらが村へ来るとモノが無くなる、とか、子どもをさらっていく、とかの猜疑の目が光った。これを国家社会の全領域で生活原理にまで高めたのが、ナチス「第三帝国」だったのだ。ナチズムのイデオロギーは、ドイツ民族を「大地に根をおろした農民の民族」であると定義した。「農民」（Bauer）という名称は名誉ある呼び名とされた。帝国農業指導者で農業大臣となったリヒャルト・ヴァルター・ダレーによれば、農民は「血と土から生まれた新貴族」（Neuadel aus Blut und Boden）だった。ゲルマン民族の血とドイツの土（大地）が、「第三帝国」にふさわしい新たな貴族を生み出すのである。これの対極は、「遊牧民」（Nomade）で、ノマーデつまり遊牧民は、大地に根を持たない流浪の民だった。その下等民族のヨーロッパにおける典型的なありかたが、ユダヤ人と、とりわけスィンティ・ロマだったのだ。

　定住者という人間の価値が、ナチス・ドイツの基本的な価値の一つ、しかも重要な一つだった。この生活原理を貫徹するために、非定住者であるユダヤ人やスィンティ・ロマは殺され、殺される前に強制労働で酷使された。「生きる価値のない存在」は、死ぬ前に生命を搾取しつくされたのである。直接的な労働力としてであれ、生体実験の材料としてであれ。そして、それでも足りない労働力は、併合地域や占領地域から強制連行された。スラヴ人を始めとする劣等民族は、どうせ大地に根を下ろしてはいないのだから、拉致してもどうということはないのだ。だが、私は、このナチスの蛮行を憎んだり笑ったりしているだけではすまないのである。私が、たとえば住宅ローンを借りようとするとき、銀行が記入を要求する書類には、現在の住所に何年間住んでいるか、という記入欄がないだろうか。職場についてなら、勤続年数を問われないだろうか。出稼ぎは、マイナスイメージで語られないだろうか。住所不定というのは、犯罪者の立派な肩書きではなかっただろうか。河原乞食や旅芸人が過去の歴史においてだけではない。非定住者や非定着労働者が蔑視され差別され不利益を強いられるのは、まさしく今日の現実である。しかもそのうえ、今日の現実においては、非定着者を徹底的に収奪するために、「フリーター」の美化さえもが目論まれるのである。

だがしかし、このマイナスを、マイナスとして捉えるだけでよいのか、という問題の前に、金子マーティンの仕事は私を立たせる。かれのもう一冊の大きな労作、ロマニ・ローゼ編『ナチス体制下におけるスィンティとロマの大量虐殺――アウシュヴィッツ国立博物館常設展示カタログ〔日本語版〕』の日本語訳が私に突きつける衝撃的な写真や書類を、何度も食い入るように見つめなおすことを強いられながら、これがまさしく結果であることを、私は自分に言い聞かせざるをえない。これらの写真や書類の主人公たち、すでにこの世から抹殺されて久しいかれらは、「ノマーデン」(ノマードの複数形)であるという生活のありかたを犯罪であるとする国家社会によって、そのような価値観もしくは文化の結果として、虐殺された。問題は、そういう結果を生んだ原因なのだ。かれらとともに生きることは、もはやできない。かれらとともに生きるということは、みずからが生きる現実のなかで無残な結果を現出させているその原因を、問うということでしかない。それを問うことによっていまの現実を撃つことでしかない。だからこそ、ドイツやヨーロッパのスィンティ・ロマたちは、声を発し、行動を起こしたのだ。それが、スィンティ・ロマの歴史を、別の生きかたで生きなおすことだからである。私もまた、かれらとともに、みずからの歴史を生きなおさねばならない。

――これが、金子マーティンの最近の仕事を前にするとき、私の胸に迫る思いである。

〈京都精華大教員・独文学、文明論〉

●ヨセバ・クリティーク②

スィンティとロマの「真実の歴史」とは――『ナチス体制下におけるスィンティとロマの大量虐殺』を手がかりに

千葉 美千子

1. はじめに

本稿の目的は、『ナチス体制下におけるスィンティとロマの大量虐殺』を手がかりとして、ナチス・ドイツにおけるスィンティとロマに対する政策、具体的には迫害から殲滅に至るまでの過程を横断的に概観することにある。

そもそも、スィンティとロマに対する迫害／虐殺は、ヨーロッパにおいても九〇年代までほとんど忘れ去られていたテーマであった。当然ながら、体系的な整理・分析も端緒についたばかりであり、研究の深化が待たれるところにある。

本書は、スィンティとロマが社会から排除されていく過程のみならず、アウシュヴィッツ移送「後」の惨状／苦境を明らかにするものである。読み進めるにつれ、読者は「ジプシー」として広く知られるスィンティとロマが、決して自由気ままな「流浪の民」ではなかったことを知ることになる。

全体をとおして、本書には数多の写真が掲載されている。そこには、家族の笑顔があり、穏やかな日々の暮らしがある。ナチスはそれらすべてを破壊した。人体実験の犠牲となった子どもたちの虚ろなまなざし、死を直前にした老婆の祈りが静かにそれを訴える。

本書の刊行により、スィンティとロマに少なからぬ関心を持つ人びとは彼／彼女らの「真実の歴史を知る」という貴重な機会を得た。その意味において、本書はホロコースト研究とスィンティとロマに関する歴史研究の双方に大きな貢献を果たすものである。

2. スィンティとロマの「真実の歴史」を知るということ

これまで、スィンティとロマの歴史はどのように綴られてきたのだろうか。果たしてその言説は、正しい歴史認識に基づき語られてきたのだろうか。

そもそも、「正史」という言葉の辞書的意味は「国家などが国の事業として編集した正式の歴史書」（広辞苑）である。裏を返せば、そこにどのような操作を加えるのであれ、国家の編纂する歴史が公的記憶として継承されるべき歴史であるという認識に辿りつくことになる。

しかし当然ながら、「正史」が必ずしも真実を伝えているとは限らず、むしろ「正史」から取りこぼされてきた人びとの「声」をも汲み上げて編纂された歴史が真実である場合が稀ではない。このことは、たとえば「従軍慰安婦」や「新しい歴史教科書」問題など、近年の日本社会における歴史認識を巡る議論に照らしても明らかである。

ナチス体制下では、およそ五〇万人、あるいはそれ以上のスィンティとロマが殺害されたと言われている。しかし、ドイツがスィンティとロマを「人種的理由」による犠牲者、つまり「ただ、スィンティとロマであるがゆえに虐殺された人びと」だと公認するまでには、一九八二年を待たねばならなかった（九頁）。その足場を築いたのは、七〇年代に市民権獲得を目指して開始された「草の根」とでも呼ぶべき支援活動であり、ダッハウ収容所跡地でのハンガーストライキなどをとおして、自らが「人種的理由」による犠牲者であることを公にしたホロコースト生還者の「声」である（九頁）。これほどまでに公認が遅れた背景には、そもそもスィンティとロマの歴史そのものが迫害／排除の歴史であり、長い間、ドイツはナチスの政策を特別視しようとしなかった、別言すれば、スィンティとロマが自ら「声」を挙げなければ、犠牲者としての社会的認知を獲得することができなかったという独自の経緯がある。

本書は、スィンティとロマの「市民権」および「追悼される権利」をめぐる議論の牽引者であるロマニ・ローゼ（Romani Rose）によって書かれたものである。スィンティの出自を持ち、ドイツ・スィンティ・ロマ中央委員会議長として、長年、スィンティとロマの人権擁護に尽力してきたローゼが自著の翻訳を金子に託したことは、決して偶然ではない。それは、「日本にスィンティとロマの真実の歴史を伝えてほしい」という願いの表れであったと考えられる。

以上を踏まえ、次に、スィンティとロマがどのような人びとを指すのかを明らかにする。そしてその上で、彼／彼女らの真実の歴史を見ていく。

3. スィンティとロマとは

金子（一九九三）が指摘するように「日本はスィンティとロマが居住していない世界でも数少ない国の一つ」[1]であり、彼／彼女らの存在を身近に感じる機会はほとんどない。同時に、フランスのロマ排斥に関する昨夏（二〇一〇年）の報道を見ても、日本のメディアがスィンティとロマの問題を正確に理解しているとは言い難く、その帰結として、彼／彼女らの実態が見えないまま、一方向的な報道が展開されているように思われる。少し詳しく言うと、当時、支持率低下に喘ぐサルコジ政権の真意は、ロマ排斥をとおして世論の支持を再獲得することにあった。仏メディアが映し出す、地域住民の反ロマ感情を味方につけた追放行為は、その格好の「見せ場」となったはずである。にもかかわらず、日本のメディアは、そのような政治的思惑を十分検証することなく、仏メディアの報道を「輸入」した。その帰結として、ロマと多数派社会とのあいだには絶えず軋轢があること、換言すれば、彼／彼女らは今なお定住の許されない「流浪の民」であるというステレオタイプがより強調された感がある。

　実際、スィンティとロマという言葉から、彼／彼女らがどのような人びとを指し、どのような歴史的背景を持つ人びとだと説明できる日本人は多くはない。本書を読み解くためにも、彼／彼女らの真実の歴史を知るためにも、最初に呼称の意味と由来を確認しておきたい。

　そもそも、スィンティとロマという呼称は、英語で「ジプシー（Gypsy）」と呼ばれてきた人びとの自称である。少し詳しく言うと、「ジプシー」の語源は中世に遡るものであり、「エジプト人（Egyptian）」という言葉に否定的な意味を与えたものであると言われている[2]。

　九〇年代以降、「ジプシー」という呼称が、差別用語であると認識した日本のメディアは、欧米に倣って「ロマ」という表現を取り入れた。ただし、金子はこれを「機械的な置き換え」だと批判し、「当事者の大多数が拒絶する『ジプシー』の語を未だに使いつづけるものも散見される」（二二四頁）と指摘する。著者であるローゼも、スィンティとロマが、さまざまな蔑称で嘲笑されてきたという歴史的経緯を踏まえ、「その語彙との関連で登場する差別的な思い込みや偏見に注目する必要がある」（一三頁）と警鐘を鳴らしている。

　それでは、スィンティとロマという呼称は、実際のところ、どのような意味を持つのだろうか。本書は、「スィンティ」とは、中世後期から中央ヨーロッパに定住を続けたロマの人びとであり、「ロマ」とは、南東ヨーロッパ諸国からドイツへ流入した構成員であると説明する。同時に、ロマ語で「人間」の意味を持つ「ロマ」という言葉が、少数民族全体の呼称として一般的に使われているとも述べる（一三頁）。この点につき、金子は、総称として「ロマ」を使うことが「国際社会でも適用する理解である」ことを踏まえつつ、ドイツに限っては「スィンティ」が、ロマの諸グループのなかでも多数派を占めると説明を加える（二二四頁）。

　この他にも、ロマは、ツィゴイナー、ヒターノ、ハイデン、ツィガンと呼ばれることがある。いずれも一九七一年にイギリスで開催された「第一回世界ロマ会議」で非難されたこともある他称／蔑称である。(3)

以上を踏まえ、次に本書の構成を見ていく。

4. 本書の構成

ここでは、本書の概略を紹介する。まず、序文でローゼは、本書が国立アウシュヴィッツ博物館の第一三ブロックにある常設展示すべての展示品と展示文書を収めた「カタログ」であると明言する。そして、掲載された史料は、スィンティとロマとユダヤ人に対する殲滅政策が「根本的な共通性をもって遂行された」（八頁）ことの証だと述べる。

さらにローゼはスィンティとロマに対する理解が進まない責任の一端が、ステレオタイプ的な報道を繰り返すメディアの姿勢にあると非難する。同時に、彼／彼女らを「単に紙面上少数民族として承認するのではなく、もろもろの社会的不利や人種主義暴力から実質的に擁護しなければならない」（一一頁）とも述べる。そして、スィンティとロマの生活が、紋切り型の「ジプシー」像とは全く異なるものであることを確認した上で、本論に入るのである。本書の構成は下記のとおりである。

第1部　ドイツ帝国におけるスィンティとロマの迫害：排除、権利剥奪、追放

第2部　ナチス占領下ヨーロッパでのスィンティとロマの大量殺戮

第3部　絶滅収容所アウシュヴィッツ・ビルケナウ内収容所区域BⅡe「ジプシー収容所」

附録

以下、本書がスィンティとロマの真実の歴史を紐解く「カタログ」であるというローゼの主旨を踏まえ、できる限り具体的な概説を試みたい。

4―1「第1部　ドイツ帝国におけるスィンティとロマの迫害：排除、権利剥奪、追放」

まず、第1部では、市民権剥奪から占領地域への追放に至るまでを描き出している。はじめに、「ニュルンベルク人種法」がスィンティとロマを「二等市民」に格下げしたこと（二五頁）、帝国公安本局第Ｖ局の機関として「人種優生学研究所」を設立したこと（三三頁）が明らかになる。さらに、「約二四、〇〇〇人分の『人種診断書』が、後の大量殺戮の基礎資料となった」（三三頁）こと、家族／親族の系図を作成し、スィンティとロマの出自を辿ったことが確認できる（三六〜三七頁）。現代のように、ほぼすべての個人情報がオンライン化されていない時代、調査に携わる人びとは、どのようにスィンティとロマを特定し、数世代前にまで遡る系図を完成できたのか。クラウスニック（Michail Krausnick）によると、

所長であるリッター（Robert Ritter）と職員は、聞き取り調査だけでは不十分な点を明らかにする手がかりを教会名簿に求めたようである。リッターは、教会名簿の提出を依頼する手紙のなかで、学術研究のために名簿を使うこと、さらに総統、つまりヒトラー直轄の研究所であることを示唆することにより、教会側が拒絶できない状況を作り出したと言われている[4]。

同時に、「頭の天辺から足の爪先まで身体中を測定され、写真も撮られた」（三三頁）スィンティとロマには、ありとあらゆる鑑定が行われたことも明らかにされている。「人種診断書」の左下隅に書かれたEvakという言葉は、ドイツ語で「疎開」を意味するEvakuierungの略語であるが、スィンティとロマには強制収容所への追放を意味する隠語として使われたことが、一次資料によって裏づけられている（三七頁）。これは、スィンティとロマに対する迫害が、ユダヤ人問題の付随事項であったとする言説を覆すものであり、「殲滅」という明確な目的の下に展開された政策であることを明らかにするものである。

そして次に、地方自治体がスィンティとロマの拘禁施設を設置したこと、ナチスがスィンティとロマを労働市場、教育現場、国防軍から排除したことに焦点が当てられる。ここでは、ナチスがオリンピック開催に向け、ベルリンのスィンティとロマ約六〇〇人を郊外のマールツァーンに拘禁したこと、その後、彼／彼女らをアウシュヴィッツに移送したことなど（四三頁）、先行研究ではほとんど言及されてこなかった事実をも明らかにしている。

さらにそれを踏まえた上で、迫害が計画的に進められたことを証明するため、「ユダヤ人関連の労働法規上の特別規則は、そのままジプシーにも適用される」（四九頁）と帝国法律公報が謳い、スィンティとロマの就業を公に禁じたこと、学齢期の子どもたちを家族とともにアウシュヴィッツなどに追放したこと（五四頁）、国防軍の兵士を除隊後、直接アウシュヴィッツに追放したこと（六〇頁）などを鮮明に描き出していくのである。

犠牲者としての位置づけをめぐる歴史認識において、スィンティとロマに対する迫害動機が争点とされることがある。しかし、ユダヤ人問題といかに絡み合っていたか、人種政策がどう展開されたのかという問題を細かく検討していくと、スィンティとロマは明らかにユダヤ人と同じ、場合によってはより厳密な基準でアーリア人と峻別されていたことが見えてくる。その意味において、本書に収められているスィンティとロマの移送、排斥に関する公文書、回想録などは、それを証明する貴重な一次資料であると言える。

4―2 「第2部　ナチス占領下ヨーロッパでのスィンティとロマの大量殺戮」

第2部は、チェコ、ポーランドをは

じめとする占領地域でのスィンティとロマの虐殺を描き出すことに向けられ、特に、収容所の様子や虐殺に至るまでの過程が論じられている。さらには、「スィンティかロマとして生まれたということだけで、幼児から老齢者までが虐殺された」(二〇四頁)ことを明言した上で、スィンティとロマの殺害が確認された場所を地図上に記し、占領地域全域でスィンティとロマに対する虐殺が展開されていたことを視覚的に訴える。そこには、初学者がスィンティとロマの真実の歴史を知るために不可欠な、全体像を知る手がかりがある。

たとえば、チェコスロヴァキアの「ブリュン警察が予防拘禁した人物」の一覧表を例にすると、ナチスはスィンティとロマを「ツィゴィナー(Zigeuner)」という人種として捉えていたことが窺える(一一二頁)。そしてこのことから、今日、「一四～一五世紀ごろインドからヨーロッパに流入した漂泊民族」(小学館)という意味を持ち、蔑称として使われる「ツィゴイナー」という言葉が、当時は人種概念をも包摂していたことが見えてくるのである。

また、ポーランドではスィンティとロマが「ユダヤ人と苦難をともに」(一三〇頁)し、同じゲットーに居住していたことに触れている。その事例として、ワルシャワ郡の区長が、スィンティとロマをユダヤ人居住区に連行するよう指示していたことを挙げている(一三一頁)。

これは、ユダヤ人とスィンティとロマに同じ政策を展開するというナチスの思惑が、占領地域にも深く浸透していたことを如実に示すものである。一方で、「パプシャ」(ママ)という名前で知られるロマの女性詩人(本名ブロニスラワ・ワイス)は、あるユダヤ人の少女に「パンとブラウス」を分け与えたと自叙伝的バラード『血にまみれた涙』に綴っており(一四一頁)、これを筆者は、スィンティとロマとユダヤ人の心的距離が必ずしも遠いものではなかったことの証左として捉えている。

それでは、スィンティとロマは、ゲットー内でどのような生活を営み、ユダヤ人とどのような関係にあったのか。先行研究では十分な議論が尽くされていないこれらの点に光を当てていくことが、研究者の今後の課題であると言えるだろう。

ユーゴスラヴィアにおいても、当時の通達から、スィンティとロマは「ユダヤ人と同格」であり、「一九四一年秋以降、ユダヤ人とともに強制収容所に拘禁され、国防軍の射殺部隊によって計画的に虐殺された」(一五七頁)ことが確認されている。

注目されるのは、ワルター中尉が綴った「ユダヤ人とジプシーの射殺についての報告」である。そこでは、軍の提供するトラックの運転手が民間人では機密保持が困難であり、幌のない荷台にユダヤ人ないしはジプシーを乗せるのでは、一般市民に事実を覆い隠すことができないという現場の声が伝えられている。同時に、報告書には「射殺の最中に精神的な抑制は感じない」としつつも、「数日後、夜などに落ち着いて考えると、それは生じる」（一六五頁）という行為者のある意味では人間的な心情も吐露されている。

　この他、ソ連もナチス親衛隊の殺戮部隊が国防軍の一部部隊や警察大隊などの協力の下にローラー作戦を展開し、「虱潰しにユダヤ人、スィンティとロマ、共産党幹部、障害者などを探索し、虐殺したこと」（一七〇頁）、ハンガリーでは「ナチス敗戦直前の段階にいたっても、集団射殺が実施されたこと」（一九〇頁）などにも触れている。

　本稿で紹介したのはごく一部に過ぎないが、全体をとおして、いずれの国々でもスィンティとロマはユダヤ人と同じ「人種的理由」で虐殺の標的とされていたことが、関連文書と証言により確認できる。にもかかわらず、戦後ドイツは、こうした占領地域におけるスィンティとロマに対する虐殺の記憶に正面から向き合おうとはしなかった。

　そのような背景からか、戦後補償問題と深く関係する事実認定に関する論争は、しょせん、自分たちとは関係ない「外国の問題」であるという認識が一般化し、そのことが社会的認知の妨げにもなっている。だからこそ、占領地域のスィンティとロマの惨状／苦境を横断的に扱う本書は、彼／彼女らに対する虐殺が「綿密な計画」の下に展開されたことを明らかにしたという点で、ホロコースト研究の新たな地平を開拓したと言えるのではないだろうか。

4—3 絶滅収容所アウシュヴィッツ・ビルケナウ内収容所区域BⅡe「ジプシー収容所」

　第3部では、スィンティとロマがアウシュヴィッツ・ビルケナウの「ジプシー収容所」を中心とする、各収容所に送られるまでの過程と収容所内の様子を描き出している。なかでも、死を見据えた少年が「遺言書」とでも呼ぶべき手紙に綴った「僕のためにしてくださったすべての良いことに対し、再度感謝します。仲間の全員に挨拶を送ります。また天国で会いましょう」（二二八頁）というメッセージが心に迫る。「あなたは行くけど、わたしたちは焼かれる」（二九七頁）という妹の別れの挨拶を絶対に忘れられないという証言もまた、自らの運命を察した者の心情と生還者の苦悩を伝えるものである。

　一九四二年一二月一六日、ナチス親衛隊首領ヒムラーは、「アウシュヴィッツ訓令」を通じて、第三帝国内のスィンティとロマの強制収容所拘禁を命じた。記録されているだけでも、ヨーロッパ全土から約二万三〇〇〇人がアウシュヴィッツに送られたことが確認されている（二一八頁）。そこには、ナチス親衛隊／警察隊の監視の下、隊列を組んで街を歩くスィンティとロマの姿がある（二一九頁）。それでもなお、当時を知る市井の人びとはスィンティとロマの移送に気づかなかったと主張するのだろうか。その姿が見えなかったと、彼／彼女らの目を見て言うのだろうか。スィンティとロマの窮状を黙止した人びとは、自らの「無関心の罪」を償わなければならない。

　スィンティとロマはアウシュヴィッツに到着後、ランペと呼ばれる降荷場で収容所帳簿に登録され、「ツィゴイナー（Zigeuner）」の頭文字であるZと登録番号が刺青された（二三四頁）ことが明らかにされている。同時に、「帳簿」に録されることもなく到着直後にガス室で殺された移送の記録も綴られている。一九九三年に復刊された帳簿には、約二万一〇〇〇人のスィンティとロマの名前が掲載されている。戦時中にこの帳簿を地中に隠したひとりのポーランド人被拘禁者の行動がなければ、この事実が一般に知られることはなかったことは、特筆に値すると言えるだろう（二三八頁）。

　そして次に、「ジプシー収容所」の位置と構造、具体的には元は馬小屋であるバラックの見取図とその内部に焦点が当てられる。注目されるのは、「絶え間なく人間の焼かれる悪臭が、ずっしりと大気に漂っていた」（二四二頁）敷地に建てられたバラックでのスィンティとロマの生活の実態を明らかにしただけではなく、「そこはまさに生き地獄だった。だれも助けることなどできず、だれもどうしようもなかった」（二四七頁）という事実を、さまざまな証言に照らして明らかにしている点である。

　「はじめに」で言及したように、アウシュヴィッツ移送「後」のスィンティとロマに関する詳細を論じた先行研究は少なく、ここで明らかにされた事実を切り口として、今後さまざまな研究が展開可能になると思われる。また「ジプシー収容所」の建設工事にスィンティとロマが自ら携わっていたという事実（二六五頁）は、現場の受け入れ体制が未整備であるにもかかわらず、帝国公安本局はスィンティとロマの移送を実行したことを端的に表すものだと考えられる。

　なお、ここではスィンティとロマの「自己防衛と抵抗」に関する言及もある。ナチスの「粛清」に対する抵抗の試みが明らかにされているが、筆者としては、スィンティとロマが自らの言語、すなわちロマニ語を「暗号」として用いることにより、外部に「ジプシー収容所」の惨状／苦境を伝えていた点に着目したい。たとえば、あるスィンティ女性の手紙に

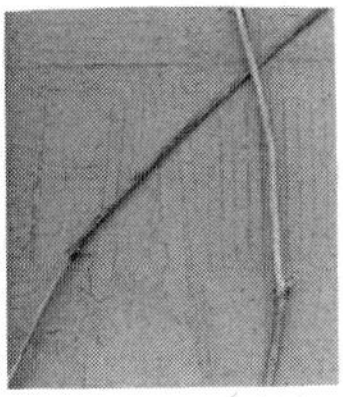

は「バロ、ナッスレピン、マレピンによろしく」（二八三頁）と書かれている。スィンティが使うロマニ語で「バロは大病、ナッスェピン（ママ）、マレピンは悲惨と殺戮」（二八三頁）を意味すると言う。このことから読者は、スィンティとロマのなかにはナチスが理解できないことを逆手に取り、ロマニ語をとおして真実を外部に伝えようとした人々がいたことを窺い知ることができるのである。

だがそれらの抵抗がありながらも、最終的にアウシュヴィッツのスィンティとロマは、一九四四年八月二日から三日にかけて「ベッドから引き摺り出され、荷物のようにまとめられ、外へ運び出される」ことになる。生還者の証言と残された写真が、「最後の人が毒殺されるまでの時間、ガス室の内部からも絶望的な叫び声や泣き声」が聞こえたこと（二九四頁）、他の収容所でも多くの人びとが命を落としていたこと（二九八頁）を物語っている。

このように、アウシュヴィッツあるいはその他の収容所への移送「後」のスィンティとロマの惨状／苦境を彼／彼女らの視点から論じていることが本書の括目に値するところである。

筆者としては、これほどの一次資料がありながら、スィンティとロマが戦後半世紀近くも犠牲者としての公的認知を得られなかったこと、専用のエキシビションがアウシュヴィッツ・ミュージアムに開館されるにはさらなる年月を要したことに、あらためて問題意識を抱いている。

5. おわりに——まとめにかえて

これまで見てきたように、『ナチス体制下におけるスィンティとロマの大量虐殺』をとおして、読者はスィンティとロマの真実の歴史を知る機会を得た。

第1部では、「ニュルンベルク人種法」により登録されたスィンティとロマが社会から排除されていく過程を段階的に辿ることにより、ヨーロッパ社会と必ずしも対立関係にはなかった人々を含め、すべてのスィンティとロマが「人種的理由」で殲滅政策の対象になったことを確認した。

第2部では、ナチスの占領下におかれた国々でも、スィンティとロマに対する殲滅政策が積極的に展開されていたことを明らかにし、スィンティとロマがユダヤ人と苦難を共にしていたこと、彼／彼女らの問題は、ユダヤ人問題と同義として認識されていたことを確認した。同時に、行為者が僅かに見せる人間的感情なども窺い知ることができたと思われる。

第3部では、アウシュヴィッツ移送「後」のスィンティとロマの惨状／苦境を辿ることにより、スィンティとロマの自らの手で「ジプシー収容所」が建設されたこと、「帳簿」が発見されたことにより、被拘禁者および到着後すぐガス室に送られた人びとの記録が確認できたこと、さらにはロマニ語を

「暗号」として用いることにより、外部に情報伝達を試みた人々が存在したことなどを明らかにした。

先述したように、ナチス犠牲者としてのスィンティとロマに関する研究は、端緒についたばかりである。どのような歴史研究もそうであるように、一次資料を丹念に渉猟する先にしか、真実は見えてこないはずである。

本書に収められた附録は、二〇〇一年八月二日にアウシュヴィッツ・ミュージアムで開催された特別展開会式と一三号館のエキシビションを紹介するものである。そこでは、当時の外務大臣であるバルトシュフスキ教授が、ロマのホロコーストに対する歴史認識がユダヤ人問題のように一般的に共有されていないことを踏まえ、「われわれ全員が殺害されたロマ民族の悲劇的な運命を記憶にとどめ、それを後世の人々に伝えていく義務がある」（三一三頁）と述べている。

言うまでもなく、ユダヤ人問題の相関関係を検討していくことは、より慎重な議論を要するものである。その意味において、つまりスィンティとロマに対する政策とユダヤ人政策の共通点／相違点を見直すという点においても、本書は示唆に富んでいる。

アウシュヴィッツ・ミュージアムの公式ガイドを務める中谷剛によると、ポーランドのEU加盟後、ミュージアムへの来館者は飛躍的に増えており、日本人に関して言うならば、二〇〇九年には八二〇〇人ほどの来館者が確認された。おそらく、そこではじめてスィンティとロマに対する迫害／虐殺を知った来館者も少なくないと思われる。

「カタログ」的要素を持つ本書は、スィンティとロマの真実の歴史を知る入口となり得るものである。本書をきっかけに、ひとりでも多くの読者がアウシュヴィッツ・ミュージアムを訪れること、そしてひとりの人間として、かの地で犠牲になった人びとと同じ空を見上げ、同じ風を感じることを願ってやまない。

参考文献

（1）金子マーティン（一九九三）「偏見の原点としての無知――現代社会学科学生のアンケートから」『日本女子大学紀要　人間社会学部　第三号』、二七八頁。

（2）ドナルド・ケンリック　グラタン・バックソン著　小川悟　監訳（一九八四）『ナチス時代の「ジプシー」』明石書店、四二頁。

（3）Ian Hancock（二〇〇二）*We are the Romani People*, University of Hertfordshire Press, p.120.

（4）Michail Krausnick（一九九五）*Wo sind sie hingekommen?: Der unterschlagene Völkermord an den Sinti und Roma*, Bleicher Verlag, p.144.

（解放出版社、二〇一〇年）

〈北海道大学大学院国際広報メディア研究科博士後期課程〉

いつまで維持されるのか、まやかしの外国人研修・技能実習制度——安田浩一『ルポ　差別と貧困の外国人労働者』を読む

金子マーティン

　フリー・ジャーナリストの安田浩一氏は人間扱いすらされていない「外国人研修・技能実習生」の問題にこだわりつづけている。二〇〇六年夏に千葉県木更津市の養豚所で発生した中国人研修生による受け入れ団体常務理事の殺人事件の背景に検討を加えた『外国人研修生殺人事件』（七つ森書館、二〇〇七年）の著作があり、〇八年六月に熊本で開催された「外国人労働者問題シンポジウム」で「外国人研修・技能実習制度は現代の奴隷制度」という講演をおこなっている（「外国人労働者問題とこれからの日本」編集委員会『〈研修生〉という名の奴隷労働』、花伝社、二〇〇九年）。「外国人研修・技能実習生」の立場からその問題に鋭く切り込む安田氏に、日本国家の擁護を試みようとする観点はまったく見られない。

　『ルポ　差別と貧困の外国人労働者』の「はじめに」でも、「単純労働従事の外国人が、実は『就労目的』の在留資格を与えられていないところに、わが国の外国人政策のいかがわしさが漂う。政府は一貫して『単純労働者は受け入れない』とのタテマエを崩していない。だからこそ、単純労働に関わる日系人や研修生・技能実習生を、あくまでも『例外』として位置づけてきた。苦肉の策というよりは、単なるまやかしである」と、日本政府の外国人労働者政策の本質を突く。同書は「中国人が支える、日本の底辺重労働」と「日系ブラジル人、移民たちの闘い」の二章から構成されており、それら外国人労働者の法的地位、つまりその在留資格についての説明もある。そして、「外国人労働者の姿、置かれた環境は、受け入れ国の民度を測る重要なモノサシになる」と安田氏はいう。

　いわゆるバブル経済期が真っ盛りで労働力不足が日本で叫ばれていた当時、一九八九年の「出入国管理及び難民認定法」（以下、入管法と略）の改正によって、「研修」という在留資格

が新たに設けられ、翌九〇年六月から「労働関係諸法の適用範囲外である研修生」の受け入れが始まった。九一年には研修生受け入れの支援・監督を業務とする政府機関、国際研修協力機構(JITCO)も設立された。当初は企業が個別に研修生を受け入れていたが、共同組合や地域の商工会などの企業団体が研修生を受け入れ、傘下の中小企業に振り分けて派遣する形態が一般化した。二一世紀の「奴隷労働」と揶揄されることも多い「外国人研修・技能実習制度」は、「発展途上国への技術移転と人材育成」という「国際貢献」を建前に九三年から制度化された。日本政府はいったいどこまですっとぼければ気が済むのだろうかと思わずにいられない。「外国人研修・技能実習制度」とは最初の一年間「研修生」として技術を学びながら労働法規も適応されない無権利な「労働者」として単純労働に従事し、二年目からは企業との雇用契約を結んで「実習生」として就業する、在留期間最長三年間の外国人単純労働者受け入れのための国家的制度である。法務省の最新の統計によれば、二〇〇九年の新規「就学生」は八万四八〇人を数え、前年比で二万人以上の減少である。つまり、「外国人研修・技能実習生」の人数も、日本経済の景気変動に規定されていることが明白である。ちなみに研修生を出身国別に見ると、日本のマスコミが感情的に叩く中国の国籍者が圧倒的に多い。

アメリカ国務省でさえ二〇〇七年の『世界の人身売買の実態に関する報告書』で日本の研修制度を取り上げ、「強制労働的な状況」や「人身売買の一形態」などと指摘、日本政府の官僚たちは真っ青になったに違いない。とにかく、外国人研修生の制度は人権をまったく省みない、前近代的な滅茶苦茶な制度なのである。「逃亡防止」の名目で研修生受け入れ先の企業や農家は、研修生のパスポートや通帳、印鑑、キャッシュカードなどを「預かる」のが慣例となっているが、パスポートを取り上げられた外国人研修生は日本で身動きがとれず、労働基準法第五条が禁止する「強制労働」の状態に置かれる。だが、そもそも研修生には「労働関係諸法が適用されない」のだから、「そんなの関係ない」わけだ。

『外国人研修生殺人事件』の犯人として懲役一七年の刑が言い渡され、独房で自殺未遂を繰り返したため一般刑務所から医療刑務所に移された元研修生の崔紅義氏本人やその両親の取材を安田氏は今回もおこなっており、人権問題としてのこの問題への強いこだわりと真摯な姿勢がうかがえる。そもそも「外国人研修・技能実習生」の多くは未組織労働者なのだが、東京・御徒町駅近くに事務所を構える「全統一労働組合」は一九九二年に外国人労働者分会を結成、「研修・技能実習生」などの外国人労働者が直面する諸問題に精力的に取り組んでいる。同労組の鳥井一平書記長は、それらの問題は「労働問題というよりも人権問題といったほうがよいものばかり」だという。それはそうだろう、「外国人研修・技能実習生」をはじめとする外国人労働者は、そのごく一部を除いて、日本で人間扱いされていないのだから。なお、「全統一労働組合」の事務所がある同じビルの上階に「外国人研修生権利ネットワーク」というNGOの事務所もある。また、外国人研修生問題弁護士連絡会も二〇〇八年に結成された。

二〇〇八年だけでも三〇人を超える「外国人研修・技能実習生」が日本で命を落としたが、その死因は過労死の割合が高い。〇八年六月に「急性心不全」で亡くなったとされる中国人実習生の蒋暁東氏の死因を、茨城県鹿嶋労働基準監督署は「長時間労働による過労死」と判断、一〇年一一月一九日付で労災認定をおこなった（『毎日』二〇一一年一月一三日）。最低賃金法にも満たない自給、強制貯金や深夜までの残業といった長時間労働、劣悪な住環境と不当に高い家賃などの問題に加え、研修生を受け入れた経営者によるセクハラや暴力行使の例も跡を絶たない。最近も「外国人研修生『性的暴行受けた』農家経営者らを提訴」という報道があったばかりである（『毎日』二〇一一年一月二二日）。そのような事件続発の背景として、戦前・戦中思想の未克服、つまり少なからぬ日本国民が未だに抱きつづける「選民意識」と「大国意識」（「大日本帝国」はもはや崩壊したのだが）と、それに直結したアジア蔑視を指摘するほかはないだろう。

実習生を基本給五万五〇〇〇円、残業代時給三五〇円、休日は月に一日のみという「労働条件」で酷使した経営者は、「研修生が外国人であるという理由で、経営者はどんな〝使い方〟をしても許されると信じていた」と安田氏は報告し、「なんでガイジンが日本人と同じ給料を要求するのか、理解に苦しむ」と唱える経営者がいることも明らかにしている。日本国が外国人労働者の送り出し国であった当時、一九二八年に日本政府が批准した「内外人労働者の均等待遇に関する条約」を一般国民のみならず、日本政府の官僚たちも完全に忘却したかのようである。受け入れ団体や受け入れ企業による人権蹂躙に異議を申し立て、少しでも反逆を試みた研修生や労働組合に加入しようとする研修生に対しては、強制帰国の道が用意されている。木更津市の殺人事件でも受け入れ団体の千葉県農業協会が研修生の崔紅義氏を無理矢理に中国へ送り返そうとしたことに理由があった。

安田氏による批判の矛先は日本政府の「まやかし」に留まらず、日本へ研修生を送りだす中国の送り出し機関や職業訓練施設にも向けられている。中国版JITCOに相当する中国政府機関の「中国研修生協力機構」まである。日本企業に喜ばれるよう、それらの施設では研修候補生に「忍耐と根性」と

「お手本であるべき日本」が叩き込まれるそうだ。送り出し機関は研修生から手数料や保証金の名目で多額のカネも取り立てている。中国の送り出し機関も、日本の受け入れ機関も、研修制度を金儲けのために利用しているのである。取材のため安田氏は中国も訪れ、送り出し機関の周辺でヤクザと公安が甘い汁を吸っているとの感触を得た。日本でも研修生の受け入れに関わって、「用心棒」的役割を担い、企業からカネを脅し取る暴力団が暗躍しているという。安田氏のルポを読み、何と手前勝手で御都合主義な前近代的制度を日本の官民が運営・維持しているのかと驚くばかりだが、「研修・技能実習制度」が「近代化」へ向かう兆しがようやく見えてきた。

外圧にもさらされた日本政府は、「研修・技能実習生制度」を抜本的に改正した。二〇一〇年七月一五日公布の改正入管法に伴い、近代国家にふさわしい制度へと変容を遂げたのである。少なくとも法文上は。一年目の研修と二年目からの技能実習という壁が取り払われ、一本化した「技能実習」という在留資格が新設された。さらに重要であるのは、一年目から労働関係法規が適用されるようになったことである。不正行為を犯した受け入れ団体に対する罰則も厳格化され、受け入れ停止期間が三年から五年に延長された。また、受け入れ団体の指導・監督・支援を強化するともいう。だが、その実効性を疑う声は強い。何万を数える「技能実習生」の受け入れ先を、法務省はどのように「監視」するのだろうか。

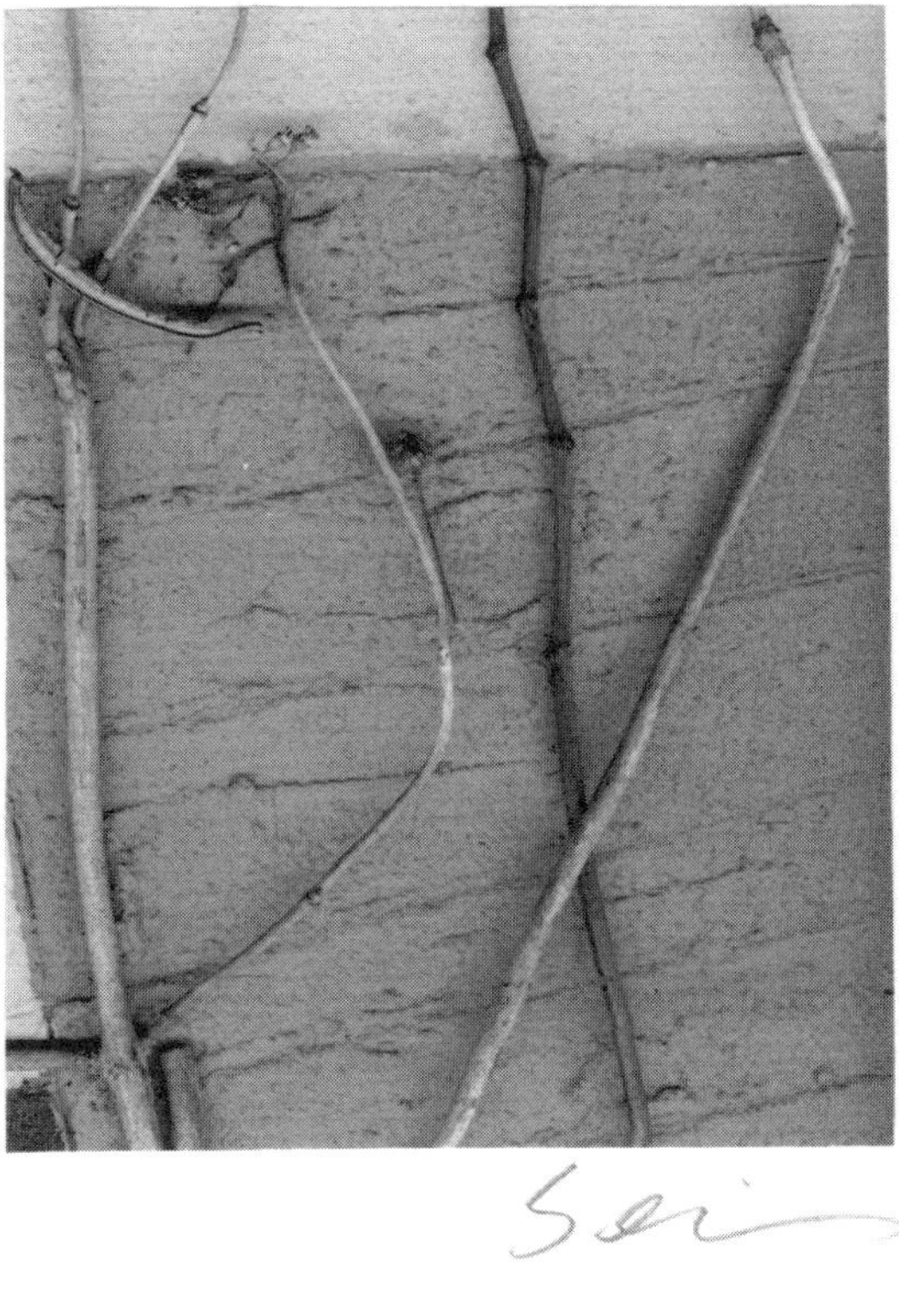

安田氏が取材した外国人研修生問題弁護士連絡会代表の指宿昭一弁護士は、「小手先の改正にすぎない」と切って捨てる。まやかしの制度はこれからもつづくのだろうか?

＊

一五〇万人の日系人が暮らすブラジル出身者を中心として、日本で働く日系外国人労働者の場合も、一九八九年の入管法改正で在留資格があたえられるようになった。日系二世の外国人には「日本人の配偶者等」、日系三世の外国人には「定住者」という、職業選択の自由も認められた在留資格があたえられ、日系二世や三世の配偶者と未成年で未婚の子どもに対しても同じ在留資格が付与された。日本とブラジルとの賃金格差は一〇倍もあり、多くの日系ブラジル人が職を求めて来日した。八五年におけるブラジル人の外国人登録者数はわずか一九〇〇人に過ぎなかったが、現在ではブラジルからのデカセギ者とその家族約三一万人が日本で暮らしている。

もっとも、法的な優遇策は必ずしも社会的な優遇を意味しない。一方では日系ブラジル人の子どもを対象とするブラジル人学校が愛知県や静岡県を中心に全国に九五校ほどあるが、日本の学校教育法一条が定めた「学校」として認知されておらず、「私塾」扱いである。他方においては日本の学校に通う日系ブラジル人の子どもたちはイジメなどによって学校に馴染めず、日系人児童の「不就学」が大きな社会問題としてクローズ・アップされている。内国人と外国人との共存に関わって、言葉の問題はとりわけ大きい。外国人であることが一目瞭然である場合、下手な片言の日本語を使ってもそれは許されるし、あまり流暢な日本語を使えばかえって気持ち悪がれる。だが、同じ外国籍者であっても外見上は外国人に見えない日系人や中国帰国者の場合、事情がまったく異なる。外見上は日本人に見えるが、それでも日本語がうまく使いこなせない人々に対して、多く日本国民はとりわけ冷酷に接する。そのようなことを筆者は今まで何度も入国管理局で体験している。

両親が一九五〇年代に北海道からブラジルへ渡ったある日系二世のブラジル人は、豊田市内の自動車工場で派遣社員として働いたが、解雇され失業中である。豊田市内の人材派遣会社を軒並み訪問した彼は、「ちょっと怪しげな日本語」のため「ガイジン」として扱われ、求職活動に失敗した。豊田市郊外にある保見団地の全住民八〇〇〇人の半数近くが日系ブラジル人だが、それらブラジル人のうち七から八割の人が失業状態にあるという。安田氏が指摘するとおり、「日系人の受け入れ拡大は『血統主義』に基づいているため、他の外国人より優遇され」ており、好景気のときには確かに「『例外的に自由に働ける外国人労働者』として、日本の雇用における合法的供給源」となったが、その日系人の圧倒的多数が外国籍者であるため、「いざというときには人員整理もしやすい」、「外国人から、真っ先にクビを切っていく」のであって、例えば二〇〇八年一一月の終わり頃、「トヨタ関連企業からブラジル人をはじめとする非正規労働者が一斉に追い出された」という事実がある。

日系人労働者の失職は大きな社会問題となり、二〇〇九年三月に厚生労働省が「日系離職者に対する帰国支援事業」を打ち出した。〇八年以降、七万人といわれる日系ブラジル人が帰国したが、その制度を利用して帰国した者は一万七〇〇〇人に過ぎないという。なぜなら、「帰国支援事業」による帰国費用の支給を受けると、「当分の間、同様の身分に基づく在留資格による再入国は認めない」からである。多くの日本の法律で使われる「当分の間」という言葉は、具体性を欠いた便利な言葉である。ブラジルの日刊日本語紙『ニッケイ新聞』もそれに噛み付き、「帰国支援事業」は「ブラジル人追い出し政策」だと批判、それらの声に圧された日本政府は、後から「三年」という再入国不可の期限を設けた。

保見団地で日系ブラジル人などの支援にあたっているＮＰＯ法人「保見ヶ丘ラテンアメリカセンター」代表の野元弘幸氏は、「外国人という理由から雇用契約がいい加減なケースも少なくない。雇用保険や社会保険に未加入という人もいる」とも訴えたが、安田氏は「外国人受け入れのための何の政策も持たず、都合よくブラジル人を雇用してきた国と企業の身勝手さも露呈した」との感想を述べる。それに何ら付け加える言葉はない。

保見団地に住むブラジル人たちは「様々な活動を通じて日本人住民との関係改善に努めたい」と、「保見ヶ丘ブラジル人協会」を二〇〇九年に設立した。それにも関わらず保見団地内では、日本人住民の日系ブラジル人に対する無関心と無理解が蔓延しているという。取材した日系ブラジル人の声として、「『日本が好き』と答える者は多かった反面、『日本人が好き』と答えた者は少なかった」と安田氏は記すが、日本人と日系ブラジル人との交流がそもそもないことも同時に指摘する。「日本人に、あまり溶け込むことができなかった」とか、日本で「差別的な視線を感じた」と証言した日系ブラジル人の声も安田氏は拾い上げている。そして、「日本人」と「日系人」の間には深い溝が横たわっているとの結論に達する。大半の日本国民は隣に住む外国人が、たとえ自分自身とよく似た日系人であっても、基本的には「ガイジン」に興味もなく、徹底的に無関心、できれば「一日でも早く立ち去ってもらいたい」のだろう。安田氏のルポを読み、そのような感をいっそう強くした。

（光文社、二〇一〇年）

〈日本女子大学教員・社会史〉

特定の人間集団の呼称は自称と他称のみなのか——関口義人『ジプシーを訪ねて』を読む

金子マーティン

一、「ジプシー」の起源について

「ジプシー」を「インド起源の放浪民族」とする論は「もはや時代遅れ」で、「一五世紀から一六世紀にかけてのヨーロッパ」の「崩壊しつつある旧体制から放出された膨大な数の流民層・貧困層」が起源なのだろうか[1]。「机上の文献研究」のみに専念するあまり、自らが「研究対象」に選択した「ジプシー」との人的交流に欠ける論者の耳に「研究対象」である当事者の叫び声が入らないのは不思議でないだろう。「ジプシーのインド起源論」否定の主張はそのような論者によって繰り返されているが、一九八〇年代前半に「『ジプシー』とパリではじめて出会った」(六頁)関口義人氏は、二〇〇一年秋から「二二カ国の二〇〇カ所を超えるジプシーの暮らす集落を訪ね歩いてきた」(一三九頁)日本における「ジプシー・ミュージック」の第一人者であり、そのような「歴史修正主義」的論調に否定的である。

「ジプシー」の「インド起源説は相変わらず根強いし、それを否定する明確な根拠は今も示されていない。それどころか近年、ジプシーの言語『ロマニ』研究が進み、ますますインド起源説への注目度は増している(一九頁)。…ロマニがインド起源であることは再三にわたり立証されてきたが、中でもロマニとサンスクリット、ヒンディー語との密接な関係が指摘されてきた(一四頁)。…ロマニとサンスクリットとの語形的類似性はあまりに明白であり、この両語の関連性は、言語学研究においてはもはや否定し得ない結論」(一六頁)であると、「ジプシーのインド起源論」に明確な賛同を表明する。

かねてから筆者も「ジプシーのインド起源論」を支持し、機会あるごとにそれを強調した。「ジプシー」の起源をヨーロッパの封建制解体過程で生み出された「雑多な社会脱落者の集合体」、つまり「人間のクズ」[2]に求めようとする一五世紀中期から存在した詭弁を「新説」だと称して蒸し返す「ジプシー研究者」たちは、自らの研究対象をあまりにも知らな過ぎると指摘せざるを得ない。

「ジプシー」のインド起源は比較言語学的研究のみによって立証されたわけでもない。関口氏も述べているように、「一九九〇年代末、ジプシー／ロマのインド起源に関する研究も、DNA調査によって大きく前進した」（二一一頁）という事実があり、遺伝学からも「ジプシーのインド起源論」が立証されている[3]。また、関口氏が専門とする「ジプシー・ミュージック」からもそれを裏づけることが可能だろう。『ジプシーの来た道』（白水社、二〇〇三年）の著者、市川捷護氏は『ジプシーのうたを求めて～沙漠に生きる漂泊の芸人たち（インド・ラージャスターン州）』という収録時間七三分のCD（ビクターエンタテインメントVICG60494）を二〇〇二年にプロデュースした。パキスタンと国境を接するインド北西部ラージャスターン州で使われる方言と「ジプシー」の言語であるロマニ語との近似性に、「ジプシー研究者」たちはかねてから注目してきた。

ウィーンを訪れたとき、旧知の友人であるロマのジャズ・ギタリスト、ハリー・シュトイカ[4]にCD『ジプシーのうたを求めて』をプレゼントしたことがある。数年後、そのCDから刺激を受けたハリーは、セルビア出身でウィーン在住のロマ出身のヴァイオリニストであるモシャ・シシッツ[5]を誘って、インドのラージャスターン州へ旅立った。州都ジャイプル、城塞都市ジャイサルメールやタール砂漠などを訪ね歩いたハリーとモシャは、初対面であるインドの音楽家たちとそこで見事に調和のとれた合奏を演じた。

ラージャスターン州からウィーンへ戻った二人はインドで知り合った「ラージャスターン・ルーツ」[6]という楽団をウィーンへ招くと同時に、ルーマニアの「ジプシー・バンド」も呼び寄せ、インド人、オーストリア・ロマ、セルビア・ロマとルーマニア・ロマが合奏を披露した。「ラージャスターン・ルーツ」を立ち上げたリーダーのアディ・ダスは公演後、「ルーマニアから来た若いロマたちは一度もインドへいったことがないのに、われわれも完璧に理解できるわれわれの言葉で歌った」[7]と、その驚きを隠せなかった。その音楽会やハリーとモシャが自らのルーツを探し求めてインドの音楽家たちを訪ね歩く、上映時間九一分のドキュメンタリー映画、『ジプシー・スピリット』[8]が制作され、そのプレミアが二〇一〇年九月初旬にウィーンであった。『ジプシー・スピリット』は一年以内にDVD化されるだろうとハリーは語ったが、その暁にはその映画を日本でも紹介したいと考えている。

二、「ジプシー」という呼称について

一九七一年四月にロンドンで開催された「世界ロマ会議」において、「集まった一四カ国のリーダーたちは、公式に『ロマ』を呼称することを決議した」（二三頁）ことを関口氏は紹介する。だが、その会議で同時に「ロマに対して非ロマが貼るジプシー、ツィゴイナーやヒターノなどすべての人種主義的レッテルにわれわれは抗議する」[9]と決議されたことを黙殺し、「本書がテーマとしてとりあげる人々の総称として『ジプシー』の語を使用する」（vii頁）という残念な結論に到達する。

「充実した内容を誇る」（二二〇頁）と関口氏が評価するデータベース、ROMABASEから引用しよう。関口氏の表記は一貫して「シンティ」なのだが、「スィンティ（〝ドイツのロマ〟）はすでに一五世紀からドイツ語圏内で暮らすロマ、マヌーシュはフランスのスィンティを表す言葉で、カーレはスペインあるいはフィンランドのロマ、イギリスのロマはロマニチァルとも自称する。多数あるサブ・グループの総称がロマである」[10]と記されている。ところが、関口氏は「『ロマ』以外の自称名を使用するロマニチャル、シンティ、マヌーシュ、カーロなどは、通常『ロマ』を自称として使用しない。それは『ロマ』を、『ルーマニアを中心とする東欧圏に長く暮らしたジプシーたち』を指す言葉と理解しているからである」（二三頁）と説明する。だが、筆者が知るロマたちはそのように考えてはいない。

周知のようにロマは数え切れないほど多くのサブ・グループによって構成されているが、各サブ・グループの構成員たちは自分自身が所属するサブ・グループを「心の拠り所」にしており、「愛自集団心」、あるいは「サブ・グループ至上主義」とも呼べるような考え方を強く抱いている。自分たちの使うロマニ語方言がもっとも美しいと、それぞれのサブ・グループ構成員たちは考えている。とりわけスィンティは「ロマ」という概念に包括されることを嫌い、「スィンティ」としてのアイデンティティが強い。「ロマは嫌いです。私たちをロマと呼ばないで、それは侮辱です。私たちはスインティなのです。ロマには誇りもありません。スィンティはそれらの人々と関係ありません」[11]。これはオーストリア生まれで現在はアメリカ合衆国に定住するあるスィンティ女性の発言である。ほかのサブ・グループにもスィンティと同じことが該当する。旧知の知り合いであるウィーン在住のチャイヤ・シュトイカはロワーラというサブ・グループに属するが、「ロワーラの伝統を若者に伝承し、守りつづけることが私にとってもっとも大切です」と筆者に語ったことがある。

そのチャイヤはときどき自分自身のことを「ツィゴイナー」と称する。

なぜそうするのかと聞いたことがあるが、「ツィゴイナーであることを誇りにしているから」との返事だった。「ミュージシャンに関しては、世界的なスーパーグループである、南フランスのジプシー・キングスをはじめとして、『ジプシー』であること、そのように名乗ることへの強いプライドが感じられる」（二三〜二四頁原文のママ）と、関口氏が述べるとおりだろう。ジプシー・キングス以外にも、バンド名にジプシーの語を冠したロマ・バンドはいくつもあるし、ロマ自身が結成した自主的自助組織でさえ、「ジプシー」という語がその団体名に含む組織さえある。

しかし、被差別者自らが多数派の使う他称＝蔑称を使うのと、部外者（ガジェ＝非ロマの複数形）が蔑称を使うのとでは次元がまったく異なる。全国水平社の宣言にも、「吾々がエタである事を誇り得る時が来た」との言葉があるが、被差別部落民以外の人が「エタ」の語を使えば糾弾の対象となった。被差別者が自らを多数派の使う蔑称を使って呼ぶことは、被差別者の数少ない特権の一つだろうし、多数派に対する皮肉も込められている。そのことを多数派構成員はまず認識し、多数派が他称＝蔑称を使った場合、それが多数派と蔑称で呼ばれた被差別少数者との共存を間違いなく困難にすることにも気づくべきだろう。多数派も被差別者の自称を使用すべきであり、それは「ポリティカル・コレクトネス」の問題である。関口氏は「ポリティカル・コレクトネス」を「政治的に中立」（二三頁）という意味で理解しているが、「ポリティカル・コレクトネス」を直訳すれば「政治的な礼儀正しさ」となる。そのより具体的な意味は人種・民族・宗教・性などの偏見を含まない公平な表現を使用することを指す。つまり、当事者の多くが嫌悪感を覚える「ジプシー」などの他称＝蔑称は使うべきではないということに他ならないのである。日本の権威ある出版社が「ジプシー」という蔑称を題名に含む本を出版したことを、「ポリティカル・コレクトネス」の観点からとても残念に思うし、ロマが最大の被差別集団を形成するEU（欧州連合）圏内と、「ジプシー」が暮らしていない日本国との大きなズレも同時に感じる。

EU圏内のニュースを日本の報道機関はあまり報じないが、最近こんなことがあった。ロマ人口が一八〇万人から二五〇万人を数えるルーマニアで、国名のルーマニア（Romania）がロマ（Roma）という語に酷似するため、それはルーマニア国のイメージ・ダウンにつながるとの「理由」で、「ツィガーニ」という旧来の蔑称を公的に再導入しようというキャンペーンが繰り広げられた。世界各国のロマ組織やルーマニア内の民主勢力がそれに抗議し、ルーマニア国会はその提案を最終的に否決せざるを得なかった。「当事者に自主決定権がある以上、民族的少数集団の公的な名称を国家が法によって押しつけることなどできない」[12]。

「人間をどう呼ぶかと言う場合、その集団が自分たちをどう呼んでいるか（自称）と他者がどう呼ぶか（他称）とにわかれる。多くの近代国家の民族や所属の呼称に関してはこの二つがほぼ一致している。ドイツ人、ギリシャ人、日本人、ブラジル人のように、である」（二一頁）と関口氏はいう。しかし、他称が多くの場合において蔑称であることを省みていない。とりわけ隣国の人々を指す他称は蔑称であることが多い。例えば、日本人の他称として「チョッパリ」（朝鮮語）、「リーベンクイズ」（中国語）、「ジャップ」（英語圏）や「ヤップスル」（ドイツ語圏）などの蔑称があり、ドイツ人にしても「ピーフケ」や「マックスィカーナ」（オーストリア語）という蔑称がある。ロマに対して使われる他称の「ジプシー」、「ツィゴイナー」や「ヒターノ」などは、当事者の大多数が拒絶する蔑称（差別語）なのだが、「『ジプシー』という呼び名（呼称）について、「日本でこの言葉に明確な差別を感じる人など、どれだけいるのだろう」（二一頁）という関口氏の疑問は、まさに内向きで反国際的な観点だといわざるを得ない。日本は「ジプシー」が暮らしていない世界でもまれな一国であるため、「ジプシー」という他称＝蔑称に「明確な差別を感じる人」は確かに多くないだろう。しかし、「鎖国」時代はとうに終わっている。近年、日本の大手メディアも「ジプシー」という言葉をロマと言い換え、国際水準に到達したという現状がある。NHKのディレクターに「放送では『ジプシー』っていう表現を避けてください」（二〇頁）と注意されたことに対して、関口氏は「『言葉狩り』のよう」（二一頁）だと不満を述べるが、ディレクターの危惧は「ポリティカル・コレクトネス」の観点から極めて正当だろう。

「バルカンなどでは、『ロマ』と呼ばれることをはっきり拒否する人々もかなり多く、私もそういう経験をたくさんしている」（二三頁）と関口氏は記しているが、その背景として次の事実を挙げよう。そもそも、「ジプシー」という呼称は「民族的」な意味と「社会的」な意味の双方を持ち合わせている。多数派住民から「ジプシー」と見なされているものの、そう呼ばれる当事者がロマとしてアイデンティティを完全に喪失したグループが、バルカン半島にいくつかある。たとえば、アルバニア、マケドニアやコソヴォには「ジプシー」と見なされる三つのグループがある。「ロマ」と「アシュカーリ」と「エジプシャン」だが、そのうちアシュカーリとエジプシャンは自分たちの故郷がエジプトだと主張、かつて使ったであろうロマニ語がもう使えない。ハンガリー、クロアツィア、セルビア、ルーマニアやブルガリアにも「ルダリ」や「バジェシー」と呼ばれ、「ジプシー視」されているが、ロマニ語が使えない（忘却した）グループが暮らしている[13]。多数派住民から「ジプシー視」されているものの、自らがそのアイデンティティに欠けるため、EU圏内での「ジプシー」の公用語であるロマという言葉で呼ばれるのを拒絶する人々がいるのはそのためだろう。

　関口氏が述べるとおり、ロマの他称は、「エジプト人に由来する流れ」（二二頁）に属する「ジプシー」などと、「ギリシャ語で『異教徒』を意味するアツィンガノス」（二一頁）に由来する「ツィゴイナー」などがある。まず、「ギリシャ語の『アツィンガノイ』という『よそ者、異教徒』などの意味をもつ」（六六頁）と関口氏が解釈する言葉から検討しよう。

　ROMABASEから再び引用する。

「ビザンツ帝国の史料にロマは『アツィンガノイ』または『（エ）ジップトイ』として登場する。『アツィンガノイ』という言葉については『不可触民』、あるいは『他者に触れたがらない人々』という二つの解釈が成り立つ。むしろ後者に蓋然性があろうが、それは不浄とされる者に触れるのを禁じ、『不潔な者』、つまりロマに属さない人間との密接な接触を避けるロマの儀礼的清浄感に関係する。」「ツィゴイナー」などツではじまるロマの蔑称はその「アツィンガノイ」という言葉に語源がある。他方の「ジプシー」系の蔑称は、そもそも誤認に基づいていた。『（エ）ジップトイ』という名称はペロポネソス半島のメトニにあったジッペという大きなロマ集落に由来する。ジッペの意味は『小エジプト』だが、それはそこで暮らす人々がその風貌からしてエジプト人と考えられたためだろう」[14]。「ジプシー」の大集落があった港町メトニはモドンとも呼ばれたが、関口氏が「取材に際して大変に参考にさせて頂いた名著」（一九九頁）であるフレーザー著に、オランダ人画家エルハルト（エーバハルト）・ロイウィヒが一四八三年に描いた「モドンの町」の町壁外に「ジプシーの小屋が見える」挿絵が掲載されており、モドン経由でパレスティナへ向かった中央ヨーロッパの巡礼者たちに関する詳細な記述も同書にある[15]。

　関口氏が「ジプシー・ミュージック」の専門家であることを筆者は疑わないが、「ジプシー史研究」に関する造詣がそれほど深いとは思えない。「一六〜一九世紀に刊行されたジプシー関連の文献中にジプシーを『ロマ』と記述したものはない。『ロマ』という語の使用はもっとも早い例でも一九二六年刊行のR・L・ターナー」の研究論文（一五〇頁）とするが、その主張もフレーザー著（原書二一頁、訳本三八頁）が種本である可能性が考えられる。厳密に「ロマ」という呼称ではないし、一六世紀以前の文献なのだが、上述したペロポネソス半島のモドン（メトニ）を一三八四年九月に通過したイタリア人の巡礼者フレスコバルディは、ロマ集落の住人を「ロミティ」と記している。

そして、「その後の旅行者たちの証言は、彼らがジプシーだったことを証明している」[16]。これが「ジプシー」を当事者の自称で記した「もっとも早い例」ではないだろうか。フレスコバルディの日記は「ジプシー」関連の研究論文でないが、「ジプシー関連の文献」であることに変わりはない。

三、「ジプシー・パンク」と「ジプシー・ヒップホップ」

世界各地のレストランなどで演奏される「ハンガリー風ジプシー音楽」、スペインの観光産業にもなっている「フラメンコ」やジャンゴ・ラインハルトに代表される「ジプシー・スイング」のみが「ジプシー・ミュージック」ではない。若いロマたちは流行の最先端をいく音楽も奏でるが、関口氏も「ジプシー・ミュージック」の最新の状況について次のように言及する。

「一九九〇年代後半になって、ニューヨークから、ジプシー・パンクと呼ば

Bild 4: Erhard Reuwich: Die Stadt Modon, 1483. Außerhalb der Stadtmauern liegen die Hütten der Roma.[288]

「ジプシーの小屋」（右上）が見えるエルハルト・ロイウィヒが1483年に描いた挿絵（出典：Gilsenbach Reimar, *Weltchronik der Zigeuner*, Peter Lang, Frankfurt/Main, 1997）

れるムーブメントが起きたこと」、そして「ゴーゴル・ボールデロ」[17]というウクライナ出身で母親がロマとの混血者だというユージン・ハッツ（ヒュッツが正確な読み方）がバンドリーダである多国籍バンドを関口氏は紹介する（一八七〜一八八頁）。来日公演したこともある「ゴーゴル・ボールデロ」は数枚のアルバムを発表しているが、二〇〇五年発売の三枚目のアルバムが「ジプシー・パンク―敗北者による世界攻撃」（Gypsy Punks - Underdog World Strike : Sideonedummy SD1271）である。そのアルバムに収録された全一五曲のうち、一曲のタイトルのみがロマニ語であり、歌詞にロマニ語の単語が散発的に使われている曲もある。アルバムのタイトルにある「ジプシー」の語はバンドリーダーの「クオーター・ジプシーとしてのプライド」というよりも、むしろ「ジプシー産業」的な要素からつけられたのではないかと思う。「ジプシー産業」[18]と呼べるような現実があるのかどうか、各国のロマ活動家のあいだで論争があるが、ガジェ（「非ジプシー」）が「正真正銘のジプシー的」だと感じる物品、人物やその芸術作品などを当事者の頭越しに売り物にし、営利目的の手段として利用する商売を「ジプシー産業」と理解する。その具体例を一つ挙げよう。カナダのロマ出身の作家で人権活動家でもあるロナルド・リー[19]は自伝的小説を著したが、出版社はその書名を一般受けしそうなセンセーショナルな題名、『くたばれジプシー』（*Goddam Gypsy*, **Tundra Books, 1971**）に変更して発行した。それから三八年後、カナダ・ロマの人権活動がある程度まで軌道に乗ったのち、リーは自作をようやくもともとの題名、『生きている炎』（*E Zhivindi Yag*, **Magoria Books, 2009**）として刊行することができた。

マケドニアのシュトカでも「二〇〇七年あたりから、ヒップホップが大ブームになっている」との情報が「本書の校了間際」に飛び込んできた（一八九頁）ことにも関口氏は触れる。マケドニアの首都スコピエの郊外に位置する四万人を超えるロマが暮らすヨーロッパ最大のロマ集住地区がシュトカだが、アレクサンダー・マニッチ監督の『シュトカ、ロマの街』（The Shutka Book of Records, 2005）という映画[20]でこの地区は一躍有名になった。『ジプシー・ヒップホップ』のアルバムとして、関口氏は二〇一〇年にリリースされた『シュトカ、私の故郷』（I Šutka tani mo than : Fosim 001）を紹介する。関口氏の訪欧先にスロヴァキアは含まれていたが、チェコは省かれたようである。そのチェコでGipsy.cz[21]（『チェコ共和国のジプシー』）というロマ・バンドが、『ロマノ・ヒップホップ』（Romano Hip Hop : Indies Scope Records MAM323-2）というCDをすでに二〇〇六年に発表しており、『シュトカ、私の故郷』は「ジプシー・ヒップホップ」の最初のCDではない。

四、いくつかの勘違いや誤認

「かつて私も長く暮らしたウィーン」（七五頁）と関口氏は記しているものの、それにもかかわらずウィーン関連の誤りがいくつかある。「ジプシー関連の最大のNGOは、ウィーンに本部を置くEurope Roma Rights Center」（四二頁）と記されているが、それは誤認である。国連系NGO のERRC（ヨーロッパ・ロマ人権センター）の本部は、関口氏が二〇〇三年五月に訪れた（七二頁）ブダペスト市の第八区にある。[22]同じ二〇〇三年五月に関口氏はウィーンも訪れており（七五頁）、混乱が生じたのだろう。

ウィーンで関口氏は「私も登録しているオーストリアのNGOのロマノ・チェントロ」（二〇五頁）を訪れ、同組織の当時の会長、ドラガン・イェヴレモヴィッチの写真二枚（七六頁）も掲載されている。ところが、その写真に写っているのは「ロマノ・チェントロのリーダー、アンリ・ストイカ」（七五頁）との説明がなされており、ドラガンの略歴が「アンリ」の略歴に置き換えられている。非国連系のNGOロマノ・チェントロ[23]の創設時からの会員である筆者は、ドラガンも関口氏が「秘書」と紹介するミリヤム・カロリーもよく知っているが、「アンリ・ストイカ」という人物を知らない。もっとも二〇〇三年当時、アムブロル・シュトイカという口達者な男性がロマノ・チェントロのアルバイトとして雇われていたので、関口氏は彼を「リーダー」と勘違いしたのかも知れない。

カリフォルニア大学リヴァーサイド校の名誉教授で文化人類学者のアン・サザーランドの代表的著作Gypsies. The Hidden Americans (The Free Press, New York, 1975) の書名を、関口氏は「Hidden America（一九七五）（一八六頁）と書いたりもしており、乱雑さが目立つ。イギリスの言語学者ドナルド・ケンリック著『ロマニの世界―ジプシー歴史辞典』からの引用も不正確である。「ドムとはRomやLomの初期の形で、インド、サンスクリット語では『最下層カーストの集団』を意味する」（八四頁）などとケンリック著に書かれていない。「ドムはサンスクリット語でももともと『男・人間』を意味したが、現在のインドではいくつかの地域で、低いカーストの人間を指す軽蔑的な意味で使われる」[24]と書かれている。

関口氏の著作を読み、知らなかったことを教えられたり、見過ごしていたことを再確認することができた点はあった。例えば、「クレジャニ村のタラフ・ドゥ・ハイドゥークス。撮影＝石田昌隆」（一八一頁）という、メンバーが十数名もいるルーマニアのロマ・バンドの写真が掲載されている。そのバンド名Traf De Haïdouksが「義賊の楽団」を意味することを教わり、カバー写真を音楽評論家で写真家でもある石田氏が撮影したことを知った。再度そのＣＤ（Band of Gypsies : Nonesuch79641-2）を確認すると、確かに Photography: Masataka Ishida と小さな文字で書かれていた。

「ジプシー」は決して単一で均一な集団などでなく、それぞれの民族国家で被差別集団として暮らすロマの現状なども国によっても大幅に異なる。そのため、自分がある地域で見聞したことを、「ジプシー」総体に当てはめることなど到底できない。関口氏がそうしているとは感じないが、「ジプシー」についての知識がない一般読者は、関口著で報告された個別的なことが「ジプシーの総体」に該当するというイメージを抱く可能性もあるのではないかと危惧する。さまざまな地域の「ジプシー」や「ジプシー視」される人々の訪問記である関口氏の著作を興味を持って読んだが、「ジプシー」という「言葉に明確な差別を感じる」一人なので、ロマという呼称が使われていたのならもっと読みやすかっただろう。

二十数年間ウィーンで暮らした体験があり、現在も当所のロマやロマ組織との付き合いがあるため、ロマノ・チェントロに関する関口氏の誤認に筆者はたまたま気づいた。だが、一般の日本人読者はもちろんのこと、岩波書店の編集担当者でさえそれを見抜くことは不可能だろう。オリエント（アラブ諸国）の「ジプシー」に関する筆者の知識が乏しいため、関口氏が第三章の「ドムたち——ヨーロッパの外へ」で報告していることがどこまで正確な

情報なのかを判断する能力もなく、書かれていることをただそのまま信じる以外にない。とにかく、著者は読者に誤った情報を提供すべきではない。「ジプシー研究者」を自認する（九二頁）関口氏はとても多忙なようであるが、次回の著作ではもう少し注意深い調査と記述をしていただければと願う。

参考文献

（1）水谷驍・左地亮子『ジプシー［新版］』白水社、二〇〇七年、八、一六七、六頁。

（2）アヴェンティヌスことヨハン・ゲオルク・トゥルマイアは『バイエルン年代記』の一四三九年の項で「ジプシー」について、「その人類は雑多な民族の混合体で人間のクズである」と書いている。 Aventinus = Johann Georg Turmair, *Annales Boiorum, in: Gronemeyer Reimer, Zigeuner im Spiegel früher Chroniken und Abhandlungen*, Focus Verlag, Gießen, 1987, p.28.

（3）"Reconstructing the Indian Origin and Dispersal of the European Roma: A Maternal Genetic Perspective", *PLOS Medicine*, January 10 2011, http://www.plosone.org/article/info:doi/10.1371/journal.pone.0015988

（4）Harri Stojka, http://harristojka.com/

（5）Moša Šišić, http://www.mosa-sisic.at/

（6）Rajasthan Roots, http://rajasthanroots.com/

（7）Schulmaterial, http://www.gypsyspirit.at/Schulmaterial-GypsySpirit, p.2.

（8）Gypsy Spirit. Harri Stojka – Eine Reise, http://www.gypsyspirit.at

（9）Hankock Ian, "The East European Roots of Romani Nationalism" in: *The Gypsies of Eastern Europe*, M.E. Sharpe, New York/London, 1992, p.145.

（10）"Geschichte der Roma" p.2, http://romani.uni-graz.at/rombase/

（11）Sonneman Toby, Shared Sorrows. *A Gypsy familiy remembers the Holocaust*, University of Hertfordshire Press, Hertfordshire, 2002, p.179.

（12）"Romania Declines to Turn Roma Into 'Gypsies'", *Roma Virtual Network* 2011.2.11. http://www.valery-novoselsky.org/romavirtualnetwork.html

（13）Bengelstorf Jens, *Die "anderen Zigeuner"*, Eodora-Verlag, Leipzig, 2009.

（14）前掲注（10）

（15）Fraser Angus, *The Gypsies*, Blackwell Publishing, Oxford, 1995, p.52 →アンガス・フレーザー（水谷驍／訳）『ジプシー』平凡社、二〇〇二年、七九頁。オランダ人画家エルハルト（エーバハルト）・ロイウィヒ（一四五〇～一五〇五）同伴でドイツ・マインツの役人ベルンハルト・ヴォン・ブライデンバッハ（一四四〇～一四九七）がギリシャの港町モドンを訪れたのは一四八三年六月である。一四八六年にマインツで刊行されたブライデンバッハ著『聖地への巡礼』に、「ムーア人のように黒く醜いジプシー風の貧しい人々が暮らす三〇〇戸以上の小屋が町壁外にある」との記述があり、ロイウィヒが描いた「モドンの町」の版画が挿絵になった．その挿絵拡大図の右上に「ジプシーの小屋」が見える。また、ドイツ・コンスタンツの貴族コンラート・ヴォン・グリュネムベルク（?…～一四九四）が一四八六年に著した『騎士グリュネムベルクによるパレスティナ巡礼の旅』にも、「ジプシーが暮らすアシで葺いた土壁の三〇〇戸ほどの小屋がある」との記述があり、グリュネムベルク著発行の一一年後に著されたドイツ・ケルンの貴族アーノルト・ヴォン・ハルフ（一四七一～一五〇五）の旅行記『騎士アーノルト・ヴォン・ハルフ巡礼の旅』にも、「モドンの町壁外にジプシー一〇〇世帯ほどが暮らすアシで葺いた小屋がある」と記されている。Gilsenbach Reimar, *Weltchronik der Zigeuner: Teil 1: Von den Anfängen bis 1599*, Peter Lang, Frankfurt/Main, 1997, Ss.103-105, 114, 239-241.

（16）同上（Fraser／フレーザー）、五三～七八頁。

ヨーロッパ中世の旅行史が専門のシュトゥットガルト大学のフォルカ・ライヘルト教授は、フレスコバルディによる一三八四年の「ロミティ」という用語の使用を、ロマの自称を使ったもっとも早い例として注目している。Reichert Folker, "Cingani sive populus Pharaonis. Bemerkungen zum lateinischen Erstbeleg"in: Anita Awosusi (Hg.) *Stichwort: Zigeuner*, Wunderhorn, Heidelberg, 1998, S.159.

（17）Gogol Bordello, http://www.gogolbordello.com/

（18）Gypsyindustry, http://debatewise.org.debates/1941-does-gypsy-industry-really-exist

（19）Ronald Lee, http://www.kopachi.com

（20）Shutka Book of Records, http://www.youtube.com/watch?v=OS03BYHbTHs

（21）Gipsy.cz, http://www.gipsy.cz/

（22）Europe Roma Rights Center, http://www.errc.org/

（23）Romano Centro, http://www.romano-centro.org/

（24）Kenrick Donald, *The Romani World. A historical dictionary of the Gypsies*, University of Hertfordshire Press, Hertfordshire, 2004, pp.64-65.

（岩波書店、二〇一一年）

〈日本女子大学教員・社会史〉

学会日録　*2010.5～20011.4*

●10年5月16日
西日本研究会。カマン！メディアセンターにて「釜ヶ崎の思想を囲む集い vol.4」。

●5月22日
寒灯舎にて東日本研究会。発表は、金子マーティン「ウチナーとロマからの非武装的逆襲」。

●6月5日～6日
日本福祉大学名古屋キャンパスで総会。テーマは、「総寄せ場化と労働力の再編成」。一日目は、西澤晃彦による基調報告に始まり、猿田正機「トヨタシステムと労働者支配の構造」、若月忠夫「トヨタの労働現場はどうなっているのか」、文貞實「サービス業従業者特化地域と女性労働者」と続いた。二日目は、藤井克彦「愛知における反貧困運動の状況」と藤田進「中東・アフリカの紛争当事国における経済開発と雇用契約労働」。水野阿修羅委員長のも。

●6月12日
西日本研究会。カマン！メディアセンターにて「釜ヶ崎の思想を囲む集い vol.5」。

●8月7日
寒灯舎にて東日本研究会。濱村篤「温鉄軍『中国にとって農業・農村問題とは何か』をめぐって」。

●8月17日
大阪市立大学西成プラザにて「釜ヶ崎の思想を囲む集い vol.6 夏祭りスペシャル」。講師は水野阿修羅。

●8月21日
旅路の里にて運営委員会と年報合評会。秋のシンポジウムの細部をつめる。

●9月25日
西日本研究会。カマン！メディアセンターにて「釜ヶ崎の思想を囲む集い vol.7」。

●10月2日
寒灯舎にて東日本研究会とシンポジウム、年報編集の打ち合わせ。

●10月28日
西日本研究会。カマン！

メディアセンターにて「釜ヶ崎の思想を囲む集いvol.8」。
●11月3日
秋季シンポジウム「非定住と差別——ロマ、スィンティ、在日朝鮮人、寄せ場を考える」を、東京女子大学芝健介ゼミとの共催で東京女子大にて開催。オーストリアから来日のルードウィク・ラーハさんの講演「『スィンティ女性三代記　私たちはこの世に存在すべきではなかった』を著わして」が午前の部。午後からは、金子マーティンが「EU圏における人権侵害——日本マスコミの『鎖国』的姿勢批判」を発表、ドキュメンタリー映像「中村のイヤギ」（監督：張領太）の上映、水野阿修羅「伊丹空港裏の『不法占拠』——在日朝鮮人と釜ヶ崎」、池田浩士による全体コメントと続いた。通訳と報告に大活躍の金子マーティンさん、ご苦労様でした。
●11月15日
寒灯舎にて、松沢哲成「戦後史試論4」と年報編集委員会。
●11月18日
西日本研究会。カマン！メディアセンターにて「釜ヶ崎の思想を囲む集いvol.9」。
●12月18日
寒灯舎にて研究会（松沢哲成「戦後初期の寄せ場瞥見」）と編集委員会。長きにわたってお世話になった寒灯舎の渋谷オフィスであるが、2010年末をもって寒灯舎が渋谷から撤退するため、寄せ場学会としてはこの日でお別れである。お別れパーティー。当面は、東洋大学の西澤研究室が東京での編集作業や会議の拠点になる。
●11年1月18日
西日本研究会。カマン！メディアセンターにて「釜ヶ崎の思想を囲む集い第I期最終回」。
●1月22日
東洋大にて研究会。北川由紀彦「『ホームレス対策』と社会的排除——東京（主に区部）を事例に」。通信の発送作業と編集委員会も行う。
●2月20日
旅路の里にて運営委員会。人数が集まらず、春の総会の内容を詰め切れず。
●3月11日
東洋大にて編集委員会…の途中に大地震。16階建のビルは揺れに揺れ、西澤研究室の本はバサバサと落ち散乱。皆、廊下に避難し、なんとか揺れが収まるのを待った。研究室の扉は枠がゆがんで開閉不能になっていた。7階から階段で外へ。全員帰宅難民と化す。
●4月10日
東洋大にて、編集委員会。
●4月15日、23日
東洋大にて年報「寄せ場」24号の編集作業。

編集後記

私たちがあれこれ議論してきた「場所なき者たちの領域」に、近いうちに、「被災者」という新しいカテゴリーが接合されるだろう。かつての出稼ぎや集団就職がそうであったように、東北の職安や学校は、そして人材派遣業者たちは、「善意」でもって部屋つきの仕事を紹介するのだろう。わかりきったことを改めて論じなければならないということに、私はすでに疲れてしまっている。

その上に原発事故だ。放射性物質が舞い降りる空間に捕捉されているという事態は、怒りのような生産的な感覚を生むのではなく、ただただ私を鬱にさせてしまうのである。

そういうわけで仕事が進まない。

あのニッポンというやつ何とかならないか、スッポンみたいで間抜けではないか、とか、立派そうなことをいう奴を見ればいちいち頭の中で「エー・シー」ととなえてみたりとか、くだらない悪態ばかりついている。そういう悪態をもっと積み重ねていけば、何か生まれやしないか。だめか。

悲観主義者の私であるが、ほんの少しばかり、期待というか興味をもっていることがある。この4月に入学した大学1年生たちの人生の中には、二つの大震災が含まれている。その間は、自己責任が言われたり「絆」（気持ち悪い）が言われたり、要するにいい加減な大人たちがぶれにぶれた言葉を発し続けてきた、そういう時代だったのだ。世代的なまとまりなどないかもしれないし、多種多様な人がそこに含まれているのは当然のことだ。だが、そういう時代に成長したその人々の中にどのような思想が形成され定着していくのか、強く知りたいと思う今日この頃なのである。（A･N）

日本寄せ場学会年報〈寄せ場〉第24号
●発行日／2011年5月30日
●発行／日本寄せ場学会 〒112-8606 東京都文京区白山5-28-20 東洋大学社会学部西澤研究室気付
TEL：03-3945-7224（代）
振替 00180-9-117184
●編集／年報編集委員会
●発売／（株）れんが書房新社
東京都新宿区三栄町10 日鉄四谷コーポ
TEL：03-3358-7531 FAX 03-3358-7532
振替 00170-4-130349
ISBN 978-4-8462-0383-2 C0030
●定価は裏表紙に表示してあります。

YOSEBA NO.24
Annual of Japan Association for the Study of Yoseba (JASY)
● Published by JASY, May 2011 c/o Nishzawa akihiko, Toyo University, 5-28-20 Hakusan, Bunkyo-ku, Tokyo, Japan
● Distributed by RENGA SHOBO SHINSHA Co. Ltd.

SUMMARIES

Ludwig LAHER, '"We do not belong in this world": A life history of three generations of Sinti women from Austria, 1923-2010.' Translated by Martin Kaneko.

This paper recounts the life stories of three Austrian women from the Sinti ethnic minority. Rosa Winter, a peddler, survived the Nazi concentration camps to continue her traditional occupation after World War II. Her daughter Gitta was born just after the war and founded a movement demanding human rights for the Sinti people. Gitta's daughter Nicole Martl was born in the late 1970s and became a university student. All three suffered outrageous discrimination but managed to maintain their traditional Sinti identity and values.

Martin KANEKO, '"A lonely island in a distant sea"? Roma human rights infringements within the European Union and the position of Japan.'

In August 2010 the government of France started systematically deporting Roma people, mostly from Romania and Bulgaria, back to their countries of origin. This was a flagrant violation of the European Convention on Human Rights, which forbids mass expulsions of foreigners, and the EU constitution, which safeguards freedom of movement within the EU. (Both Romania and Bulgaria joined the EU in 2007.) By the end of September over 8,000 Roma people had been deported. This paper offers a critical account of mass media reporting on this egregious violation of human rights in Japan and other countries, as well as describing the inadequate response of the European Commission.

MIZUNO Ashura, 'The *illegal* occupation of land behind Itami airport: Japan-resident Koreans and Kamagasaki.'

After a showing of the film Nakamura no Iyagi (Story of Nakamura in Osaka) there was a lively discussion the audience about the 'hanba villages' that sprang up around Osaka in the postwar period, and the role of ethnic Koreans in the day laboring movement. Hanba villages were clusters of jerrybuilt workmen's dormitories, and this was a rare opportunity to hear some detailed accounts of the "illegal occupation" of land by Korean workers on land adjacent to construction sites commandeered by the big costruction company. The discussion also covered a variety of barrack districts that were illegally thrown up by non-Korean groups.

MOON Jeong sil , 'The expanding service sector and women workers: on working conditions in hot spring resort districts.'

In recent years the increasing flexibility and insecurity of the Japanese labor market has brought an expansion of the service sector. This has been seen at the top end of the sector, in financial services, insurance, real estate and management, and also in labor-intensive services at the bottom end. For people here, the pattern of fixed-term part-time contracts followed by dismissal has become thoroughly institutionalized, leading to an ossified labor market with an unbridgeable gap between regular and irregular workers. This paper shows how women doing menial work in hot spring resort districts have their career options dictated by personal factors such as class origin, low level of education, and experience of divorce.

MATSUZAWA Tessei, 'Day laborers and labor markets since the defeat of the Japanese empire.'

After Japan's defeat in World War II, the work of supplying labor to the allied occupation authorities and transporting soldiers, weapons, supplies etc. was handled by bureaucratic bodies that were essentially holdovers from the wartime regime, albeit with superficial changes of name. They were centered on the old Ministry of the Interior, reconstituted after the war in ministries of transportation, labor etc., and on the Japan National Railways, which had been an organ of the Ministry of the Interior. In Tokyo the actual work was done by wandering tramps around Ueno, people made homeless by the war, returning soldiers etc. They would gather to seek employment as day laborers in *tamariba*, (pools of labor) near stations, ports and factories. In time the authorities moved them to more formal recruitment zones which became the 'yoseba' we know today, often combined with flophouse districts (*doya-gai*) offering low-rent accommodation. By the end of the 1950s, there were yoseba to be found in every major Japanese city.

Yoseba (Annual Report of the Japan Association for the Study of Yoseba)

Volume 24 Contents